하나님 나라, 그 사랑의 신비를 벗다

남정웅 지음

하나님 나라, 그 사랑의 신비를 벗다

초판 1쇄 찍은 날 · 2005년 10월 7일 | 초판 1쇄 펴낸 날 · 2005년 10월 14일

지은이 · 남정웅 | **펴낸이** · 김승태

편집장 · 김은주 | **편집** · 박지영, 권소용 | **디자인** · 김규혜, 이승희
영업본부장 · 오상섭 | **영업** · 변미영, 장완철 | **제작** · 한정수
홍보 · 주진호 | **드림빌더스** · 박지연 | **물류** · 조용환, 정경호

등록번호 · 제2–1349호(1992. 3. 31.) | **펴낸 곳** · 예영커뮤니케이션
주소 · (110–616) 서울 광화문우체국 사서함 1661호 | **홈페이지** www.jeyoung.com
출판유통사업부 · T. (02)766–7912 F. (02)766–8934 e-mail: jeyoungsales@chol.com
출판사업부 · T. (02)766–8931 F. (02)766–8934 e-mail: jeyoungedit@chol.com

copyright ⓒ 2005, 남정웅

ISBN 89–8350–367–X 03230

값 11,000원

▪ 잘못 만들어진 책은 언제든지 교환해 드립니다.

요한복음 강해 Ⅲ

하나님 나라, 그 사랑의 신비를 벗다

남정웅 지음

예영커뮤니케이션

신앙은 결국 하나님께서 준비해 놓으신 천국으로 들어가는 것을 최종 목표로 합니다. 신앙생활을 열심히 하는 것도 천국에서 받을 면류관과 관련이 있어서 분발하는 것이지 단순히 삶의 위안이나 평안을 추구하고자 종교의식으로 치장하는 행위가 아닙니다.

주님께서 이 땅에 오셔서 행하신 일은 다 천국을 준비시키시는 데에 필요한 과정이었습니다. 예수님께서 제자들로 하여금 천국에 들어가도록 준비하신 일은 우리가 상상할 수 없는 겸손과 비하의 자세로 쏟으신 사랑의 걸음이었습니다.

나사로를 썩어 냄새나는 곳에서 생명으로 불러내심으로부터 시작하여 마지막 만찬에서 취하신 겸비의 섬김과 일련의 설교는 장차 자신이 걸머지실 십자가의 대속과 그 이후 부활의 생명들이 들어갈 영광의 천국에 관한 비밀을 설명하는 내용이었습니다.

그러나 제자들은 주님께서 행하시는 일에 대하여 눈을 감은 채 오직 자신들의 이기와 출세에만 혈안이 되어 다투고 있었습니다. 이토록 어리석고 한심한 제자들임에도 불구하고 한 번 계획하신 구원을 끝까지 완성하시는 주님의 모습에서 앞으로 우리가 들어갈 천국을 준비하시는 하나님의 사랑과 그 열정의 신비로움을 만나게 됩니다.

요한복음 11장으로부터 예수님은 십자가를 향하여 줄곧 걸어가시고 그 길에 대하여 제자들을 가르치시고 위로하시면서 자신도 원래 계셨던 영광의 보좌로 가실 것을 준비하는 모습을 보여주십니다. 주님이 가시는 곳에 제자들을 데려가시겠다고 약속하시는 장면은 지금 우리의 어리석고 미련함에도 불구하고 그 동일한 사랑으로 우리의 천국도 완성하실 것을 확신케 하는 은혜의 장면이 아닐 수 없습니다.

육신을 입고 이 땅에 오신 예수님은 그의 아버지로부터 받은 사명을 다 마치시고 지금 곧 하나님으로서 취하실 영광의 보좌로 오르실 준비를 갖추고 계십니다. 그 뒤를 제자들도 오늘 우리들도 다 같이 주님이 쏟으신 사랑의 신비로운 힘으로 따르게 될 것입니다.

본서를 통하여 다시 한 번 하나님의 사랑의 신비를 벗는 이해와 감동의 충만함이 있기를 바랍니다.

2005년 10월 주아내 교회 서재에서
남 정 웅 목사

차 례

제 15장 참 포도나무 예수 그리스도

제 11장
부활과 생명이 되신 예수 그리스도

하나님의 영광

(요 11:1-4)

"어떤 병든 자가 있으니 이는 마리아와 그 형제 마르다의 촌 베다니에 사는 나사로라
이 마리아는 향유를 주께 붓고 머리털로 주의 발을 씻기던 자요 병든 나사로는
그의 오라비러라 이에 그 누이들이 예수께 사람을 보내어 가로되 주여 보시옵소서
사랑하시는 자가 병들었나이다 하니 예수께서 들으시고 가라사대
이 병은 죽을 병이 아니라 하나님의 영광을 위함이요 하나님의 아들로
이를 인하여 영광을 얻게 하려 함이라 하시더라"

요한복음의 주제를 크게 나누면 두 부분으로 나누어집니다. 제 1부(『요한복음 강해』제 1,2집)는 인간이 얼마나 하나님에 대하여 무지한가에 대한 설명입니다. 빛이 어두움 가운데 왔으되 어두움이 깨닫지 못하는 상태에서 예수님은 그 빛과 어두움과의 사이에서 일어나는 반목과 괴리를 감내하시면서 아버지의 뜻을 따라 십자가의 길을 줄곧 가고 계셨습니다. 십자가는 인간이 저토록 무지하고 난폭한 죄인임을 고발하는 사건임과 동시에 비록 죄인일지라도 구원해 내시겠다고 하는 하나님의 사랑에 대한 강렬한 의지가 담긴 내용입니다.

이제 제 2부가 시작되는 11장부터는 구체적으로 예수 그리스도께서

죽음을 어떻게 준비하시는가를 설명하는 내용입니다. 나사로의 사건이 그 사실을 설명해주고 있습니다. 베다니 마을에 나사로와 그 누이들, 마르다, 마리아 이렇게 삼남매가 살고 있었습니다. 예수님이 자주 들리시던 집안입니다. 오라버니 나사로는 가장으로서 집안의 아버지와 같은 보호자격인 존재로 두 자매가 의지할 기둥이었습니다. 그런데 나사로가 병들어 죽게 되었습니다. 마르다와 마리아는 예수님께 긴급한 전갈을 보냅니다.

3절, "주여 보시옵소서, 사랑하는 자가 병들었나이다."
이 긴급한 전갈을 받으시고 주님의 대답은 이외로 하나님의 영광을 선포하십니다.
4절, "예수께서 들으시고 가라사대 이 병은 죽을 병이 아니라 하나님의 영광을 위함이요 하나님의 아들로 이를 인하여 영광을 얻게 하려 함이라."
병들어 죽게 될 지경에서 어떻게 좀 병을 낫게 해 달라는 긴급한 도움을 청하였는데 예수님은 이 병은 죽을 병이 아니라 이 일을 통하여 하나님의 영광이 드러날 것이라고 합니다. 이러한 절박한 상황에서 하나님의 영광과 결부시키는 것은 오해할 소지가 많습니다. 하나님의 영광을 돋보이기 위해 병이 왔는가 하는 의문을 일으킬 수 있습니다.
이와 비슷한 이야기가 요한복음 9장의 날 때부터 소경 된 자의 경우입니다.

"랍비여, 이 사람이 소경으로 난 것이 뉘 죄로 인함이오니이까 그 부모니이까 자기오니이까, 예수께서 대답하시되 이 사람이나 그 부모가 죄를 범한 것이 아니라 그에게서 하나님의 하시는 일을 나타내고자 하심이니라"(요 9:2, 3).

어떤 느낌이 듭니까? 하나님의 영광이라 할 때 하나님은 너무나 독재자이시고, 하나님의 뜻을 위해서는 인간을 병들게도 하시고, 낫게도 하는 것 같이 보입니다. 우리는 종종 하나님의 주권이나 권위나 영광을 생각할 때마다 그 앞에서 우리 자신을 하나님의 쓰시는 도구로서 희생양이 되는 듯한 오해를 갖습니다.

그러나 권위가 무엇입니까? 강압이나 억압 같은 힘이 아닙니다. 독재자의 폭력과 같은 비인격적인 힘이 아닙니다. 권위는 상대를 무릎 꿇게하는 설득력이나 호소력 같은 지혜의 수준입니다. 하나님의 권위 안에는 사랑이 내용으로 가득 차 있습니다. 진리와 생명을 아는 지식과 지혜를 가지신 하나님이 그의 자녀들에게 앞날을 영화롭게 살도록 간섭하실 수밖에 없는 것은 사랑하시기 때문입니다.

이에 반하여 자녀 된 우리의 입장에서는 우리의 수준에서 눈에 당장 보이는 즐거움만을 요구합니다. 아무리 좋은 길을 가도록 훈계하여도 알아듣지 못할 때 드디어 아버지로서 갖는 '권위'가 발휘될 수밖에 없습니다.

권위는 사랑하는 자만이 행사할 수 있는 지혜로운 간섭입니다. 이것이 분명히 유익이요 장래에 받을 형통과 축복임에도 불구히고 사랑하는 자녀가 이를 알지 못하고 소유할 힘도 없고, 분간할 지혜도 없을 때보다 힘 있고 지혜로운 입장에서 아버지가 자녀에게, 스승이 제자에게마지막 발휘할 수 있는 힘이 '권위'입니다. 때로는 잘못에 대하여 꾸중을 내리시고 채찍을 드시기까지 하면서 사랑하는 자녀의 장래를 염려한 나머지 강권적으로 권유하는 것입니다.

이러한 숭고하고 아름다운 권위가 때로는 권위를 가진 자의 유익만을 위하여 발휘되면 그것은 도적이요, 강탈자가 됩니다. 자기 정욕을 위한 도구로 권위를 이용하면 그는 독재자가 됩니다.

그러나 부모는 자녀에 대하여 '권위'의 본질을 갖습니다. 스승은 제자에 대하여 권위의 지위를 갖습니다. 사랑이 가득한 자리이기 때문입니다. 정치나 권력의 자리가 아니라 양육과 돌봄의 자리이기 때문입니다.

죄는 권위로부터의 이탈, 독립의 상태입니다. 부모의 간섭이 싫어 집을 떠난 탕자의 길이 극도의 위기였고 고통스러운 삶이었습니다. 자기 혼자 아무 간섭 없이 살겠다는 심리는 이미 죄의 본성이 묻어있는 생각입니다. '훨훨 떠나고 싶다', '나를 풀어놓아 주면 무엇이든 할 수 있을 것'이란 생각은 이미 죄로 인한 위기의 순간인 것입니다.

신앙생활에서 간섭, 통제 없이 자기 양심이나 진심대로 믿겠다는 생각은 곧 자신이 하나님이 되고 싶은 입장이기 때문에 교만의 선봉에 서게 됩니다. 아무런 간섭이나 통제가 없는 상태에서 우리에게 신앙의 길을 맡겨놓으면 이를 지킬 사람은 아무도 없습니다.

우리는 견제와 간섭이 필요한 만큼 연약하고 무능한 존재입니다. 인간은 부귀와 영화를 맡겨놓으면 이를 아름답게 사용할 지혜나 분별력을 갖고 있지 않습니다. 더구나 아직 손에 잡히지 않는 하늘나라를 위해 믿음으로 살라고 맡겨놓으면 자연스럽게 우리는 우리의 편리한 방법으로 신앙생활을 하게 됩니다.

구원은 인간이 갖는 최고의 행복이며 가치인데도 불구하고 우리는 구원을 등한히 여기고 자기 자랑의 길을 갈 가능성이 많은 자들입니다. 우리의 연약함과 무능함을 아시는 하나님께서 이토록 영광스러운 생명과 진리의 구원을 창조주의 지혜와 능력으로 보존하고 완성하시겠다는 의지와 간섭을 주권 혹은 권위라고 합니다.

이렇게 끝까지 어리석고 미련한 나를 향한 은혜와 사랑을 감탄하여 하나님께 엎드려 감사와 경배를 드릴 때를 가리켜 하나님의 영광이라고 합니다. 하나님의 영광은 한 영혼을 향한 하나님의 사랑의 능력과 지혜로 인하여 그로 하나님께 감복하여 엎드리게 하는 하나님의 승리인 것입니다.

성경에서는 하나님의 영광을 표현할 때 예수 그리스도의 구속사역과 관련하여 설명하고 있습니다.

첫째, 크리스마스 때에 선포된 메시지입니다.

"지극히 높은 곳에서는 하나님께 영광이요 땅에서는 기뻐하심을 입은 사람들 중에 평화로다"(눅 2:14).

예수님께서 구원하시려고 이 땅에 오실 때에 천사가 처음으로 선포한 내용입니다. 구원을 위하여 치러야 할 십자가의 고통과 고난의 삶을 향하여 첫 걸음을 내딛는 순간을 은혜나 사랑이라 하지 않고 하나님의 영광이라고 합니다.

예수님께서 십자가를 바로 앞에 두시고 제자들과 함께 마지막 만찬을 나누는 순간에 기도하신 내용도 주목을 끄는 대목입니다.

"아버지여 때가 이르렀사오니 아들을 영화롭게 하사 아들로 아버지를 영화롭게 하옵소서"(요 17:1).

'때가 이르렀다' 는 것은 십자가의 죽음이 임박하였다는 말입니다. 주님은 십자가의 고난을 통하여 하나님께 영광이 되기를 간구하셨습니다. 십자가에서 우리를 향하신 하나님의 사랑과 은혜가 흘러나오고 있습니다. 이것을 하나님의 영광이라고 합니다.

왜 예수 그리스도의 죽음이, 이 탄식과 고통이 하나님의 영광입니까? 예수님은 자신의 뜻과 생각대로 우리를 구원하러 오지 않으시고 주님의 행하신 어떤 일도 독자적으로 행하신 일이 하나도 없으셨습니다.

성부 하나님은 자신의 영광을 위하여 구원을 계획하셨고 아들은 이것을 하나님의 영광으로 받아 들이셨고 마침내 때가 이르매 이 십자가의 고난의 사역에 뛰어드셔서 구속을 완성하셨던 것입니다. 이토록 예수님이 행하신 일은 모두 성부 하나님의 죄인을 향하신 사랑과 은혜를 한없이 나타내시는 일이었고 이것을 하나님께 영광이라고 한 것입니다.

본문에서 보듯이 "나사로가 죽은 것"이 어떻게 하나님의 영광입니까? 날 때부터 소경 된 자가 어떻게 하나님의 하시는 일의 도구가 됩니까? 병을 주어 죽고 난 후에 이를 다시 살리심으로 하나님께 영광입니까?

병들어 죽거나 날 때부터 눈이 멀거나 귀머거리가 된 것은 죄로 말미암아 타락해 버린 인간이 하나님의 품을 떠나자마자 생겨난 죄의 파편들이요, 죄의 부산물인 것입니다. 인간이 하나님의 품을 떠나자마자 죽음이 왔고 그때로부터 인간은 저주와 형벌의 형태인 온갖 질병과 가난과 전쟁과 재앙 아래 놓이게 된 것입니다.

하나님께서 누구를 따로 세워 이 병 주고 저 병 주신 것이 아닙니다. 누구에게 따로 이 고통을, 누구에게 따로 저 슬픔을 주신 것이 아닙니다. 인간이라면 누구나 다 겪게 되는 인류 공통으로 갖는 비참함입니다. 죄 아래서 사는 인류 공통의 비극이며 저주와 형벌입니다.

하나님에게 있어서 죄의 값은 공정합니다. 인간은 하나님이 법대로 판정하셔서 이 병을 주고, 이 재앙을 주고, 이 죽음의 고통을 주신다 해도 할 말이 없는 죄인들입니다. 설사 지옥의 불구덩이에 던진다 해도 변명할 여지가 없는 죄인들입니다.

그러나 하나님께서 우리를 사랑하시므로 이 저주와 형벌 아래 놓여 있는 심판에서부터 우리를 건져내시기로 계획하시고 이를 완성하기 위해 인간의 역사를 간섭하시기로 한 것입니다. 하나님은 한 번도 죄에 대하여 심판을 내리신 적이 없으십니다. 노아 홍수 때에도 노아 가족을 구원하셨고, 소돔과 고모라 성의 멸망 때에도 롯의 식구를 건져 주셨습니다.

이 모든 진노는 죄악이 관영한 이 땅에 대한 진노의 표현이기는 하지만 그것은 인류 앞에 나타내신 하나님의 공의의 채찍이요 꾸중이지 심판의 형태는 아닌 것입니다. 인간에게 벌을 내리신 것이지 저주나 형벌의 심판은 아닙니다.

죄에 대하여 심판을 내리신 경우는 십자가밖에 없습니다. 죄인에게 사형 집행을 단행한 것입니다. 벌과 채찍이나 꾸중 정도가 아니라 죄에 대하여 법대로 처단하신 것입니다. 완전한 심판을 행하신 것입니다.

십자가는 죄인을 향하신 하나님의 공의와 사랑이라는 이중현상이 나타나는 곳입니다. 사랑만이 아닙니다. 공의로우신 하나님이십니다. 공의가 선행되는 사랑입니다. 공의가 법대로 실현된 후에 보이신 사랑이기에 감동스럽습니다. 이래도 좋고 저래도 좋은 사랑이 아닙니다. 죄에 대하여 엄격하신 하나님이 스스로 죄의 값을 치르신 후에 나타내신 사랑입니다. 공의로운 사랑이기 때문에 우리는 얼마든지 하나님의 사랑을 믿을 수 있습니다. 십자가에서 죄의 값을 소멸하신 후에 약속하신 것이기 때문에 예수 그리스도 안에서는 결코 정죄함이 있을 수 없습니다. 믿는 자, 우리에게는 더 이상 저주나 형벌이 아니라 삶의 출발이 하나님의 사랑이며 복이며 승리이며 영광인 것입니다.

예수님은 말구유에 나시고 33년간 고난의 길을 가시다가 드디어 십자가에 못 박혀 죽으셨습니다. 이것이 결과적으로 하나님의 영광이라고 천사들이 노래 불렀고, 성경이 수없는 입을 통하여 선포하였습니다. 왜 그토록 하나님의 영광을 찬양하였을까요? 독생자 예수님께서 행하신 십자가의 공의와 사랑에 우리가 항복하고 있기 때문입니다.

하나님이 우리를 어떻게 사랑하시며 우리를 어떻게 만나고 계십니까? 십자가를 통해서입니다. 십자가를 통하여 하나님은 우리에게 더 이상 저주나 형벌이 아니라 어떤 경우에라도 하나님의 사랑과 긍휼을 베푸시기로 한 것입니다.

하나님의 사랑을 생각하면 그 감동을 억누를 수가 없습니다. 이제 우리는 진노하시던 하나님을 나를 사랑하시고 염려하시는 아버지라고 부릅니다. 끊임없이 나를 불쌍히 여기사 나의 인생을 염려하시며 나를 의의 길로 인도하시는 하나님의 손길에 대한 항복이 쏟아져 나옵니다.

하나님이 드신 공의의 채찍으로 항복시키지 않으셨습니다. 하나님 자신의 죽음을 통해서입니다. 고난을 짊어지심으로 우리를 무릎 꿇게 하셨습니다. 천지를 만드신 창조주 하나님이 우리가 저질러 놓은 죄 때문에 피조물도 함께 타락하여 하나님의 영광이 가리어지고 산산조각이 난 이 땅을 버리지 아니하시고, 그 심판권으로 완전히 지옥의 형벌에 집어던지지 아니하시고, 이 더럽고 냄새나는 죄의 땅에 직접 오셔서 우리를 대속해 주신 십자가의 죽음을 통하여 그 앞에 우리로 두 손 들고 항복하게 하셨습니다.

창조주 하나님이 죄로 물든 이 땅을 심판하시고 완전히 새롭게 만드셨다면 거기에는 항복이 없었을 것입니다. 싸워 이길 승리도 없고 우리로 감동케 할 능력도 지혜도 없었을 것입니다. 동시에 거기에는 승리하신 자에게 돌아갈 영광과 존귀도 찾을 근거가 없었을 것입니다.

예수 그리스도를 죄와 사망의 땅에 보내신 목적은 하나님의 영광을 위해서입니다. 하나님이 친히 싸우시고 이기신 결과 우리가 하나님의 사랑과 은혜의 간섭 아래서 진심으로 감동되어 하나님께 영광을 돌리고 있습니다.

죄의 특성은 하나님께 영광을 돌리지 못하는 데 있습니다. 죄는 나쁘다, 악하다, 비도덕적인 개념이 아닙니다. 하나님의 영광을 모르고 하나님께 감사하지도 경배하지도 않는 신분으로 사는 것이 죄입니다.

"모든 사람이 죄를 범하였으매 하나님의 영광에 이르지 못하더니"

(롬 3 : 23).

종교성을 개발하면 우상을 섬기는 우를 범하게 됩니다. 죄의 본성은 언제나 자기에게 영광을 돌리기 때문에 인간에게 잠재되어 있는 종교성을 자극하면 저절로 어떤 형상을 만들어 섬기는 우상숭배의 길이 열립니다. 우상은 결국 신앙의 대상이 아니라 인간 자신의 종교성을 만족시키는 정욕의 산물입니다. 그들은 모든 경우, 자신들의 정욕을 채우며 자신들이 영광을 취합니다. 우상숭배는 절대로 하나님께 영광을 돌릴 수 없습니다.

구원받은 성도의 궁극적인 목적은 예수 그리스도께서 그렇게 사셨듯이 하나님의 영광을 위해서임을 한시라도 잊어서는 안 됩니다.

> "사람의 제일 되는 목적은 하나님을 영화롭게 하며 영원토록 그를 즐거워하는 것이다"(소요리 문답 제1문).

> "그러므로 우리가 믿음으로 의롭다 하심을 얻었은즉 우리 주 예수 그리스도로 말미암아 하나님으로 더불어 화평을 누리자 또한 그로 말미암아 우리가 믿음으로 서 있는 이 은혜에 들어감을 얻었으며 하나님의 영광을 바라고 즐거워하느니라"(롬 5:1,2).

우리 성도의 소망이 무엇입니까? 하나님의 영광이라고 합니다. 우리의 궁극적인 목표가 하나님의 영광이라면 하나님께서 계획해 놓으시고 이루시는 역사에 대하여 이제는 얼마든지 기대하고 열망해도 좋은 입장에서 살고 있는 것입니다. 그리스도 안에서는 우리의 이해와 상상을 초월하여 하나님의 영광이 준비되어 인생을 살기로 되어 있습니다.

우리의 지혜가 미치지 못하는 곳에서 우리는 하나님의 지혜로우신 손길에 붙잡힌 인생을 살면서 어떤 경우에라도 하나님의 영광에 이르는 길을 걷습니다. 그 주도권이 하나님께 있기 때문입니다.

하나님이 우리를 사랑하십니다. 강제나 강압이나 억누름의 관계가 아닙니다. 극히 인격적이며 가장 진실하게, 아름답게, 그리고 사랑하는 지혜와 능력의 주권으로 다스리시는 관계입니다. 처음부터 죄도 없고, 고통도 없고, 질병도, 사고도, 죽음도 없는 곳에서 살다가 평안하게 천국으로 데려가지 않으십니다.

세상이 주는 고통과 환난, 질병과 아픔, 이별과 고독 그대로 살게 하시되 우리 홀로 세상과 싸우도록 방치하지 아니하시고 우리의 힘겨운 현실에 뛰어드십니다. 또한, 우리와 함께 계시면서 세상을 이기도록 힘을 주시고 능력 주셔서 천국을 완성시키십니다.

주님은 썩어 냄새나는 나사로를 생명으로 불러내신 그 사랑의 신비로운 능력으로 우리를 인도하실 것입니다. 우리의 연약과 무능에도 불구하고 십자가의 사랑이라는 신비로운 힘에 실려 우리의 천국이 완성될 것입니다.

"낮이 열두 시가 아니냐"

(요 11:5-10)

> "예수께서 본래 마르다와 그 동생과 나사로를 사랑하시더니 나사로가 병들었다 함을 들으시고 그 계시던 곳에 이틀을 더 유하시고 그 후에 제자들에게 이르시되 유대로 다시 가자 하시니 제자들이 말하되 랍비여 방금도 유대인들이 돌로 치려하였는데 또 그리로 가시려 하나이까 예수께서 대답하시되 낮이 열두 시가 아니냐 사람이 낮에 다니면 이 세상의 빛을 보므로 실족하지 아니하고 밤에 다니면 빛이 그 사람 안에 없는 고로 실족하느니라"

나사로는 예수님께서 평소에 아끼고 사랑하시던 자였습니다. 예수님께서 그가 병들어 죽게 되었다는 급한 전갈을 받으셨습니다. 그리고 보이신 반응이 우리의 상상을 초월합니다.

4절, "이 병은 죽을 병이 아니라 하나님의 영광을 위함이라."

병들어 죽어가고 있는 가장 위급하고 비참한 현상을 죽음에 이르는 병이라 하지 아니하고 영광에 이르는 병이라 선포하셨습니다. 이렇게 나사로의 병들었다는 전갈을 받으심으로부터 시작된 예수님의 일련의 행동은 하나님의 영광이 전제되어 전개되는 사건들입니다.

우리의 생각대로라면 참으로 하나님의 영광이 전제된 병이라면 나사로가 살고 있던 베다니 마을로 급히 가셔야 할텐데 예수님은 그 계시던 곳에 이틀을 더 유하셨습니다. 본문에서 우리 성경에는 빠졌지만 이틀을 더 유하셨는데 일부러 그렇게 행동하셨다고 묘사하고 있습니다. 의도적인 행동이셨습니다. 그리고 엉뚱하게도 주님은 유대지방으로 발길을 옮기셨습니다. 물론 그동안 나사로는 죽고 말았습니다. 완전 절망이며 상황이 종결된 것입니다. 인간으로서는 도저히 해볼 도리가 없는 상황으로 나사로의 결말은 죽은 걸로 내려졌습니다.

예수님의 이와 같은 행동은 우리의 보통생각을 뛰어넘는 전혀 다른 세계를 사시는 모습이었습니다. 우리가 사는 것과는 전혀 다릅니다. 예수님의 행적은 그래서 우리 인간으로서는 도저히 이해가 안 되고 그 진의를 파악할 수 없는 사건들이었는데 이것을 '계시의 사건' 이라고 합니다. 그래서 성경에 있는 모든 사건들은 윤리나 도덕적인 사건이 아니라 하나님이 자신을 우리에게 보여 주시고 설명하는 일로서 그 내용과 진의를 파악해야 합니다.

'계시' 란 기독교의 특징입니다. 닫혀 있던 것을 열어 보여 준다는 겁니다. 우리 인간들에게 닫혀 있었던 하나님과 하나님의 세계를 예수님이 이 땅에 인간의 몸을 입고 오심으로 말미암아 드디어 공개적으로 모든 인류들 앞에 보여주시기 시작하셨습니다. 마치 창문에 드리워져 있던 커튼을 열어 보이는 것과 같습니다.

예수님의 생애를 통하여 보여주시는 하나님의 세계는 우리에게 있어서는 전혀 생소한 일들이 아닐 수 없습니다. 예수님을 통하여 우리는 전혀 보지도 듣지도 못한 전혀 생소한 일들을 만나게 됩니다. 보이는 것은 세상의 것 밖에는 없었는데 이제는 보이지 않는 하나님의 세계를 하나 둘 알기 시작하였습니다.

예수님이 오늘 우리에게 오신 것은 하나님의 말씀 곧 구원의 복음에 대하여 권유하거나 전파하러 오신 것이 아닙니다. 죽어있는 우리를 살리러 오셨습니다. 알아듣지 못하는 귀머거리요 보지 못하는 장님인 우리를 고쳐주러 오셨습니다. 나사로를 만나러 가시는데 언제 가셨습니까? 살아있는 것을 고쳐주러 가신 것이 아니라 죽은 다음에 가서 일으켜주셨습니다. 이 약 저 약을 먹어보라고 권유하러 간 것이 아니라 죽어 냄새나는, 참으로 사흘이 되어 썩어 냄새를 피우고 있는 시체 된 나사로를 일으키시러 가셨습니다. 우리의 생각으로는 살아있을 때 가서 고쳐주셔야 하는데 예수님은 죽어 냄새나는 시체 앞에 가신 것입니다.

오늘 우리들 앞에 그렇게 오셨습니다. 시체가 무덤 속에 썩고 있는데 오셔서 뭐라고 하셨습니까? "나사로야 나오라." 성경에 보면 "나사로야 나오너라"하고 큰 소리로 외치셨다 했습니다. 시체를 향하여 "나사로야 나오너라"하고 외치셨더니 그 시체가 베를 몸에 동인채로 걸어 나왔습니다.

예수께서 소리 지르실 때에 시체가 예수님의 말씀을 듣고 나왔다고 생각합니까? 아닙니다. 그럴 수가 없습니다. 시체는 못 듣습니다. 시체는 들을 귀가 없습니다. 생명 자체가 없기 때문에 활동이 불가능합니다.

"나사로야 나오라" 하고 하나님의 일방적인 권능으로 일으키신 것입니다. 시체로서는 아무것도 한 일이 없습니다. 듣지도 보지도 못했습니다. 하나님이 무덤에서부터 시체 된 나사로를 이끌어내신 것입니다. 다시 말하면 죽음의 자리에서 이끌어내어 생명의 자리로 옮겨다 놓으신 것입니다.

우리는 모두 무덤 속에서 썩고 있던 나사로처럼 예수님이 직접 오셔서 일으켜주지 아니하시면 스스로 일어날 방법이 없는 시체들이었습니다. 그러나 이제 우리는 하나님께서 죽었던 영혼을 살려주심으로 하나님의 음성을 듣는 자가 된 것입니다. 말씀은 들음에서 납니다. 듣는다는 것은 살아 있음이 조건이어야 가능합니다.

생명이 없으면 들리지 않습니다. 살아 있는 생명이기 때문에 들을 수 있습니다. 들을 수 있는 말씀이기 때문에 믿을 수밖에 없습니다. "하나님이 천지를 창조하시니라"는 말씀이 들립니다. "네 죄가 사하여 졌느니라"는 말씀이 들립니다. 내가 너와 함께 세상 끝 날까지 고아와 같이 버려두지 아니하고 함께 있으리라는 말씀이 들려옵니다. 네가 나를 영화롭게 하리라고 하신 말씀이 들리게 됩니다.

우리에게 주권적으로 들려지는 하나님의 말씀이 있어서 우리가 믿고 따르게 되는 것입니다. 성경에 모든 사건이 사실로, 진리로 받아들여질 뿐 아니라 모든 말씀이 이해가 되고 납득이 되는 사실이 됩니다. 또한, 그 하나님의 말씀이 오늘 우리를 붙들고 있습니다. 영적으로 시체 된 자들은 성경말씀을 들을 수 없습니다.

하나님께서 우리를 사망에서 생명의 나라로 옮겨주셨지만 아직도 우리는 하나님의 뜻을 깊게 이해하기 보다는 세상의 것에 대하여 더 익숙하고 많은 지식과 경험들을 가지고 온 자리이기 때문에 신앙생활에서 언제나 갈등과 번민이 따르는 입장에서 생활하고 있습니다.

신앙생활에서 일어나는 번민과 갈등의 원인이 무엇입니까? 여러분이 지은 죄 때문입니까? 아니면 하나님께서 여러분에게 찾아오심으로 일어나는 현상입니까? 하나님이 찾아오신 결과 입니다. 하나님이 아니면 일어날 이유가 없는 고민과 갈등을 하고 있는 것입니다. 그렇다면 번민과 갈등의 문제를 어떻게 풀어야 될까요?

하나님의 자기 자신을 알리시는 말씀과 성령으로 풀어야 된다는 것은 너무나 자명한 사실입니다. 이 번민과 갈등은 죄에 대한 문제가 아니라 의에 대한 문제로서 하나님의 성령 충만과 말씀의 권능으로 풀어야 될 문제인 것입니다.

우리는 본질상 죄의 속성을 가지고 있습니다. 내 스스로가 죄와 싸워 이길 방법이 없습니다. 죄와 더불어 싸워 이기는 방법은 그리스도 안에서 약속하신 하나님의 언약을 붙드는 수밖에 없습니다.

그러기 위해서는 내 속성으로는 불가능합니다. 성령께서 오셔서 내 안에 굼틀거리는 온갖 세상적인 사고방식과 가치관과 편견을 다 소멸하시고 예수 그리스도의 신성과 말씀으로 채워달라고 처절하게 기도해야 됩니다. 과거의 잘못에 대한 회개에만 머물러 있으면 제자리걸음만을 하게 됩니다. '약속하신 성령충만을 허락하옵소서' 라는 기도가 뜨겁게 불타오르도록 힘써야 합니다. 그래야 드디어 하나님의 뜻을 좇는 일에 자연스러워질 수 있게 됩니다.

나사로의 사건은 처음부터 하나님의 영광을 위하여 계획된 일이었습니다. 우리가 사는 현실 속에서 경험하는 것들이 무엇입니까? 질병과 가난, 재난, 인간과 사회관계에서의 싸움들입니다. 이토록 고통의 현실은 어느 누구나 예외 없이 겪게 되는 삶의 기본적인 과정입니다.

하나님은 인생의 현실을 재료로 사용하여서 우리로 하여금 더욱 하나님을 의지하게 하고 믿게 하고 생사화복과 장래를 신뢰하게 하고 하나님을 전폭적으로 믿게 하고 하나님을 영화롭게 하고 예배케 하시기까지 하나님은 현실을 가지고 우리를 설득하십니다. 현실 속에 뛰어드셔서 우리를 간섭하십니다. 결국 하나님의 지극한 사랑의 간섭 때문에 우리는 항복하여 하나님을 사랑한다고 고백하게 됩니다. 우리도 그 순간을 하나님의 영광으로 표현합니다.

이제 하나님의 영광을 대전제로 구원해 놓은 우리의 자리를 어떻게 살아가야 할까요? 구원을 얻은 다음 우리가 결심해야 될 것은 나를 어떻게 하나님께 바치느냐에 대한 싸움을 치르지 않으면 안 됩니다. 하나님께서 행사하신 일이 우리로서는 다 헤아릴 수 없는 신비일지라도 적어도 우리에게는 하나님은 언제나 사랑과 긍휼, 은혜와 평강을 주고자 하시는 뜻을 갖고 계신다는 사실을 근거로 해서 내 삶을 하나님 앞에 바치는 문제에 대하여 승리가 따라와야 합니다. 하나님의 뜻을 어떻게 이루어내느냐의 문제를 내 전 생애를 통하여 싸워야 합니다. 이것이 구원 얻은 사람들의 자세입니다.

예수님은 처음 그 장소에 이틀을 더 유하시고 엉뚱하게도 유대로 건너가셔서 나사로가 죽고 난 다음에 찾아오셔서 살려내십니다. 이에 우리가 반드시 메시지로 받아내야 할 것은 우리의 형편과 처지를 하나님께서 친히 다 살피고 계신다는 것입니다. 그리스도 안에서 당하는 현실 문제로 적어도 기도하고 낙심치 말라는 말씀입니다. 주께서 우리의 기도의 응답을 늦추시고 지연시키신다 할지라도 염려하지 말라는 겁니다. 우리에게는 곧 좋은 일이 있을 것이라는 이야기입니다. 혹 사람들이 죽었다 할지라도 결과는 우리의 상상을 뛰어넘는 하나님의 영광이 나타날 것이기 때문에 이로 인하여 절망하지 말라는 이야기입니다.

기독교 신앙에서 절망은 적대행위입니다. 차라리 절망하려면 교만한 편히 낫습니다. 우리의 인생의 문제를 놓고 감히 누구 앞에서 절망을 이야기합니까? 여러분의 삶을 포기하지 마십시오. 십자가를 통과케 하사 성령으로 거듭나게 하시고 하나님을 알게 해주신 분이 하나님이십니다. 나사로의 사건을 통하여 더 기쁘고 더 영광된 미래의 일을 예배해놓으시고 죽고 썩어 냄새를 피우는 시체 앞에 나타나신 예수 그리스도를 보라는 이야기입니다.

우리의 소원대로, 우리의 간구대로 우리의 때에 맞지 않는다 할지라도 그래도 좋습니다. 그래도 하나님은 나의 창조주시오 나의 소원대로가 아니더라도 그래도 하나님은 여전히 나의 구원자이시며 내 생사화복의 주권자이심에 대한 경외심만은 놓치지 말아야 합니다. 이 영광의 관계만은 끊어서는 안 됩니다. 하나님이 살아계시는 한 우리의 삶을 약속대로 보존하실 것입니다. 거기에 우리의 결단을 요구하는 내용들이 오늘 본문에 소개되고 있습니다.

7절, "그 후에 제자들에게 이르시되 유대로 다시 가자하시니"

그러자 제자들이 이런 반응을 일으킵니다. "방금도 유대인들이 핍박하고 죽이려했는데 또 그리로 가시려하나이까" - 유대 땅은 예수님을 반대하는 바리새파들이 진을 치고 있습니다. 기회가 있는 대로 예수님을 잡아 죽이려는 원수들이 우글거리고 있는 땅입니다. 예수님이 유대 관원들에게 붙들리기만 하면 제자들도 함께 처형될 위기에 놓일 수밖에 없습니다.

그 위험한 땅, 방금 전에 돌로 치려고 했던 원수들이 사는 그 땅으로 다시 가려 하나이까? 지금 병을 고치러 베다니 마을로 가야하는데 예수님은 다시 유대 땅으로 가자하는 발언에 제자들은 당황할 수밖에 없었습니다. 여러분 같으면 어떻겠습니까? 가슴이 철렁했을 겁니다. "방금 전에도 유대인들이 돌로 치러하였나이다. 또 다시 그리로 가시렵니까?"제자들의 반응이었습니다.

예수님은 제자들로 하여금 하나님께서 하시는 일을 믿게 하시고 주님 자신을 의뢰하는 법을 가르치시고자 합니다. 들어가서 위험한 곳, 자칫 자신들의 생애가 물거품이 될 수 있는 곳, 그럼에도 불구하고 예수님의 때를 성부 하나님이 정하신 대로 이끄시고 그때가 되지 않는 한 어떤 원수라도 어떤 세상의 정부나 권세라도 저를 잡을 수 없다는 사실을 믿고 의지케 하는 법을 가르치고자 유대로 가자고 시험하신 것입니다.

오늘 이와 같은 시험이 우리들에게도 살아있는 한 예외일 수 없다는 것을 주지해야 합니다. 구원 받은 주님의 제자라면 당연히 이 시험대 위에 올려 있다는 것을 심각하게 들으셔야 합니다. 예수님은 지금 제자들에게 무엇을 요구합니까? 위험에 노출되는 순간일지라도 예수 그리스도와 함께라면 하나님의 정하신 때를 따라 모든 범사가 형통할 것임을 배워야 하는 입장에서 살아가야 한다는 것입니다.

여러분이 혹 현실적으로 난관에 있습니까? 어려운 문제 때문에 인간

사회관계에서 자존심이 상하여 혹 좌절하고 스스로 포기할 지경에 있습니까? 눈물이 납니까? 억울한 사연으로 분통합니까? 예수 그리스도께서 이 세상 끝 날까지 너와 함께 하시리라는 약속을 믿으신다면 여러분의 생애는 홀로 가는 인생이 아니라 예수 그리스도와 함께 천국의 완성을 이루는 간섭 속에서 지나간다는 사실을 믿음으로 굳히기를 바랍니다.

모든 범사가 주와 함께 함이라면 형통할 것임을 배워야 할 입장에서 제자들은 두려워 떨고 있었습니다. 방금도 유대인들이 돌로 치러하였나이다 또 다시 그리로 가시려나이까? 예수님의 대답이 이렇습니다.

9절 말씀, "낮이 열두 시가 아니냐 사람이 낮에 다니면 이 세상의 빛을 보므로 실족하지 아니하고 밤에 다니면 빛이 그 사람 안에 없는 고로 실족하느니라."

낮이 열두 시란 말은 현재 시간이 12시란 뜻이 아닙니다. 이스라엘의 시간은 낮이 열두 시간이고 밤이 열두 시간 동안 지속됩니다. 12시간은 낮이고 12시간은 밤입니다. 아침 해가 뜰 때가 한시이며 해 질 때가 12시입니다. 그러니까 낮 시간 동안은 사람이 빛을 봄으로 실족지 아니한다 말씀하십니다. 낮에는 눈으로 훤히 보고 다니기 때문에 모든 것을 알고 판단할 수 있고 분간할 수 있어서 넘어지거나 실족할 수 없습니다. 문제는 누가 낮의 사람이며 누가 밤에 다니는 사람이냐는 것입니다. 예수님은 제자들을 향하여 너희들은 낮에 다니는 사람이지 않느냐에 대한 지적입니다.

요한복음 초두의 대전제는 "빛이 어둠 가운데 왔으되 어두움이 깨닫지 못하더라"(요 1:5)는 것입니다. 예수님이 오셔서 행하신 일을 보고도 생명이 무엇인지 진리가 무엇인지 깨닫지 못하는 장님들임을 고발한 내용들입니다. 나사로의 사건도 마찬가지입니다. 어둠에 속한 사람들은 사람들의 요구대로 살아있을 때의 일만을 봅니다. 죽고 난 다음에 펼쳐질 부활의 영광이나 하늘나라는 볼 수 없는 자들이었다는 겁니다. 그런데 너희들마저도 어두움에 속한 자들처럼 행동하려느냐? 너희는 낮에 다녀라, 빛 가운데로 행하라는 것입니다.

"빛 가운데 다녀라" – 누구를 대상으로 외치신 명령입니까? 오늘 그리스도 안에서 성령으로 거듭난 하나님의 자녀들이 그 대상입니다. 눈뜬 자의 이야기입니다. 눈뜬 자만이 낮이 있고 밤이 있습니다. 눈을 감은 장님에게는 밤낮이 없습니다. 늘 밤이요 어두움입니다. 어제도 밤, 오늘도 밤, 내일도 밤입니다.

놀랍게도 성경은 믿지 않는 자를 죄와 허물로 죽었다고 했습니다. 그는 태어날 때부터 죽음에서 태어났고 죽어서 이 세상을 살고 오늘도 죽고 내일도 죽고 그래서 이 세상을 떠나면 죽었다고 하지 않고 심판에 이르렀다고 결론을 내립니다. 그러나 오늘 그리스도 안에서 우리는 성령으로 거듭난 자, 하나님에 대하여 산 자로 여기라고 하셨습니다. 우리는 하나님에 대하여 산 자입니다. 생명을 가진 자입니다. 옛날엔 죽었지만 지금은 살아 있습니다.

예수님에게서 진리와 생명의 빛이 비칩니다. 아무나 볼 수 있는 빛이 아닙니다. 죄와 사망에 속한 자는 볼 수 없는 빛을 발휘하십니다. 예수님의 행적에 담긴 진리와 생명의 풍성함을 누가 가질 수 있습니까? 빛 가운데 다니는 자만이 볼 수 있고 향유할 수 있습니다.

예수님은 성부 하나님의 뜻을 행사하고 있는 동안은 유대인들의 손에 의하여 아직은 죽을 수가 없습니다. 아버지의 때가 이르지 아니하였기 때문입니다. 십자가의 때가 아직은 이르지 아니하였기 때문에 하나님의 일이 나와 함께 진행되고 있는 동안에는 그리고 내가 그 뜻을 이루는 배역으로 살고 있는 동안에는 두려워 할 일이 없다는 뜻입니다.

하나님의 일을 행하고 있는 동안, 그때는 언제나 열두 시간 동안 지속되는 낮 시간입니다. 유대인들의 핍박이 무서워서 하나님의 영광의 일을 보류하고 지연시킨다면 그때는 밤에 속한 때라는 것을 지적해주는 말씀입니다.

● ● ● ● ● ● ● ● ●

"낮이 열두 시가 아니냐" – 우리는 눈을 뜨고 본 자들입니다. 빛을 보았고 그 가운데 준비된 진리와 생명의 풍성함에 초대된 자들입니다. 그렇다면 이제는 마땅히 빛을 따라 살기로 결심할 때가 왔습니다. 그래서 누리고 증거 해야 할 풍성한 진리와 생명의 나라를 맛보고 소유해야 할 장본인들임을 각성해야 할 것입니다.

그리스도 안에서 잠자는 자

> "이 말씀을 하신 후에 또 가라사대 우리 친구 나사로가 잠들었도다
> 그러나 내가 깨우러 가노라 제자들이 가로되 주여 잠들었으면 낫겠나이다 하더라
> 예수는 그의 죽음을 가리켜 말씀하신 것이나 저희는 잠들어 쉬는 것을 가리켜 말씀하심인
> 줄 생각하는지라 이에 예수께서 밝히 이르시되 나사로가 죽었느니라 내가 거기 있지
> 아니한 것을 너희를 위하여 기뻐하노니 이는 너희로 믿게 하려 함이라
> 그러나 그에게로 가자 하신대 디두모라 하는 도마가 다른 제자들에게 말하되
> 우리도 주와 함께 죽으러 가자 하니라"

나사로는 이미 병들어 죽었습니다. 그런데도 오늘 우리의 주목을 끄는 경이로운 내용은 병들어 죽게 된 나사로의 사건은 처음부터 하나님의 영광을 위하여 의도된 대로 진행되고 있었다는 것입니다. 하나님께서 행하신 비밀을 우리로서는 도저히 헤아릴 수 없는 부분입니다. 장사지낸지 나흘이 되었고 죽어 냄새를 피우는데도 불구하고 성경은 아직까지 이 죽음은 하나님의 영광을 위한 과정으로 설명하고 있습니다.

죽음이 끝이 아니라는 것입니다. 인간의 안목에서는 완전한 절망입니다. 더 이상 기대할 가능성이 전혀 없는 죽음의 상태입니다. 그러나 성경은 곧 하나님의 영광이 드러날 것이며 인간으로서는 상상도 못할

하늘나라의 비밀을 곧 보게 될 것이라는 것입니다.

15절 말씀, "내가 거기 있지 아니한 것을 너희를 위하여 기뻐하노니 이는 너희로 믿게 하려 함이라 그러나 그에게로 가자 하신대"

이제 곧 무슨 일이 일어날 것 같습니다. 주님이 죽어 있는 시체에게 가자라고 제자들에게 권면하고 계십니다. 예수님은 나사로의 목숨이 붙어 있을 때에 가지 않으시고 죽고 난 후 그 시체 앞에 오신 것을 기뻐하신다고 하십니다. 그 이유가 너희를 위하여서입니다. 너희로 믿게 하려 함이라는 것입니다. 제자들이 이제까지 믿고 왔던 것을 초월하여 또 다른 표적을 가지고 "너희 믿음을 굳게 하려하노라"고 하셨습니다. 전혀 다른 표적입니다. 상상에도 없던 표적을 제자들에게 보이심으로서 제자들의 믿음을 더욱 견고히 하고자 나사로의 시체 앞으로 오신 것입니다.

예수님께서 나사로가 살아있을 때에 가셨다면 분명히 나사로도 죽지 않았을 것입니다. 이는 평소에 마리아와 마르다가 보아왔던 대로 예수님께서 베푸셨던 표적들로 보아 분명한 사실입니다. 살아있을 때에 갖는 모든 가능성은 마르다와 마리아가 가지고 있던 주님에 대한 기대였습니다. 병든 자를 고치고 앉은뱅이를 일으키고 문둥이를 깨끗하게 하는 정도의 믿음을 가지고 주님을 바라보고 있었습니다.

우리는 이 여인들이 기대했던 것처럼 하나님에 대하여 바라는 것이 한계가 적어도 이 세상에서의 가능성이라는 것을 부정할 수 없습니다. 죽기 이전에 일어날 수 있는 어떤 가능성에 대한 표적들입니다. 그 정도의 믿음은 예수 믿는 사람이라면 다 가지고 있는 상식에 속한 표적입니다. 이는 우리의 믿음에 있어서 한계일 수 있다는 것을 유의해야 합니다.

오늘 본문에서 나사로의 죽음이 가지고 있는 메시지가 무엇입니까? 예수님은 어떤 분이신가? 어떻게 우리와 다른가? 그가 우리로 초대하여 보이고 싶으신 하나님의 계시의 사건은 어떤 표적인가? 만일 마리아와 마르다의 소원대로 오라비 나사로가 살아있을 때 주님께서 오셨다면 훨씬 더 놀랍고 감동스러운 장면을 경험하지 못하였을 것입니다. 아마도 기독교 신앙에 있어서 최고의 영광스러운 부활의 모습은 목격하지 못하였을 것입니다.

우리에게 있어서 신앙의 약점이 있다면 하나님께서 이루실 계시의 역사에 대하여 우리가 알고 있는 것 이상 바라지도 기대하지도 않는 습관에 젖어있다는 것입니다. 만일 우리의 바라는 대로 하나님께서 오셨다면 더 강하고 위대하고 웅장한 하나님의 지혜와 능력과 신성을 만날 표적들을 보지 못한 채 무미건조한 신앙생활을 하고 있었을 것입니다.

마르다와 마리아는 더 이상 병든 자를 고치시고 앉은뱅이를 일으키는 정도로 예수님을 믿을 수가 없습니다. 이제는 죽은 자를 살리는 예수님을 믿는 수준까지 가야 합니다. 마르다와 마리아는 제자들과 함께 주님의 손에 이끌리어 나사로의 시체가 있는 절망의 상황에 오게 된 것입니다.

하나님은 우리로 하여금 모든 경우, 절망의 벽에 부딪치게 하셔서 우리로서는 도저히 할 수 없는 불가능의 상황을 확인하게 하신 후에 하나님께서 친히 생사화복生死禍福의 주권자이심을 보이시는 표적을 행하십니다. 그 가장 뚜렷한 증거가 부활의 표적입니다.

하나님의 뜻으로 이루어진 오늘의 현실에서 지금 여러분은 무엇을 봅니까? 여러분이 사는 세상이 돈과 권력이 힘이 되는 장소로만 보입니까? 아니면 나의 영혼을 준비시키기 위한 아름답고 가장 숭고한 순간들로 이 처참한 현실을 고백합니까?

한 가지 분명한 사실은 우리의 계획과 우리의 뜻이 아니었기 때문에 지금 우리는 오히려 전혀 다른 세계 곧 상상에도 없던 부활의 생명이 활동하는 하나님의 계시에 대하여 눈을 뜨고 보는 자로서 경이로운 삶에 초대되어 있다는 것입니다. 우리는 이 세상이 전부로 아는 사람이 아니라 부활의 세계를 함께 살고 있기 때문에 세상에서 겪는 삶의 고통과 괴로움은 오히려 가볍게 여기는 영광을 가지고 있는 것입니다.

우리는 하나님께서 계획하신 길을 따라 살아가는 하나님의 백성들입니다. 그 삶의 특징은 우리의 뜻대로 되는 일이 없다는 것입니다. 하나님께서 우리로 재촉하여 가게 하는 길은 언제나 하나님의 나라입니다. 어떻습니까? 현실에서 겪는 눈물과 상함과 고통으로 절망을 호소합니까? 그러나 우리에게는 하나님께서 훨씬 더 높고 영광스러운 계획을 가지시고 우리의 삶을 간섭하신다는 것을 놓치지 말아야 합니다. 하나님은 때때로 우리를 당혹스럽고 불안한 상황으로 이끄시기도 하십니다. 그러나 그 절박한 곳에서 성경은 우리에게 적극적으로 권고합니다.

> "여호와를 의뢰하여 선을 행하라 땅에 거하여 그의 성실로 식물을 삼을
> 지어다 또 여호와를 기뻐하라 저가 네 마음의 소원을 이루어 주시리로다
> 너의 길을 여호와께 맡기라 저를 의지하면 저가 이루시고 네 의를 빛같이
> 나타내시며 네 공의를 정오의 빛같이 하시리로다" (시 37:3-6).

하나님은 우리로 자기를 의뢰하는 법을 가르치시는 방법으로 환난을 사용하실 수 있는 분입니다. 그러나 우리가 통과하는 환난보다 더욱 값지고 더욱더 보배로운 것을 우리로 하여금 소유하며 즐기고 증거 하게 하시고자 하는 비밀을 가지고 간섭하십니다.

고린도후서 1장에 보면 바울이 이런 고백을 합니다.

> "형제들아 우리가 아시아에서 당한 환난을 너희가 알지 못하기를 원치
> 아니하노니 힘에 지나도록 심한 고생을 받아 살 소망까지 끊어지고 우리
> 마음에 사형선고를 받은 줄 알았으니 이는 우리로 자기를 의뢰하지 말고
> 오직 죽은 자를 다시 살리시는 하나님만 의뢰하게 하심이라" (고후 1:8,9).

바울은 전도하다가 감옥에 갇혀 모든 것이 끊어진 상태입니다. 사형선고를 받은 상태에서 죽음만을 기다리는 처참한 절망에 부딪쳐 있었습니다. 그러나 바울의 고백에서 놀라운 대목은 이러한 절망의 상황을 어떻게 이해하고 고백하였는가에 있습니다. 하나님께서 바울 자신을 전혀 의지할 수 없도록 하시고 오직 죽은 자를 다시 살리시는 하나님을 의지하도록 하시는 하나님의 간섭이 있는 자리임을 천명하였습니다.

감옥에 갇힌 채 사형선고를 받고 죽음을 기다리는 최후의 비참한 자리에서 그가 쏟아놓은 신앙고백은 무엇입니까? 죽음이 끝이 아니라 부활의 생명이 준비되어있음을 깨치고 계시는 하나님을 붙들었다는 것입니다. 그 절망으로 자신을 포기해야 하는 상황에서 하나님은 바울이 갖고 있던 세상적인 가능성과 그의 자존심 한 방울까지도 남기지 않고 쏟아 부으셨으며 오직 하나님만을 의뢰하여 부활의 생명을 굳세게 붙들게 하셨다는 것입니다.

오늘 우리 자신이 할 수 있는 실력으로 진행되는 어떤 일이 있다면 그것은 언제까지나 세상의 일로 끝나는 일들입니다. 그것은 결국 우리의 한계 안에서 우리의 자존심이 살아나는 순간들입니다. 그것은 죽음과 함께 소멸되는 것들입니다. 아무런 가치와 의미도 없는 수고와 헌신들입니다. 오늘 우리 자신과 교회 공동체가 하는 일이 성령의 도우심과 말씀에 의지하여 진행될 때에 언제나 하나님께는 영광이요, 우리에게는 영생의 풍성한 만족과 기쁨이 넘칠 것입니다.

오늘 나사로의 죽음과 연결하여 제자들은 주님이 이끌어 가시는 곳에서 경이로운 감동을 받습니다. 11절 말씀, "이 말씀을 하신 후에 또 가라사대 우리 친구 나사로가 잠들었도다 그러나 내가 깨우러 가노라" 이는 아무나 할 수 있는 얘기가 아닙니다. 석가나 공자나 장자의 입에서는 나올 수 없는 이야기입니다. 우리는 그 사람들의 생각과 어록이나 행위 속에 "죽은 자가 잠들었도다, 깨우러 가자" 라는 말하는 것을 들어본 적이 없습니다.

주님은 죽은 것을 잠든 것과 연결하여 깨우러 가자고 하셨습니다. 인간의 모든 문제는 죽음의 한계상황에 갇혀 있습니다. 죽음을 해결하지 못한다면 어느 누구도 우리를 인도할 자격이나 가치가 없습니다. 그는 진리를 이야기할 자격이 없습니다. 그러나 오늘 예수님은 최고의 권위와 영광을 가지고 제자들을 모델로 하여 전 인류들에게 하나님을 의지하도록 도전하십니다.

"우리 친구 나사로가 잠들었도다. 그러나 내가 깨우러 가노라."

우리가 모두 거기 그 자리에 초대되어 있습니다. 여기서 우리는 예수님이 누구신가를 배워야 합니다. 주님이 계신 곳에는 죽음이 함께 동석하거나 길동무가 될 수 없습니다. 예수님이 계신 곳에는 언제나 죽음이 쫓겨나고 떠나는 장면만이 묘사되어 있습니다.

예수님은 죽음이 가까이 할 수 없는 분, 그는 생명의 본체이심을 성경은 강력하게 증거합니다. 나인 성 과부의 아들이 죽어서 사람들이 죽은 자를 메고 나올 때에 예수께서 가까이 가서 관에 손을 대고 하시는 말씀도 죽음을 물리치시는 명령이었습니다.

"청년아, 일어나라. 죽었던 자가 일어나 앉고 말하더라."

회장당 야이로의 딸의 경우도 마찬가지입니다.

"들어가서 저희에게 이르시되 너희가 어찌하여 훤화하며 우느냐 아이가 죽은 것이 아니고 잔다 하시니… 그 아이의 손을 잡고 가라사대 달리다굼 하시니 번역하면 곧 소녀야 내가 네게 말하노니 일어나라 하심이라 소녀가 곧 일어나서 걸으니 나이 열두 살이라…" (막 5 : 39 - 41).

예수님이 가시는 곳곳에는 죽음이 떠나가는 장면이 역력합니다. 예수님도 십자가에서 돌아가셨습니다. 죽으시는 장면이 우리와 같지 않았습니다. 고개를 먼저 숙이시고 죽음을 허락하시는 것으로 묘사하고 있습니다. 주님은 힘이 기진하여 죽음에 끌려가신 것이 아닙니다. 피와 물을 다 쏟으셔서 힘이 없어서 죽으신 분이 아닙니다.

아버지의 뜻이 다 이루어진 것을 확인하시고 때가 이름으로 고개를 숙이시고 죽음을 허락하신 것입니다.

● ● ● ● ● ● ● ● ● ●

성경에서 가장 놀랍고 영광스러운 말씀은 성도의 죽음을 그리스도 안에서 잠자는 상태로 선포한 것입니다. 예수 그리스도 안에서 죽는 것을 잠잔다고 하신 것은 성도의 죽음은 홀로가 아니라 예수님과 함께 죽음 아래로 내려가는 상태이기 때문에 죽음이 붙들 수 없다는 것입니다. 예수님과 함께라면 언제나 하나님의 나라이며 썩지 아니하는 부활의 생명에 참여한 상태로 영원히 죽지 않습니다.

예수 그리스도 안에서 잠자는 상태는 언젠가는 깨어날 것을 약속하는 표적입니다. 주님이 죽음에서 부활하신 첫 열매가 되셨고 다음으로 성도인 우리가 뒤따라 잠자는 곳에서 깨어날 것입니다. 우리의 하나님을 향한 기내와 소밍을 부활로 이끌어 가시는 주님의 간섭을 생각할 때마다 우리는 마땅히 현실의 난관은 오히려 쉽게 극복하고 승리하는 증인으로 살아야 할 것입니다.

나는 부활이요 생명이니

(요 11:17-27)

"예수께서 와서 보시니 나사로가 무덤에 있은 지 이미 나흘이라 베다니는 예루살렘에서
가깝기가 한 오 리쯤 되매 많은 유대인이 마르다와 마리아에게 그 오라비의 일로
위문하러 왔더니 마르다는 예수 오신다는 말을 듣고 곧 나가 맞되 마리아는 집에 앉았더라
마르다가 예수께 여짜오되 주께서 여기 계셨더면 내 오라비가 죽지 아니하였겠나이다
그러나 나는 이제라도 주께서 무엇이든지 하나님께 구하시는 것을
하나님이 주실 줄을 아나이다 예수께서 가라사대 네 오라비가 다시 살리라
마르다가 가로되 마지막 날 부활에는 다시 살 줄을 내가 아나이다
예수께서 가라사대 나는 부활이요 생명이니 나를 믿는 자는 죽어도 살겠고
무릇 살아서 나를 믿는 자는 영원히 죽지 아니하리니 이것을 네가 믿느냐
가로되 주여 그러하외다 주는 그리스도시요
세상에 오시는 하나님의 아들이신 줄 내가 믿나이다"

17절, "나사로가 무덤에 있은 지 벌써 나흘이라."

본문의 시작입니다. 나사로의 장례로 베다니 마을은 수많은 문상객들로 붐비고 있었습니다. 예루살렘에서 베다니 마을까지 한 5리 정도이므로 유대인 조객들이 줄을 잇고 있었습니다. 그때 사람들이 보기에는 예수 그리스도도 조객 중의 한 사람으로 나사로의 집에 오고 있었습니다. 예수님의 오심을 듣고 마르다가 뛰어나가 맞으면서 이런 말을 전합니다.

21절, "마르다가 예수께 여짜오되 주께서 여기 계셨더면 내 오라비가

죽지 아니하였겠나이다."

예수님에 대한 원망의 감정이 밑바탕에 흐르고 있음을 나타내는 말입니다. 마르다의 입장에서는 오라비의 위급함을 이미 나흘 전에 전갈한 바 있는데 이제 죽음의 완전 절망이 선고된 때에 뒤늦게 오신 예수님이 원망스럽기 한이 없습니다. 그러면서도 주님에 대한 기대를 버리지 않는 모습이 엿보입니다.

22절, "그러나 나는 이제라도 주께서 무엇이든지 하나님께 구하시는 것을 하나님이 주실 줄을 아나이다."

이에 대한 주님의 대답입니다. "네 오라비가 다시 살리라" 예수님의 의도는 죽은 자를 살리시는 영광을 나타내려고 일부러 시체 앞에 오신 것입니다. 그랬더니 마르다의 반응이 이렇습니다. "마지막 부활에는 다시 살 줄을 내가 아나이다."

유대인은 모두 부활 신앙을 가지고 있습니다. 죽음이 끝이 아니라 다시 살아나는 부활이 있음을 믿고 있습니다. 이에 대하여 예수님께서 재확인시켜 주시는 말씀이 이렇습니다.

25, 26절, "나는 부활이요 생명이니 나를 믿는 자는 죽어도 살겠고 무릇 살아서 나를 믿는 자는 영원히 죽지 아니하리라 이것을 네가 믿느냐?"

주님의 말씀에 반응하는 마르다의 신앙고백입니다. 마르다의 신앙수준을 결정짓는 대답입니다.

27절, "그러하외다 주는 그리스도시요 세상에 오시는 하나님의 아들이신 줄은 내가 믿나이다."

지금 마르다의 고백은 정확합니다. 주는 그리스도이십니다. 하나님의 아들이십니다. 일찍이 베드로가 고백한 내용과 같습니다. 유대인이 대망하고 있던 메시아입니다. 당시 유대인의 기대대로 이스라엘을 구원할 메시아로서 큰 권세와 능력을 가지신 분이십니다.

그 기대가 다분히 이스라엘을 로마의 압박에서부터 해방시킬 정치적 경제적 메시아였을망정 예수님은 하나님께로부터 보내심을 받은 구세주로 받아들이기에 충분하신 분이었습니다. 하나님의 아들이 아니면 이토록 큰 권능을 베풀자가 없습니다. 예수님에 대하여 가장 확실한 증언을 하였습니다. 이때 주께서 시체가 있는 곳에 오셨습니다. 그리고 뭐라고 하십니까?

39절, "돌을 옮겨 놓으라."

마르다의 신앙을 보십시오. "주여 죽은 지가 나흘이 되었으매 벌써 냄새가 나나이다" 이제는 다 끝났다는 겁니다. '지금 돌을 치우라니 무엇을 하려고 하십니까? 나사로의 죽음을 두고 마르다가 예수님을 만난 자리에서 한 이야기가 전부 무엇이었습니까? 요약하면 이렇습니다.

첫째, 오라비 나사로가 죽어 무덤에 안치된 후에 오신 예수님을 마치 동정과 위문 정도를 전하러 오신 줄로 알고 원망하던 일을 기억하십시오. "주께서 계셨더면 오라비가 죽지 아니하였겠나이다."

둘째, '네 오라비가 살리라' 염려하지 말라고 소망을 주신 예수님을 향하여 자연스럽게 내뱉는 신앙 고백이 무엇입니까? "마지막 날 부활에는 다시 살 줄을 아나이다." 내세의 부활을 믿는 신앙입니다. 그러나 그녀는 지금 당장 죽음에서 생명으로 불러내실 하나님의 영광은 꿈에도 없었습니다.

셋째, 25, 26절에서 "나는 부활이요 생명이니 나를 믿는 자는 죽어도 살겠고 무릇 살아서 나를 믿는 자는 영원히 죽지 아니하리라 이것을 네가 믿느냐" 하셨습니다.

27절, "그러하외다 주는 그리스도시요 세상에 오시는 하나님의 아들이니이다.”

마르다의 대답이 이처럼 분명합니다. 정확한 교리를 가지고 있습니다. 그럼에도 불구하고 오늘 우리의 신앙을 돌아보게 하는 대목은 시체 앞에 오셔서 “돌을 옮겨 놓으라” 청하셨을 때 마르다의 반응은 전혀 엉뚱하게도 절망을 호소하면서 예수님의 행동을 만류하고 있었습니다. “주여 죽은 지 나흘이 되었으매 벌써 냄새가 나나이다”라고 합니다.

마르다의 이야기가 지금 누구 앞에서 진행되고 있습니까? 그가 알고 있는 대로 주는 그리스도시오 하나님의 아들로 믿는 예수님 앞에서입니다. 지금이라도 무엇이든지 구하시면 하나님께서 들으실 줄로 믿고 있던 하나님의 아들 예수님 앞에서 진행되는 발언들입니다. 주께서 여기 계셨더라면 오라비의 병이 나을 줄로 믿고 있던 그 예수님 앞에서 진행된 언사들입니다. 우리의 입장에서 흔히 있을 수 있는 반응들입니다.

우리 모두가 마르다와 같은 수준에서 예수를 믿고 있다는 데 찔림을 받아야 합니다. 우리는 마르다 못지않게 말로만 믿고 있지 행동으로는 옮기지 못하는 무능한 자들입니다. 생각과 이치로는 믿고 마음으로는 하나의 지식으로 간식하고 있지만 삶으로는 표현해 내지 못하는 연약한 존재들임을 부정할 수 없습니다.

우리는 예수를 믿으면서도 모르는 것이 너무 많고 하나님과 함께 사는 법을 몰라서 당황하는 일이 너무 많습니다. 우리 신앙의 약점은 이렇습니다.

‘신앙의 싸움이 어떻게 하면 병들지 않을까?’에 대한 불안한 감정을 호소합니다. 병든 후에 치료하시는 하나님을 기대하지 못합니다. ‘어떻게 하면 죽지 않을까?’에 매달리고 있지 죽은 다음에 다시 살리시는 하나님에 대하여 잘 모릅니다. ‘어떻게 하면 형벌을 면할까?’에 대한 저 주의식 속에서 두려움과 무서움의 사슬에 매여 있습니다. 이를 풀어내는 십자가의 은혜에 대해서는 너무나 얄팍합니다.

우리는 예수 안에서 이미 얻은 것을 빼앗기지 않으려는 인색한 신앙의 싸움을 치르고 있습니다. 내 인생을 하나님께 적극적으로 내어놓지 못합니다. 하나님께서 약속하신 바를 더욱 깊고 풍성하게 받아 누리려는 창조적인 싸움을 하지 않습니다. 하나님의 말씀이 약속하고 있는 바에 대한 도전하는 싸움이 없어서 언제나 우리 모습이 세상에 비해 가난하고 빈곤해 보입니다.

예수를 믿는데 우리는 믿는 것을 너무 화려하게 포장하였습니다. 내게 유익이 있고, 위안이 되고, 자존심이 살아나고, 기분이 흔쾌해지면 모든 것이 좋고, 모두가 다 내 편이고, 내 사랑하는 자들이고, 나의 좋은 교회가 됩니다. 이렇게 내게 돌아올 현실적인 이익을 중심으로 만나면 우리 사이에 예수님은 간 곳 없고 싸움만이 남습니다. 신앙생활에서 예수님이 빠지면 남는 것은 오해와 상실과 이별의 상처뿐입니다.

마르다의 수준에서 보면 예수님마저도 원망의 대상이 되어 버립니다. 마르다는 지금 사람들 앞에서가 아니라 예수님 앞에서마저도 자기 편견에 잡혀 불평투성입니다.

"돌을 옮겨 놓으라" 하신 말씀에 당연히 아멘 아멘 했어야 할 입장에서 마르다는 "죽은 지 나흘이 되었으매 벌써 냄새가 나나이다" 하고 불신의 말을 전합니다. 그녀의 밑바탕에 꺾여지지 않는 인간적인 원망과 고집이 엿보이는 대목입니다.

예수님이 이미 나사로의 병을 죽을 병이 아니라 하나님의 영광을 위함이라고 선언하셨고 지금도 하나님의 영광이 드러날 찰나에서 예수님의 생명의 주되심에 대한 경외심으로 전폭적으로 그의 말씀을 따라야 할 터인데 말로만 하고 생각에만 묻어두지 아멘의 화답이 없었습니다.

예수님이 시체 앞에 오신 목적이 무엇입니까? 죽은 자를 살리러 오셨습니다. 죄로 말미암아 하나님 앞에서 썩어 냄새를 피우고 있는 시체를 살리러 오셨습니다. 하나님의 음성을 못 듣고 하나님의 말씀에 대하여 분별력이 없는 죽음의 종들인 나사로와 같은 우리를 살리러 오셨습니다.

성경적인 인간론은 뼈와 살, 힘줄, 세포조직으로 구성되어 있는 물질로는 그것이 존재의 일부분이기는 하지만 생명의 자리는 아니라는 것입니다. 성경에서 육체라 할 때는 우리의 몸을 구성하고 있는 물질과 또 이를 통제하고 움직이게 하는 정신 기능까지를 합하여 육체라고 합니다.

동물에게도 정신 기능이 있습니다. 인간과 비교하여 우열의 차이는 있지만 이 모두는 라이프 메커니즘Life mechanism에 속한 것들입니다. 생물학적 구조와 기능들입니다.

인간의 사고는 몸과 마음, 육과 정신 혼 모든 종교는 이원론적인 사고방식 속에서 마음을 빼내는 작업을 합니다. 아무리 구도하고 깨끗하게 닦아내어도 이 라이프 메커니즘Life mechanism으로는 하나님을 알 수도 없고 알려고도 하지 않고 하나님에 대하여 무관심한 상태로서 성경은 죽어 냄새나는 시체와 같은 존재로 묘사하고 있습니다.

자연인 그대로는 인간이기는 하지만 본질상 썩어 냄새나는 나사로와 같은 상태인 것입니다. 그 속에 정욕, 탐심, 거짓, 음흉한 것들이 깊숙이 박혀 있습니다.

한때 계몽주의가 판을 치던 때가 있었습니다. 무지가 삶을 어둡게 한다고 판단하여 행복한 공동체를 이루기 위해서는 배워야 한다는 주장이 대세이던 시대였습니다. 교육을 개혁하고 철학과 과학의 발전을 시도했습니다. 그런데 교육을 잘하면 죄가 없어질 줄 알았는데 열심히 가르쳐 놓았더니 죄가 더욱 교활해져서 인간이 더욱 악랄해 지더란 결론에 도달한 것입니다. 문명화 그 이기 속에 더욱 더럽고 부패해지는 현실을 면할 길이 없습니다.

이토록 영적 생기가 없어지고 영혼의 등불이 꺼진 상태에서 인간은 자연스럽게 썩어짐의 길을 걷게 됩니다. 즉 하나님이 그 심령에 전 인격에 계시지 아니하면 인간이 가는 길은 썩고 부패하며 멸망의 길들임을 성경은 지적합니다.

구원은 영혼이 살아나는 상태입니다. 죽은 자가 살아나야 하는 불가능의 역사입니다. 영혼이 살아나야만 육체도 함께 영생을 얻습니다. 삶을 가치와 사명으로 살도록 의욕을 갖게 합니다.

구원이 인간의 힘으로 얼마나 불가능 하느냐에 대한 예를 봅니다. 마태복음 19장 23, 24절에 이하에 있습니다.

"부자는 천국에 들어가기가 어려우니라 약대가 바늘귀로 들어가는 것이 부자가 하나님의 나라에 들어가는 것보다 쉬우니라." 이에 제자들의 반응은 이렇습니다.

25절 "그러면 누가 구원을 얻을 수 있겠나이까?"

예수께서 대답하셨습니다.

"사람으로서는 할 수 없으되 하나님으로서는 다 하실 수 있느니라." 예수님이 어떻게 부자로 하늘나라에 들어가게 할 수 있을까요?

이렇게 하셨습니다.

"죽은 자가 수족을 베로 동인 채로 나오는데…"(요 11:44)라 하였습니다.

예수님에 대한 서술 중에 요한복음은 그 신성에 대하여 아주 극명하게 드러내고 있습니다.

> "태초에 말씀이 계시니라 이 말씀이 하나님과 함께 계셨으니 이 말씀은
> 곧 하나님이시라 그가 태초에 하나님과 함께 계셨고 만물이 그로 말미암
> 아 지은 바 되었으니 지은 것이 하나도 그가 없이는 된 것이 없느니라 그
> 안에 생명이 있었으니 이 생명은 사람들의 빛이라"(요 1:1-4).

예수님의 말씀이 나갈 때 만물이 생명을 동반하고 그 모양대로 존재하게 되었습니다. 예수님께서 말씀하심으로 동시에 나사로를 붙잡고 있던 사망이 나사로를 놓아 줄 수밖에 없었습니다. 오늘 우리가 이렇게 해서 영생을 얻었습니다. 생명의 말씀을 듣게 된 결과 믿게 된 것입니다.

25, 26절, "나는 부활이요 생명이니 나를 믿는 자는 죽어도 살겠고 무릇 살아서 믿는 자는 영원히 죽지 아니하리니 이것을 네가 믿느냐"

죽음에서 살아난 부활의 예수님 안에서 살면 죽음과 관련이 없는 인생을 삽니다. 하나님과 함께 사는 한 죽음이 주장할 수 없습니다. 언제나 생명이 살아 숨쉽니다. 하나님이 우리를 더 이상 놓치실 수 없는 사랑과 생명의 대상임을 명심하십시오. 더 이상 죽음이나 사망의 그늘 아래서 저주나 형벌이 없음을 믿으십시오.

죽고 난 다음에 다시 사는 부활 신앙은 아주 정확한 교리이며 분명한 사실입니다. 육체가 무너지면 영혼이 하나님의 나라에 들어가서 아브라함의 품에 안기게 됩니다. 이 영광의 약속은 반드시 이루어질 것입니다. 그러나 그것은 이차적인 것입니다.

오늘 영혼이 살아 있는 자로서 하나님이 함께 계시고 하나님이 친히 편들어 주시는 인생으로서 누리는 감동이 있습니까? 그 자체가 영생이요 천국임을 잊지 마십시오. 기쁨, 만족감이 있느냐? 의 문제는 풀어야 할 신앙의 숙제입니다.

"나사로야, 나오너라" 하시면 죽음도 시체를 내어놓아야 하는 그분이 누군가를 생각하십시오. 그 말씀이 나갈 때 생명이 존재를 이끌고 아무것도 없는 이 땅에 나타나게 하셨던 분이 나사로를 생명으로 불러내신 예수님이십니다. 그분이 십자가에 대속물이 되셔서 우리를 생명의 나라로 인도하시는 분이십니다. 그리스도께서 몸을 버리사 사신 교회의 지체로서 우리가 여기 함께 있습니다. 이제 무엇이 불안하며 무엇이 불평이며 원망입니까? 마땅히 감격하고 기뻐하고 사랑하고 격려해야 할 것입니다.

죽은 자를 살려 내셨다면 이미 승리이며 영광입니다. 우리의 생애가 그렇게 불행하게, 억울하게, 억눌려 사는 부르심이 아닙니다. 우리가 현실 문제로 그렇게 가난하게, 연약하게, 옹색하게 부름 받지 않았습니다.

마르다가 되지 마십시오. 예수님이 네 오라비가 살리라 하시면 아멘 그대로 될 줄로 믿습니다. 예수님이 돌을 옮겨라 하시면 기꺼이 '아멘 주여, 내가 행하겠나이다'의 응답이 마땅히 있어야 할 것입니다. 예수님이 "네 죄가 사하여 졌느니라." 하시면 동시에 아멘의 화답이 즉각적으로 일어나야 합니다.

"돌을 옮겨 놓으라." 이제는 더 이상 주저할 이유가 없습니다. "아멘, 주여 내가 말씀에 의지하여 이 돌을 옮기겠나이다."

(요 11:33-37)

> "예수께서 그의 우는 것과 또 함께 온 유대인들의 우는 것을 보시고
> 심령에 통분히 여기시고 민망히 여기사 가라사대 그를 어디 두었느냐 가로되
> 주여 와서 보옵소서 하니 예수께서 눈물을 흘리시더라 이에 유대인들이 말하되 보라
> 그를 어떻게 사랑하였는가 하며 그 중 어떤 이는 말하되 소경의 눈을 뜨게 한 이 사람이
> 그 사람은 죽지 않게 할 수 없었더냐 하더라"

예수님이 나사로를 살리러 오셨습니다. 베다니 마을은 나사로의 장례로 온통 슬픔에 잠겨 있습니다. 예수님이 오신다는 소식을 듣고 마리아가 뛰어 나가서 예수님을 맞으면서 발 앞에 엎드립니다. 그리고 웁니다. 함께 따라 나온 유대인들도 마리아와 함께 울고 있었습니다. 이를 보신 예수님도 우셨습니다. 오늘 장면은 온통 우는 광경뿐입니다.

33절, "예수께서 그의 우는 것과 또 함께 유대인들이 우는 것을 보시고 심령에 통분히 여기시고 민망히 여기사 가라사대 그를 어디에 두었느냐."

이와 같이 사람들의 안내를 받아 무덤 앞에 오신 예수님의 모습을 이렇게 진술합니다.

35절, "예수께서 눈물을 흘리시더라."

참 하나님이신 예수님이 우리의 구속주가 되기 위하여 성육신하여 우리 앞에 오셔서 눈물을 흘리시는 장면을 온 인류에게 보여주고 있습니다. 예수님이 눈물을 흘리신 장면은 신약성경에 세 번 기록되어 있습니다.

누가복음에서 회개치 않는 예루살렘을 보시고 우셨다 묘사하고 있습니다.

"가까이 오사 성을 보시고 우시며 가라사대 너도 오늘날 평화에 관한 일을 알았더면 좋을 뻔하였거니와 지금 네 눈에 숨기웠도다"(눅 19:41, 42).

히브리서에서는 겟세마네 동산에서 기도하실 때의 모습을 이렇게 기록합니다.

"그는 육체에 계실 때에 자기를 죽음에서 능히 구원하실 이에게 심한 통곡과 눈물로 간구와 소원을 올렸고…"(히 5:7 상반절).

그리고 지금 나사로의 시체 앞에 오셔서 눈물을 흘리시고 계십니다. 예수님이 흘리신 눈물은 모두 죄와 관련된 상태를 통분해하시거나 민망해하시면서 흘리신 눈물들입니다. 죄가 빚어낸 결과 인간이 모두 사망 아래 놓여 있는 그 비참함을 보시고 통분하여 우셨습니다. 여기서 '심령에 통분히 여기셨다'는 말은 분노의 감정을 표현할 때 쓰는 단어입니다.

애석한 감정을 억누를 수 없어서 분통해 하는 장면입니다. 예수님은 하나님을 떠난 불순종의 죄가 만들어낸 부산물로서 저토록 죽음에 처참함에 처한 인간을 불쌍히 여기사 그 심령으로부터 북받쳐 오르는 거룩한 분노를 억제할 수가 없으셨습니다. 그리고 슬픔에 잠겨 있는 인간과 함께 슬퍼함으로 죄에 대한 의로운 증오심을 통렬히 느끼고 있는 장면입니다.

여기 '민망히 여기셨다' 는 말은 스스로 괴로워하셨다는 뜻입니다. 죽음의 절망에 부딪쳐 통곡하는 것 이외에는 다른 방법이 없는 그 인간의 절망과 슬픔을 함께 나누고 있는 장면입니다. 예수님이 눈물을 흘리신 장면은 인간이 처한 죽음의 처참함과 슬픔 속으로 자신이 뛰어 드셔서 인간이 갖는 슬픔과 동일한 경험을 함께 나누고 있는 장면입니다.

예수님이 나사로를 살리러 지금 오셨습니다. 죽음 아래 놓인 인간을 그 비참함에서부터 구원하러 오셨습니다. 나사로는 곧 살아날 것입니다. 그럼에도 불구하고 오늘 우리는 죽음 앞에 슬퍼하는 인간의 처지에 함께 뛰어드셔서 인간과 함께 고통하고 슬퍼하시는 하나님을 만나게 됩니다. 시체가 된 나사로를 살리시기 이전에 하나님께서 갖고 계시는 심령의 통분하심과 민망하심을 놓치게 되면 결과적으로 기독교의 신앙이 율법의 상황으로 내몰리게 되는 빌미가 됩니다. 인간을 향하여 갖고 계시는 하나님의 심정은 언제나 긍휼과 사랑이었다는 것은 기독교신앙의 근간을 이루는 굵직한 주제인 것입니다.

"우리 연약한 것을 친히 담당하시고 병을 짊어 지셨도다" (마 8 : 17).

예수님은 우리의 연약함과 병의 고통을 친히 짊어지실 만큼 통렬한 감정을 가지셨습니다. 병을 고쳐주시기 이전에 주님은 병의 고통을 친히 자신의 것으로 통렬히 아파하시면서 우리의 병을 고쳐 주셨습니다.

이사야서는 이렇게 기록합니다.

"…그는 간고를 많이 겪었으며 우리의 질고를 아는 자라"(사 53:3).

나사로의 사건의 시작은 이렇습니다. "주여 주의 사랑하는 자가 병들어 죽게 되었나이다" 나사로의 누이들이 전갈을 보내면서 전한 내용입니다.

예수님은 우리의 질고를 아시는 분이시고, 우리의 연약함을 친히 담당하시는 분이시며 인생의 온갖 종류의 고난을 친히 겪으신 분이십니다. 주님은 물론 건강하시고 모든 것을 가지신 부요하신 분이시며 무엇이던지 불가능이 없으신 전능하신 분이시지만 예수님의 심령 깊은 곳에서 솟구치는 것은 그 내용이 모두 사랑이시며 긍휼이시며 인자와 자비시기 때문에 그의 사랑하시는 자의 고통과 아픔은 마치 자신의 것으로 함께 나누지 않을 수 없으신 분이십니다. 그 죽음의 고통과 절망에 빠져 탄식하는 자들과 함께 눈물을 흘리신 것입니다.

하나님께서 사랑하시는 자, 그 사랑하는 대상으로서 오늘 우리는 나사로와 같이 죽을 병에 걸려 있습니다. 어느 누구도 예외는 없습니다.

임상학적으로는 죽음의 현상이 나타나지 않았을지라도 지금 다 죽음으로 가는 병을 앓고 있는 중에 있습니다. 언젠가는 다 죽게 됩니다. 병으로 죽거나 사고로 죽을 수도 있고 또 재난에 의해서 죽을 수도 있습니다. 우리는 다 죽을 운명에 놓여 있습니다. 나사로와 같은 입장입니다.

죄를 범한 인간이 불안하여 떨고 있는 처지를 안타까이 여기시고 방치해 두신 것이 아니라 구원하러 오셨습니다. 죄를 범한 인간을 에덴으로부터 추방하심과 동시에 형벌 아래 떨고 있는 인간을 찾아가셔서 위로하시고 살길을 내어 주신 분도 역시 하나님 자신이셨습니다.

그 이후 하나님은 인간 스스로가 걸머지고 살아야 했던 죄의 문제를 친히 염려하시면서 죄로 고통하고 있는 우리를 방치하신 것이 아니라 우리를 그 비참한 죄에서 구원하시기 위하여 예수 그리스도를 대속물로 보내신 것입니다. 나사로의 시체 앞에 오셔서 눈물을 흘리신 분은 다름 아닌 긍휼과 사랑이 한량없으신 하나님 자신이셨습니다.

예수님은 나사로의 죽음을 슬퍼하는 것이 아닙니다. 죽음의 병에 걸려 고통하고 있는 우리 자신을 안타까워하시는 것입니다. 우리 자신의 처지를 함께 슬퍼하시는 모습입니다. 나사로의 죽음에 대해서 하나님은 책임이 없으십니다. 죽음에 대한 책임은 전적으로 인간 자신이 져야 합니다. 인간이 죽을 병에 걸려 있습니다. 죽음의 고통을 걸머지고 살아야 하는 죄인입니다.

하나님은 이제 그의 긍휼과 사랑으로 인하여 사랑하는 자가 죽음 아래 있는 형편을 안타까이 여기시면서 죽음에서부터 살려 내실 것입니다. 울고만 있는 불쌍한 처지에 놓인 자, 나사로를 비롯하여 오늘 우리들까지 살려내실 것입니다. 우리가 그토록 하나님께로부터 사랑을 받고 있음을 한시라도 놓쳐서는 안 될 것입니다.

"주여 보시옵소서, 사랑하시는 자가 병들었나이다" 그러나 이제는 죽은 지 벌써 나흘이 되었으매 씩어 냄새를 피우고 있습니다. 절대 절망의 상황에 예수님께서 찾아오셨습니다. 안타까워 눈물을 흘리는 예수님을 보고 그러나 사람들은 뭐라고 합니까?

36절, "이에 유대인들이 말하되 보라 그를 어떻게 사랑하였는가 하며 그 중 어떤 이는 말하되 소경의 눈을 뜨게 한 이 사람이 그 사람은 죽지 않게 할 수 없었더냐 하더라."

사람들이 눈물을 흘리시는 예수님을 보고 한 말입니다. 지금 하나님이 죄로 말미암아 죽음 아래로 내려간 사람을 살려내시려고 통분히 여기시면서 그 비참한 슬픔과 절망으로부터 구원하실 것인데 이를 본 사람들의 반응은 엉뚱하게도 조롱과 비웃음이었습니다.

눈을 뜨게 한 이 사람이 그 사람은 죽지 않게 할 수 없었더냐? 왜 이제 와서 눈물을 흘리고 있느냐는 것입니다. 예수님께서 하시는 일에 대해 원망과 불평밖에는 할 것이 없는 참으로 가련한 죄인의 속성들입니다.

우리는 신앙생활하면서 하나님이 행하신 일에 대하여 얼마나 적극적으로 동의합니까? 우리가 하나님께서 행하신 일에 대하여 기쁘고 즐거운 마음으로 감사하며 하나님께서 요구하시는 일을 기꺼이 받들며 섬기며 산 적이 몇 번이나 됩니까? 돌이켜 보면 여기까지 오는 동안 특히 교회의 요구에 대해 우리가 한 일은 저항과 반발과 불평밖에 없었습니다.

감사와 충성은 극히 일부였을 것임을 부인할 수 없을 것입니다. 그러면서도 불평하며 온 곳이 어딥니까? 그래도 작년보다는 더 성숙하고 어제보다는 오늘이 더 깊어진 곳에 와서 천국을 더 가까이 가고 있는 것입니다. 하나님의 은혜의 간섭이 아닐 수 없습니다.

구원이 믿음으로 이루어졌다는 사실만큼 신비로운 것이 없습니다. 형용할 수 없는 신비입니다. 구원은 죽었던 시체가 살아나는 상태를 말합니다. 누가 살렸습니까? 시체가 스스로 살아나지 않았습니다. 살려 주시는 자가 있어야 합니다. 그가 바로 여호와 하나님, 창조주이십니다.

이제 살아난 자의 입장에서는 하나님을 대상으로 믿음이라는 수단이외에는 살아갈 방법이 없습니다. 죽었던 자가 살아났으면 이제부터 그의 삶의 소유권은 더 이상 자신의 것이 아닙니다. 그는 이미 없어져버린 세월을 덤으로 사는 입장입니다. 살려 주신 자의 뜻을 헤아리지 않으면 안 되는 간섭 아래 있습니다. 이는 성경적 논리이며 신학체계입니다.

문제는 하나님을 이해하고 납득하는 유일한 통로가 믿음이라는 것입니다. 믿음은 우리에게서 나온 산물이 아니라 하나님이 주시는 선물이라고 설명합니다. 뿐만 아니라 모든 사람의 것이 아니라 하나님께서 택하신 자에게 주시는 은혜의 선물이라고 한정하고 있습니다. 아무나 믿을 수 있는 하나님이 아닙니다. 하나님께서 자기 백성으로 선택하신 자에 한하여 믿도록 간섭하신 결과로 생기는 것이 바로 은혜의 선물입니다.

우리가 원래 가지고 있는 것은 사고체계는 율법적 관계와 상황입니다. 율법은 사고와 행동의 근거를 자신에게서 찾습니다. 모든 것의 주체자가 나 자신입니다. 내가 계획하고 내가 이루고 내가 누리고 내가 책임지는 관계와 그 상황을 율법이라고 합니다. 내가 잘했으면 내가 상을 받고 내가 못했으면 내가 벌을 받는 관계 곧 인과율의 법칙입니다.

이것은 우리의 사고방식이며 여기에 익숙한 훈련을 한 사람들입니다. 그래서 율법적 관계에서 일어나는 일들은 다 이해가 되고 납득이 가는 것들입니다. 율법은 선행주의, 행동주의, 공로주의, 인본주의의 근거가 됩니다.

그러나 율법적 사고체계 안으로는 은혜의 논리가 끼어들어갈 수가 없습니다. 그래서 율법은 십자가의 은혜를 거부하는 성격을 지닙니다. 믿음을 설명할 수 있는 방법이 인간이 가지고 있는 이해의 수준에서는 불가능합니다. 믿음은 이론적으로는 제 삼자의 것을 나의 것으로 소유하는 행위인데 그 사실을 인정할 사람 아무도 없습니다. 하나님께서 행하신 일을 진리와 사실로 여기고 그 요구 이래로 나를 충성케 하는 일인데 자연인으로서는 아주 불가능한 일입니다.

믿음은 인과율의 법칙이 아닙니다. 원인은 없고 결과만을 가지고 있는 상태를 말합니다. 구원을 위하여 내가 한 일은 전무합니다. 그런데 결과적으로 내가 구원을 받았습니다. 누가 이루어놓은 일들입니까? 오직 예수 그리스도 안에서 하나님께서 행하신 일들뿐입니다.

하나님은 주님의 것을 나의 것으로 굳히도록 성령으로 거듭나게 하셔서 믿도록 하셨습니다. 신비로운 역사가 아닐 수 없습니다. 하나님께서 주신 선물로 간직할 뿐입니다. 우리가 믿음으로 사는 입장이기 때문에 하나님께서 이루어놓으신 것을 완전히 갖는데 까지는 상당한 갈등과 번민의 과정을 겪을 수밖에 없는 것입니다.

구원이 우리로부터 시작된 것이 아니라는 것을 가장 분명하게 선포한 말씀은 에베소서입니다.

> "찬송하리로다 하나님 곧 우리 주 예수 그리스도의 아버지께서 그리스
> 도 안에서 하늘에 속한 모든 신령한 복으로 우리에게 복 주시되 곧 창세 전
> 에 그리스도 안에서 우리를 택하사…예수 그리스도로 말미암아 자기의 아
> 들들이 되게 하셨으니"(엡 1:3-5).

우리를 택하사 자기의 아들들이 되게 하셨다고 합니다. 우리가 구원을 받기로 된 것은 창세 전에 하나님의 뜻으로 결정되어 있었다는 것입니다. 창세 전이라면 우리의 조건과 전혀 관계없이 결정된 것이 틀림이 없습니다. 하나님께서 그때에 계획하셨다면 이것은 분명히 이루어질 수밖에 없는 성질의 것입니다. 이것을 불가항력의 은혜라고도 합니다.

불가항력적인 간섭으로 받은 구원이기 때문에 구원 이후에 당하는 삶의 과정은 어떤 경우에라도 구원을 더욱 구원답게 이루어가는 데 필요한 과정이며 버릴 것이 없는 소중한 가치들인 것입니다. 이제는 내 삶에서 내가 벌을 받고 내가 상을 받는 상황이 아닙니다. 내가 천국 가고 내가 지옥 가는 입장도 아닙니다.

하나님께서 나를 죽음에서 살려내신 이상 그 차체로 이미 구원이요 이미 그 자체로 천국에 들어온 상태입니다. 오늘 우리가 당하는 현실에서의 고난은 더 이상 형벌이나 저주가 아니라 앞으로 더욱 누려야 할 축복의 약속을 굳세게 붙들고 살라는 채찍입니다.

교회는 이미 구원받은 사람들이 이제부터는 서로가 하나님으로부터 사랑받는 거룩한 백성이라는 인식을 인격과 삶에서 더 깊고 풍성하게 갖게 하는 훈련장소입니다. 우리가 교회라는 이름으로 우리의 구원이 날마다 완성되어가고 있다는 것은 은혜가 아닐 수 없습니다.

기억해야 할 것은 우리의 잘못으로 인하여 벌을 받는 곳에서 살고 있지 않습니다. 어떤 경우에라도 사랑의 대상으로서 우리의 상황은 약속의 나라 곧 천국의 기쁨과 환희가 준비 되어 있는 곳을 향하여 가고 있다는 것을 잊지 말아야 할 것입니다. 우리는 더 이상 우리의 허물로 인하여 우리의 장래를 그르치는 곳에서 살고 있지 않습니다. 하나님은 사랑과 긍휼의 대상으로서 그 약속하신 바, 축복과 영광을 보존해주시는 간섭 아래 두셨다는 것이 믿음의 근거입니다.

무엇이 우리를 감동케 하며 우리의 생을 든든하게 합니까? 삶의 원동력이 어디서부터 올라옵니까? 지금도 하나님이 나를 향하여서는 언제나 사랑하시며 긍휼에 풍성하신 간섭을 놓치지 않으신다는 것을 믿음으로 받아 드릴 때 드디어 삶을 의욕적으로 살도록 분발하게 됩니다.

● ● ● ● ● ● ● ● ●

예수님이 나사로의 시체 앞에서 눈물을 흘리셨던 일을 기억하시기 바랍니다. 우리가 통과하는 삶의 고통의 지점에서 하나님이 친히 오셔서 성령으로 말미암아 탄식하고 계십니다. 오셔서 우리의 처지를 보시고 탄식하시는 모습은 인간문제를 해결하겠다고 하시는 하나님의 공적 의지입니다. 하나님이 친히 오셔서 우리의 고통과 슬픔의 상황을 안타까이 여기시고 우리와 함께 통분의 눈물을 흘리신다면 문제는 이미 해결된 줄로 믿어야 할 것입니다.

나사로의 시체 앞에 오셔서 절망 중에 통곡하던 그의 누이들을 비롯하여 조객들과 함께 눈물을 흘리신 주님은 마침내 인간문제의 한계인 영원한 형벌의 심판인 사망을 걸머지셨습니다. 십자가에 대속물로 죽으셨고 다시 살아나셔서 승천하셨습니다. 성령을 보내셨으며 교회를 이루시고 우리를 그의 지체들이 되게 하셨습니다. 오늘 우리는 주님의 부활에 참여한 자로서 더 이상 죽음 아래에서 살고 있지 않는 자들이 되었습니다.

죽었던 자가 다시 살아났다면 이제는 살려 주신자의 뜻을 생각하며 그 은혜를 기리며 그의 뜻을 따라 살 때에 행복해지는 법입니다. 동시에 우리가 구원을 받았기 때문에 그 십자가의 열정만큼이나 주님은 우리를 향하여 언제나 사랑과 긍휼을 풍성하게 베푸신다는 것을 내 삶의 자랑과 긍지로 삼는 고백이 순간마다 일어나야 할 것입니다.

(요 11:38-41)

"이에 예수께서 다시 속으로 통분히 여기시며 무덤에 가시니 무덤이 굴이라 돌로 막았거늘
예수께서 가라사대 돌을 옮겨 놓으라 하시니 그 죽은 자의 누이 마르다가 가로되
주여 죽은 지가 나흘이 되었으매 벌써 냄새가 나나이다 예수께서 가라사대 내 말이
네가 믿으면 하나님의 영광을 보리라 하지 아니하였느냐 하신대 돌을 옮겨 놓으니
예수께서 눈을 들어 우러러 보시고 가라사대 아버지여 내 말을 들으신 것을 감사하나이다"

베다니 마을은 나사로의 죽음으로 온통 슬픔에 빠져 있었습니다. 예수님이 오신다는 소문에 마리아가 뛰어나가 맞이하고 유대인들도 함께 나와 나사로의 죽음에 대하여 눈물을 흘리고 있었습니다. 예수님도 함께 우셨습니다. 인간이 갖는 최대의 절망과 슬픔의 현장은 죽음입니다. 죽음이 모든 것을 빼앗아 가 버립니다. 의욕적으로 진행하고 있던 일들이 도중하차당하는 억울함을 피할 길이 없습니다. 그것으로 끝이 아닙니다. 그 이후에 영원한 형벌의 심판이 기다리고 있습니다.

죽음이 왜인가를 모른 채 죽음 앞에서 절망하며 슬퍼하며 울고 있는 모습을 보시고 주님은 마음으로 통분해 하시면서 함께 우셨습니다. 눈

물을 흘리시는 예수님을 보고 유대인들이 비아냥거리고 있습니다.

"그를 어떻게 사랑하였는가, 소경의 눈을 뜨게 한 이 사람이 그 사람을 죽지 않게 할 수 없었더냐"라 하는 사람들의 비아냥거리는 소리를 들으시고 나사로가 안치되어 있는 무덤 앞에 오셨습니다.

38절, "이에 예수께서 다시 속으로 통분히 여기시며 무덤에 가시니 무덤이 굴이라 돌로 막았거늘 예수께서 가라사대 돌을 옮겨 놓으라."

이때 마르다가 "주여 죽은 지 나흘이 되었으매 벌써 냄새가 나나이다" 하고 즉각적인 반응을 보입니다.

예수님은 인간의 비아냥거리는 소리를 들으시면서 그럼에도 불구하고 하나님의 일을 계속하셨습니다. 죄로 비뚤어지고 비열하고 천박한 인간의 소리에 귀를 기울이지 아니하셨습니다. 자존심 싸움을 하지 않으시고 오셔서 "돌을 옮겨놓으라" 명하셨습니다. 이에 "주여, 죽은 지 나흘이 되어 썩어 냄새가 나나이다"라는 마르다의 반응은 엉뚱합니다.

주님은 돌을 옮겨 놓으라고 명하시는데 이를 따르는 자가 아무도 없습니다. 이 장면에서 우리는 하나님의 하시고자 하는 것과 그것에 대한 인간이 반응하는 것과의 괴리를 만나게 됩니다. 하나님께서 하시는 일에 대하여 인간이 얼마나 무지하냐를 지적하는 장면입니다.

마르다의 반응은 예수께서 썩어 냄새나는 시체를 단순히 보고 싶어하신다는 생각에 잡혀 있었습니다. 그녀는 주님께서 집에 도착하자 마자 "주는 그리스도시요 이 세상에 오신 하나님의 아들이니이다"고 고백한 자입니다. 우리와 같이 예수님을 그리스도요 하나님의 아들로 고백하는 구원 받은 성도입니다.

마르다는 주님께서 지금 곧 죽은 자를 살리실 것인데 주님의 명령을 듣지 않고 주저하고 있습니다. 재차 주님이 설득하셔서 옮기기는 하였지만 자칫 하나님의 영광을 놓칠 뻔 했던 이 불신의 행동이 오늘 우리에게 있어서도 동일하게 안타까운 장면입니다.

마르다는 주님을 지극히 사랑하고 존경하였지만 예수 그리스도를 창조주요 구속주로서 그분이 바로 생사화복生死禍福의 주권자라는 경외심이 없었습니다. 지금 썩어 냄새나는 시체가 있는 무덤의 돌을 옮겨봐야 아무 소용이 없을 것이라는 생각이었습니다. 마르다의 생각은 그래도 살아 있을 때에 오셨어야 살 가망이 있다는 것이었습니다. 지금은 상황이 완전히 절망인 상태입니다.

이것이 우리가 갖고 있는 믿음의 한계입니다. 우리는 아직도 죽은 자를 살리시고 없는 것을 있는 것같이 부르시는 하나님을 믿었던 아브라함의 믿음까지는 도달하지 못한 상태에서 신앙생활하고 있습니다.

우리의 신앙에 있어 시험에 들 가능성은 무엇입니까? 초월한 것만이 하나님의 것이라는 생각에 붙잡혀 있다는 것입니다. 하나님에 대하여 기대하는 것이 무엇이냐 하면 모두가 다 기적이나 권능의 표적 같은 것들입니다. 예수께서 오셔서 돌을 옮겨 놓으라 하지 않고 "나사로야 나오너라"고만 말씀하셔서 사람들 앞에 시체가 걸어 나오기를 기대하고 하나님을 믿습니다. 아니면 죽었던 자가 돌을 굴리면서 나오게 하시면 얼마나 하나님다우신 일인가 기대하고 있습니다.

그러나 주님은 마르다에게 '돌을 옮겨놓으라'고 명령하셨습니다. 하나님다우신 행동이 아닙니다. 마르다에게 있어서는 죽었던 오라비가 살아날 것이란 기대나 소원이 전혀 없는 상태에서 주님의 명령은 헛된 수고에 지나지 않습니다. 그녀는 마땅히 그리고 기꺼이 돌을 옮겨야 할 시점에서 동의하지 않고 있습니다.

성경에서 기적이 도입될 때마다 하나님은 기존의 자연 질서를 무시하지 않는다는 것을 놓쳐서는 안 됩니다. 다시 말하면 기적이 동원될 때에 자연 질서와 배치되어 일어나지 않습니다.

홍해가 가로놓여 있을 때 어떻게 건너가게 하셨습니까? 우리가 믿는 식대로라면 바람을 타고 건너가던가, 구름다리 위를 걸어간다던가 해야 수준 높은 기적으로 보일 겁니다. 그러나 하나님은 동풍을 세차게 불게 하여 홍해를 갈라놓고 사람들로 걸어서 건너게 하셨습니다. 중풍 병자를 일으키실 때에도 "네 자리를 들고 일어나 걸으라"고 하셨습니다. "실로암에 가서 씻으라", "요단 강물에 들어가서 씻어라" 명령하셨습니다.

기적이 동원되기는 하지만 우리가 걸어야 하는 수고를 완전히 대신해 주지는 않습니다. 기적이 우리의 걸음을 단축시키거나 안 걸어도 되는 만큼 우리의 삶을 대신해 주지는 않습니다. 병을 낫게 하셨지만 자리를 들고 일어나 걷도록 명하셨습니다. 병이 나았다고 해서 이제는 그 기적으로 인하여 삶을 살지 않아도 되게 하지는 않았습니다. 사는 것은 역시 그 사람의 몫입니다.

인간의 본성 중에서 지울 수 없는 것은 어느 누구라도 초월에 대하여 신성시하고 자연에 대하여는 비신성시 하는 본능을 갖고 있다는 것입니다. 초월로 가고 싶어 만들어낸 것이 우리에게 붙어 있는 자연의 때를 벗겨내는 형태로서 금욕, 극기, 절제, 자기학대 같은 고행의 길을 종교의 형식으로 채택한 것입니다. 이는 이방 종교의 원리이며 형식들입니다.

기독교 신앙 안에서도 하나님께 나아가는 방법으로 금욕, 극기, 청빈 쪽으로 기울어지는 경향이 많습니다. 초월을 이끌어내기 위해서는 자연의 질서인 기존의 나를 억제하고 자기를 학대하는 방식을 신앙의 수준으로 평가하는 경향이 많습니다.

그러나 우리가 금식하고 철야기도 하는 것은 나의 하나님을 향한 신앙고백이지 하나님의 자리에 가는 길을 가기 위해 동원되는 방법은 아닙니다. 즉, 초월성에 접근하는 등식이 아닙니다. 내가 절제하고 금식하고 밤을 새워서 기도하는 것은 나의 인생은 나로서는 감당할 길이 없고 오직 하나님만이 하실 수 있다는 매달림의 적극적인 표현입니다. 내가 스스로 하나님이 되어 초월한 위치에 가는 것은 아닙니다.

병든 자가 기도하여 병 고침을 받았습니다. 하나님께서 기적을 베풀어 주신 결과입니다. 그렇다고 내가 하나님이 되는 것은 아닙니다. 그 다음부터 안 먹어도 살 수 있는 것이 아닙니다. 그는 역시 먹어야 하며, 자야하고, 생존을 위한 현실과 싸워 이겨야 합니다. 다만 이 기적의 놀라운 체험을 통하여 하나님이 나와 함께하시고 하나님이 나의 편에 계십니다. 나를 사랑하사 약속대로 나를 천국에 인도하실 것을 더욱 굳게 믿는 것입니다. 또한, 모든 범사에 믿음으로 담대해지는 확신을 갖는 것입니다. 우리 신앙생활에서 기적이 동원되어야 할 더 큰 이유가 있습니다.

40절, "내 말이 네가 믿으면 하나님의 영광을 보리라 하지 아니하였느냐."

나사로의 위급함을 이미 예수께서 말씀 하셨듯이 "이 병이 죽을 병이 아니라 하나님의 영광을 위함이라"고 선포하셨습니다.

하나님의 영광이 전제된 사건입니다. 마르다에게 있어 오라비 나사로의 죽음은 하나님의 영광을 만나게 될 절호의 기회로 계획된 것입니다. 그러나 '만일 네가 믿으면'이라는 것이 전제되어 있습니다. 성경에서 기적을 도입하는 것은 언제나 우리의 믿음과 연결되어 있음을 잊지 마십시오. "네가 믿으면 하나님의 영광을 보리라"고 합니다.

하나님의 영광은 한 사람의 전 인격과 삶이 하나님의 통치하시는 간섭 안으로 항복하여 들어올 때의 상태를 말합니다. 우리가 하나님의 사랑에 감동되어 나를 전폭적으로 하나님의 명령 아래로 복종할 때가 언제입니까? 나의 저질러놓은 죄악과 실수와 허물로 인하여 절망과 고독에 쌓여 더 이상 삶의 의욕마저 상실한 채 흐느끼고 있을 그때에 하나님께서 찾아오셔서 나에게 소생할 구원의 길을 보이시면서 위로하시고 격려하시는 하나님의 지극히 풍성한 사랑과 은혜를 경험할 때 드디어 나의 고집을 꺾고 자존심을 버리고 나를 하나님의 뜻 아래로 항복하여 살기로 고백하게 되는 것입니다. 이와 같이 하나님의 뜻이 이루어지는 순간이 하나님의 영광이요 우리에게는 한없는 은혜가 되는 것입니다.

우리는 모두 성경에 기록된 실로 상상할 수 없는 약속들을 알고 참으로 놀랍고 풍성한 하나님의 세계를 소개받고 있습니다. 믿음으로 살아가신 열조들의 고백 속에는 실로 형용할 수 없는 삶의 자랑과 의미와 사명으로 흘러넘치는 은혜의 감격과 행복이었습니다.

주님의 요구 앞에 자신을 기꺼이 순교의 제물로 드릴 정도로 그 행복을 억제할 길이 없었다고 털어놓았습니다. 세상의 부귀와 영화와 권력의 자랑들이 감당할 수 없는 행복과 희열로 휩싸여 살았다는 것입니다. 그 하나님께로부터 흘러내리는 사랑과 은혜의 지극히 풍성함을 무엇으로 누리며 외치며 살았느냐를 오직 믿음으로였다고 증거하고 있습니다.

우리가 성경에서 기록한 이 풍성한 약속의 목록들을 나의 것으로 소유할 능력과 지혜가 없다는 데에 안타까움이 있습니다. 우리에게 문제가 있다면 모두가 믿음의 문제입니다. 우리의 우둔하고 더디 믿는 성품 때문에 하나님의 영광을 제한하고 놓치고 맙니다. 예수 믿고 이미 천국에 들어와 있는데도 불구하고 천국다움을 누리지 못하고 있는 것은 믿음의 수준이 마르다의 것과 방불하기 때문입니다. 믿기는 하되 더디 믿는 성품 때문입니다.

40절, "네가 믿으면 하나님의 영광을 보리라 하지 아니하였느냐."

하나님은 우리에게 있어 누구시며 지금 우리를 위하여 무엇을 행하십니까? 지금도 하나님의 영광을 위하여 진행되고 있는 여러 가지 사건들을 가지시고 하나님의 영광을 위하여 우리의 삶을 간섭하고 계십니다. 그래서 우리에게는 복잡하게 얽혀 있는 현실이 있습니다. 온갖 빛깔의 고통과 슬픔과 함께 지나가는 현실입니다. 편하고 쉬운 길이 아닙니다. 하나님의 기적이 요구될 만큼 고달프고 힘겹습니다. 하나님의 이름을 부르고 하나님의 약속을 붙들지 아니하면 이 거대한 재물에도, 권력과 명예에도 힘없이 무너지고 맙니다. 왜 그렇습니까? 단 하나의 문제, 죽음의 절망과 슬픔이라는 한계상황 때문입니다. 그 끝이 지옥의 심판이라는 것을 안다면 더 이상 세상의 가치들은 의미가 없습니다.

우리는 나사로가 썩어 냄새나는 곳에서 생명의 자리로 이끌려 나왔듯이 예수님의 부활에 참여한 자가 되었습니다. 하나님께서 우리를 불러다 놓으신 영생의 영광이 약속된 자립니다. 우리에게 약속된 것은 우리가 이 땅에서 매면 하늘에서도 매일 것이요, 이 땅에서 풀면 하늘에서도 풀리는 영광의 존재로 살고 있습니다. 그러나 명심할 것은 신앙생활에서 기적을 요구하면서 내 인생을 편하게 살 뜻을 품지 말라는 것입니다. 세상의 평안과 부요를 위해 기적까지 요구하는 우둔한 자가 되어서는 안 됩니다. 기적은 일어납니다. 죽은 자도 다시 살아나고 병든 자도 나음을 얻고 앉은뱅이도 일어나고 중풍병자도 걷고 뛰는 기적이 약속되어 있습니다.

이 기적과 함께 하나님은 우리의 믿음을 더욱 굳세게 하고 우리의 천국 길을 더욱 힘 있게 걷도록 확신시켜 주시며, 우리의 삶이 하나님과 함께하십니다. 또한, 하나님이 편이 되어주시는 인생이 얼마나 감격이고 행복이며 능력인가를 경험케 하고, 이를 믿음으로 외치며 증명하는 삶을 살게 함을 목적으로 한다는 것을 놓쳐서는 안 됩니다.

"어두운데서 빛이 비추리라 하시던 그 하나님께서 예수 그리스도의 얼굴에 있는 하나님의 영광을 아는 빛을 우리 마음에 비춰셨느니라" (고후 4:6).

우리로 하나님의 영광을 아는 빛을 우리 마음에 비춰 주셨다고 했습니다. 하나님의 영광을 바라보도록 성령의 지혜와 신성과 능력을 주셨습니다.

40절, "예수께서 가라사대 내 말이 네가 믿으면 하나님의 영광을 보리라 하지 않았느냐."

인간의 본성은 먼저 보고 난 후에야 믿겠다고 합니다. 보지 못한 것을 믿지 않는다는 것입니다. 그러나 성경은 인간은 사실을 확인하고도 하나님께 항복하지 않는다는 것을 역설합니다. 죽었던 나사로가 살아 나왔는데도 이를 직접 본 사람들이 오히려 예수님을 잡아 죽이는 데에 더욱 악랄해지더란 것을 진술하고 있습니다. 인간의 본성은 아무리 사실일지라도 그것을 합리적으로 설명할 수 없으면 믿을 수가 없습니다.

성경 이야기는 모두 사실이지만 우리의 합리성을 가지고는 인식할 방법이 없기 때문에 믿음을 요구합니다. 히브리서 11장 3절에서는 "믿음으로 모든 세계가 하나님의 말씀으로 지어진 줄을 우리가 아나니"라고 하였습니다.

● ● ● ● ● ● ● ● ● ●

지금 우리가 갖고 있는 하나님에 관한 지식, 곧 하나님의 창조주, 구속주, 생사화복生死禍福의 통치자 되심은 부정할 수 없는 사실이요 진리로서 우리의 전인격을 지배하고 있습니다. 자연의 이치로, 철학의 형식 논리로 얻어진 지식이 아니라 성령의 지혜와 분별력으로 우리 안에 심겨진 믿음의 열매들입니다. 이러한 믿음을 가리켜 하나님의 선물이라고 하였습니다. 아무에게나 허락된 것이 아니라 영원부터 구원하시기로 예정된 하나님의 백성에게 한하여 허락된 것이었다 하니 그 감격과 기쁨을 헤아릴 수 없습니다.

"돌을 옮겨 놓으라" 이 말씀은 우리에게 아직은 무모한 요구로 보이는 명령입니다. 그러나 생명의 주권자 하나님의 명령인 것을 깨닫고 믿음으로 순종하는 자에게 살아계신 하나님의 영광을 나타내실 것입니다.

“돌을 옮겨놓으라” 이에 더 이상 주저하거나 머뭇거릴 이유가 없습니다. 하나님의 영광이 전제된 명령인 것을 안다면 감격하여 즉시로 아멘으로 화답하여야 할 약속임을 명심하시기 바랍니다.

원수가 도운 복음의 부흥

(요 11:45-53)

"마리아에게 와서 예수의 하신 일을 본 많은 유대인이 저를 믿었으나
그 중에 어떤 자는 바리새인들에게 가서 예수의 하신 일을 고하니라
이에 대제사장들과 바리새인들이 공회를 모으고 가로되 이 사람이 많은 표적을 행하니
우리가 어떻게 하겠느냐 만일 저를 이대로 두면 모든 사람이 저를 믿을 것이요 그리고
로마인들이 와서 우리 땅과 민족을 빼앗아 가리라 하니 그 중에 한 사람 그 해 대제사장인
가야바가 저희에게 말하되 너희가 아무 것도 알지 못하는도다 한 사람이 백성을 위하여
죽어서 온 민족이 망하지 않게 되는 것이 너희에게 유익한 줄을 생각지 아니하는도다
하였으니 이 말은 스스로 함이 아니요 그 해에 대제사장이므로 예수께서 그 민족을
위하시고 또 그 민족만 위할 뿐 아니라 흩어진 하나님의 자녀를 모아 하나가 되게 하기
위하여 죽으실 것을 미리 말함이러라 이 날부터는 저희가 예수를 죽이려고 모의하니라"

나사로가 썩어 냄새나는 시체로 있다가 예수님이 부르시는 음성을
듣고 베로 동인 채로 살아서 나왔습니다. 세상에 이것보다 더 크고 경이
로운 기적이 없습니다. 이런 정도의 기적을 본 사람은 누구나 기적의 주
인공 예수님께 무릎을 꿇고 항복할 만합니다.

그럼에도 불구하고 충격적인 것은 이 기적의 사건을 직접 본 자들 중
에는 예수를 잡아 죽이려는 당국자들에게 고발하는 자들이 있었습니
다. 죽은 자가 살아나는 장면을 보고도 오히려 예수를 죽이는 일에 협력
하는 악랄한 자들이 생긴 것입니다.

47, 48절 상반절, "이에 대제사장들과 바리새인들이 공회를 모으고 가로되 이 사람이 많은 표적을 행하니 우리가 어떻게 하겠느냐 만일 저를 이대로 두면 모든 사람이 저를 믿을 것이요."

지금 유대 당국자들이 한자리에 모여서 긴급하게 회의를 합니다. 회의 주제는 예수의 베푸신 기적으로 인하여 민심이 떠나고 있다는 것이고 어떻게 예수를 제거할 것인가 하는 것입니다.

산헤드린 공회는 유대의 최고 통치기관입니다. 나라에서 가장 권력이 강하고 존경을 받는 자들이 국가의 중대한 문제를 가지고 회의하는 자리입니다. 거기에 대제사장이 있었는데 이는 사두개인입니다. 또 바리새인들이 합석했는데 그들은 율법주의자들로서 종교지도자들입니다.

사두개인들은 바리새인들과 달리 그 나라를 통치하는 정치집단입니다. 권력을 주장하는 자들로서 당시 로마의 총독과 제휴하고 있던 자들이었습니다. 그러니까 바리새파들은 교권을 쥐고 있고 사두개파들은 정권을 장악하고 있습니다. 지금 교권과 정권이 한자리에 모였습니다.

이 두 집단은 원래 영적으로는 서로 반대파들입니다. 바리새파는 천사와 부활을 믿었고 사두개파는 이를 부정했던 파입니다. 그러니까 유대사회에서 영적으로 두 가지의 교리권이 서로 나누어져서 만나기만 하면 싸우는 곳이 산헤드린 공회입니다.

서로가 질적으로 다른 두 부류의 정치집단이 한 자리에 모였습니다. 평소에 만나면 논쟁과 비난을 일삼아 오던 원수끼리 급하게 한자리에 모였다는 것입니다. 정치적인 이기로서 다투어 오던 라이벌 상대였던 자들이 한편이 된 것입니다.

왜 이런 현상이 나타났을까요? 그 해답의 실마리가 48절입니다.

"만일 저를 이대로 두면 모든 사람이 저를 믿을 것이요 그리고 로마인들이 와서 우리 땅과 민족을 빼앗아 가리라" 하였습니다.

예수님이 가시는 곳마다 감당할 수 없는 기적이 베풀어집니다. 그 당

시에 압박과 서러움, 가난과 질병에 시달린 가난한 백성들의 입장에서
는 예수 그리스도가 유일한 소망이요 구세주입니다. 모든 백성들이 예
수님을 따르고 예수님 편에 서서 우리의 왕이 되어달라고 외치면서 그
를 추대하고 있습니다.

권력을 장악하고 있던 자들에게서는 큰일이 터졌습니다. 자신들의
정치적 지지기반이 송두리째 흔들린 위기를 맞게 된 것입니다. 만일 민
중 봉기가 일어나서 사회가 혼란에 빠지게 되면 점령군인 로마인들이
볼 때에는 자신들의 정치적 지도력이 말이 안 되게 됩니다.

뿐만 아니라 사회 혼란이 일어나면 빼앗길 것이 가장 많은 사람들입
니다. 두 집단 사이에 공동의 적이 생긴 셈입니다. 서로 같은 목적으로
원수를 대하여 손을 잡을 수밖에 없는 상황이 벌어지게 된 것입니다. 이
것이 세상사의 순환원리입니다.

둘 사이에 공동의 적이 생기면 원수들끼리 화합하게 됩니다. 오늘 그
현상이 일어났습니다.

예수님이 이 땅에 오신 것은 세상의 권력이나 지위를 움켜잡고 있는 자
들의 입장에서는 원수가 온 것과 마찬가지입니다. 사탄의 세계에서 보면
예수님이 오신 것이 완전히 다른 편이 온 결과 예수님에 대하여 늘 비방하
고 급기야는 적대세력인 예수님을 죽이려는 생각에 골몰하게 된 것입니다.

이와 비슷한 경우를 헤롯왕과 빌라도 총독과의 관계에서도 엿볼 수
있습니다. 두 사람 역시 정치적인 라이벌이었습니다. 예수를 죽이려는
끈질긴 요구 앞에 그것이 불의인 줄 알면서도 헤롯의 손을 들어준 빌라
도의 경우에서 우리는 무엇을 결론 내릴 수 있습니까? 인간은 언제나
유익이 된다면 야합할 수 있는 존재라는 것, 야합이 언제나 가능한 존재
라는 것입니다.

성경은 인간이 자기 유익을 따라 움직이는 이기적 존재, 탐욕의 속성
을 져버릴 수 없는 죄인임을 강하게 지적합니다. 여기에 아무도 자유로

울 사람 없습니다.

헤롯은 유다 백성들이 따르고 있던 예수를 제거해야 자기 왕권이 유지될 수 있는 사람입니다. 어떤 수를 써서라도 예수는 없애 버려야 할 원수입니다. 사형을 가능케 할 빌미를 잡고 당시 사형집행권을 가지고 있는 빌라도로 하여금 이를 집행하도록 정치적 압력을 가할 수밖에 없습니다. 빌라도의 입장에서도 정당치 못하다는 것을 알면서도 헤롯의 불의한 청을 받아들이는 것이 자기의 자리를 보존할 유일한 길임을 알고 타협하게 됩니다.

이를 성경은 이렇게 기록하고 있습니다.

> "헤롯이 그 군병들과 함께 예수를 업신여기며 희롱하고 빛난 옷을 입혀 빌라도에게 도로 보내니 헤롯과 빌라도가 전에는 원수이었으나 당일에 서로 친구가 되나라"(눅 23 : 11, 12).

오늘 본문에서도 우리의 눈길을 끄는 장면이 나옵니다. 야합하는 모습입니다.

"이 사람이 많은 표적을 행하니 우리가 어떻게 하겠느냐" 이는 적대관계에 있던 원수들이 모여서 다 함께 이야기한 내용입니다. "우리가 어떻게 하겠느냐?" 이 사람이 행한 표적은 사실이란 것입니다. 그 권능의 표적 속에는 메시아에 대한 기대를 부정할 이유를 찾을 수 없습니다.

민중들이 메시아에 대한 표적으로 믿고 따를 만한 진실성을 인정하고 있었습니다. 그럼에도 불구하고 그들이 한 목소리로 한 말이 무엇입니까? '우리가 어떻게 하겠느냐' 하는 것입니다. 절망과 탄식의 소리가 아닙니다. 그 동안 표적의 주인공인 예수 그리스도를 제거할 방도를 할 수 있는 데까지 다 강구해 보았지 않느냐?

이제 이 예수의 인기가 하늘에 닿았은즉 우리에게도 새로운 정책이 필요하다고 하는 역설입니다. 다시 말하면 꾸물거리고 있는 자신들을 자책하는 내용입니다. 예수는 우리가 대처한 방법보다 더 강하고 더 억센 자이니 이제 우리도 함께 힘을 모을 때가 왔다고 하는 뜻입니다. '우리가 어떻게 하겠느냐?'

자신들의 권력과 명예를 지키기 위하여 동원할 수 있는 모든 정치력을 발휘하자고 하는 야합의 찰나입니다. 더욱 악랄해지는 장면입니다. 이제 저들은 예수님의 영향력을 차단하고 그의 정치적 지지 세력을 폐쇄시킬 최종적인 방도를 강구하게 됩니다.

"이 날부터는 저희가 예수를 죽이려고 모의하니라"고 한 53절 말씀이 결론입니다.

인간은 사실과 진리, 영원과 생명을 결정해야 되는 순간에도 오직 자기 자신의 이해관계에만 매여 달리고 있습니다. 무엇이 사실이냐. 무엇이 진실이냐는 문제는 관심 밖입니다. 지금 당장 자기에게 유익이 되고 자기 편익에 유리한 입장에서 결론을 내립니다.

오늘 내게 유익이 되고 내 편이 이겨야 되고 우리의 목표 달성에 보탬이 된다면 원수라도 손을 잡고 반면 친구라도 원수로 돌아서버립니다. 이러한 이율배반, 야합과 배신, 생존경쟁, 약육강식과 같은 생존원리는 세상사가 갖는 모순의 굴레입니다. 이것을 죄로 인식하는 자가 없습니다. 인간의 적나라한 죄인 된 모습을 엿볼 수 있는 모습들입니다.

'썩고 있던 시체가 걸어서 나왔다. 죽었던 자가 다시 살아났다' 는 것은 부정할 수 없는 역사적인 사건이며 현실입니다. 하나님만이 하실 수 있는 초자연적인 권능의 표적입니다. 하나님께서 오셔서 우리가 보는 앞에서 펼쳐 보이시는 계시적 사건입니다. 하나님이 우리를 이렇게 죽음에서부터 영원한 생명으로 살려내시겠다는 것을 약속해주는 표적입니다. 이를 보았다면 이제는 나의 이해와 관계없이 그가 하나님이심을 고백하는 것만이 살길입니다. 그것보다 더 큰 유익이 없습니다.

인간은 진리와 생명에 대하여는 무지한 자들입니다. 그러나 놀라운 것은 오늘 분문에서 이토록 영적무지가 빚어내는 인간의 악랄함이 극도에 달하여 있는데도 불구하고 영혼 구원에 대한 하나님의 계획은 성취되고 있는 신비로운 경륜經綸을 만나게 됩니다.

50절, "한 사람이 백성을 위하여 죽어서 온 민족이 망하지 않게 되는 것이 너희에게 유익한 줄을 생각지 아니하는 도다."

그 해에 대제사장은 가야바입니다. 가야바의 속이 훤히 보이는 발상입니다. '한 사람이 죽는 것이 민족을 구하는 길일진대 복잡한 생각을 할 필요가 있겠느냐?' 하는 것으로 결국 예수를 죽이자는 이야기입니다.

마침내 산헤드린 공회는 가야바의 제안에 따라서 예수를 잡아 죽이는 일을 결의하고 이에 예수님은 산헤드린 공회의 권력집단에 의해서 급기야 십자가에 처형되고 말았습니다.

그 이유가 뭡니까? 나라와 민족을 구한다는 것입니다. 그들은 예수를 제거해 버리면 로마인들로부터 보호를 받을 수 있고 자신들의 지위와 명예를 지킬 수 있으리라는 생각에 잠겨 있었습니다.

그러나 그들이 두려워하여 예수를 십자가에 처형한 후에 며칠이 못되어 사라졌던 예수의 제자들이 에루살렘 네 기리에 쏟아져 나오더니 예수 다시 사심을 외치기 시작합니다. 그들이 할 수 있는 모든 권력과 영향력을 총동원하여 제자들을 투옥시키고 매를 치고 핍박을 가하기 시작하였습니다.

투옥되는 제자들의 모습은 오히려 태연하고 오히려 당하는 고난을 기쁨으로 여기고 있습니다. 드디어 스데반 집사를 돌로 쳐서 죽이고 말았습니다. 돌에 맞아 죽어가는 스데반의 얼굴은 상상할 수 없는 환희와 기쁨으로 마치 천사와 같았습니다. 이 첫 번째의 순교로 인하여 교회는 온 사방으로 흩어지는 '디아스포라'가 생긴 것입니다. 환난을 피하여 흩어진 자들이 가는 곳마다 교회를 세우기 시작하면서 예수의 복음을 점점 그 세력의 판도를 넓혀 가기에 이르렀습니다.

로마 당국도 복음이 전파되자 위기를 맞게 되었습니다. 복음을 사전에 차단할 조치를 강화하기 시작하면서 그들은 막강한 군사력을 동원하여 복음의 발상지인 예루살렘을 초토화하고 말았습니다. 성전을 불태우고 백성들을 가두고 포로로 잡아가는 등 예루살렘 성은 완전히 훼파되고 말았습니다. 이때가 십자가에 예수를 처형한지 40년이 되던 해 주후 70년경입니다.

헤롯과 야합한 교권주의자들. 그 당시의 정치권 세력들은 그들이 염려하던 대로 믿는 사람들을 막을 길이 없었습니다. 예수를 죽이고 그 가르침을 종결시키면 민족이 살 것이고 자기들의 권력과 지위가 보장되리라는 계획은 이제 여지없이 산산조각이 나고 말았습니다.

역사는 산헤드린 공회가 내린 결론 그대로입니다.

48절, "만일 저들을 이대로 두면 모든 사람이 저를 믿을 것이요."

한 사람 예수를 죽이면 모든 것이 안정되고 민족이 살아날 것이고 자기들의 지위와 권력과 치부가 보장될 것이라는 결론을 내려서 예수를 죽이고 말았습니다. 복음 전파를 사전에 차단하는 방안으로 예수를 십자가에 못 박아 처형했습니다. 그러나 결과가 어떻습니까?

그들이 발휘한 권력으로 믿는 사람들을 핍박하고 처형하고 투옥시키고 매를 치고 하는 등 갖은 박해를 가해보았지만 오히려 복음은 환난을 통하여 온 민족에게 확산되어 가는 부흥의 계기가 되어가고 있습니다. 하나님께서 세상의 권력자들의 힘을 빌려 복음을 온 사방으로 확산하도록 간섭하셨던 것입니다. 하나님의 계획은 영원하다는 것이 성경의 굵직한 줄거리입니다.

인간의 권력이나 군사력으로도 하나님의 계획을 방해할 수 없습니다. 하나님은 스스로 계시는 자이심으로 자신의 뜻을 따라 방해물을 꺾기도 하시고, 제거하기도 하시고, 때로는 이를 허용하심으로 더욱 왕성하게 부흥하도록 간섭하기도 하십니다. 인간의 악행에도 불구하고 하나님의 영원한 계획은 세워집니다.

그렇다면 오늘 우리의 삶의 방향을 어디에 두고 살아야겠습니까? 영혼 구원이 삶의 중심이어야 함은 두말할 필요가 없습니다.

51, 52절, "이 말은 스스로 함이 아니요 그 해에 대제사장이므로 예수께서 그 민족을 위하시고 그 민족만 위할 뿐 아니라 흩어진 하나님의 자녀를 모아 하나가 되게 하기 위하여 죽으실 것을 미리 말함이러라."

가야바는 자기 편의와 이기심으로 죽였지만 하나님은 예수님의 죽으심을 통하여 하나님의 자녀를 모으사 하나 되게 하시는 천국건설의 기초를 삼았습니다. 가야바는 하나님의 일에 대하여 전혀 무지한 상태에서 발언하였지만 결국 그의 말은 그리스도의 십자가의 구속을 예언하는 결과가 되었습니다. 우리는 여기서 한 가지 진리를 선포할 수밖에 없습니다.

● ● ● ● ● ● ● ● ● ●

"사람의 마음에는 많은 계획이 있어도 오직 여호와의 뜻이 완전히 서리라"(잠 19 : 21).

"여호와께서 온갖 것을 그 씌움에 적당하게 지으셨나니 악인도 악한 날에 적당하게 하셨느니라" (잠 16 : 4).

결국 하나님은 악한 자의 발언을 통하여 그리스도의 구속의 역사를 예언하게도 하셨습니다. 분명한 것은 우리가 역사의 주인공들이요 주변 상황은 모두 조력자의 역할일 뿐입니다. 주인공을 빛나게 하기 위해서는 반드시 조연들이 필요한 법입니다. 주인공으로서 우리의 하루가 하나님의 일의 배역을 감당하는 자신감으로 그 사명을 다해야 할 것입니다.

'악한 자도 악한 날에 그 씌움에 적당하게 지으셨느니라.', '사람의 마음에 많은 계획이 있어도 오직 여호와의 뜻이 완전히 서리라.'

제 12장
낮은 자로 오신 예수 그리스도

옥합을 깨뜨린 자

(요 12:1-8)

"유월절 엿새 전에 예수께서 베다니에 이르시니 이곳은 예수께서 죽은 자 가운데서
살리신 나사로의 있는 곳이라 거기서 예수를 위하여 잔치할새 마르다는 일을 보고 나사로는
예수와 함께 앉은 자 중에 있더라 마리아는 지극히 비싼 향유 곧 순전한 나드 한 근을
가져다가 예수의 발에 붓고 자기 머리털로 그의 발을 씻으니 향유 냄새가 집에 가득하더라
제자 중 하나로서 예수를 잡아 줄 가룟 유다가 말하되 이 향유를 어찌하여
삼백 데나리온에 팔아 가난한 자들에게 주지 아니하였느냐 하니 이렇게 말함은 가난한
자들을 생각함이 아니요 저는 도적이라 돈궤를 맡고 거기 넣는 것을 훔쳐 감이러라
예수께서 가라사대 저를 가만두어 나의 장사할 날을 위하여 이를 두게 하라
가난한 자들은 항상 너희와 함께 있거니와 나는 항상 있지 아니하리라 하시니라"

본문의 시작은 의미심장합니다. 유월절 엿새 전에. 유월절 엿새 전이
라는 때를 명기함으로 이때와 함께 뒤따라오는 사건이 서로 깊은 관련
이 있음을 상기시켜 주고 있습니다. 보통 때가 아닙니다. 유월절 엿새
전이라는 때입니다.

유월절에는 어린 양의 제물을 바치는 절기입니다. 그 엿새 전에 예수
님은 자신의 몸을 십자가에 대속물로 바치는 고통을 앞에 두고 베다니
마을 시몬이라는 사람의 집에 오셨습니다. 거기에 죽었다가 살아난 나
사로가 있었고 그의 오누이들 마르다와 마리아가 초대되어 있었습니
다. 나사로가 다시 살아난 데 대한 기쁨을 서로 나누는 잔치가 배설되고

있었습니다.

주인공은 예수님이십니다. 이 잔치는 예수님을 위한 최고의 존경과 신뢰를 갖춘 격식이었습니다. 이때 마리아가 예수님의 발에 지극히 비싼 향유를 붓고 자기 머리털로 발을 씻기 시작하였습니다. 순전한 나드 한 근을 쏟아 부었습니다. 당시 화폐로 따져서 삼백 데나리온의 값이었습니다. 일반 노동자의 일년 연봉에 해당되는 값비싼 향유 옥합을 깨뜨렸습니다.

나드 향유는 히브리인이나 로마인들이 시신의 악취를 막기 위해서 사용하였고 귀중한 손님이 방문하였을 때에 손님의 머리에 발라 최고의 예를 갖추어 환영의 뜻을 표현하는데 사용했다고 합니다. 순전한 나드 한 근은 오늘 우리의 계산으로 하면 340그램 정도 됩니다. 그렇게 양이 크진 않지만 향유가 든 옥합이라 굉장히 비싼 내용물입니다.

옥합은 마리아의 소장품 중 가장 값비싼 자산이었습니다. 마치 과부의 두 렙돈과 같은 그녀의 전 재산과 같이 취급되는 보배였습니다. 누가 시키거나 요구한 것도 아닌데 아낌없이 마리아가 옥합을 깨뜨리고 예수님의 발에 그것을 부었습니다. 그리고 자기의 머리털로 씻기 시작하였습니다. 여자의 머리는 존귀와 영광의 상징입니다. 가장 존귀한 영광으로 지켜온 머리털로 지금 가장 비천한 먼지 묻은 발에 가장 값비싼 향유를 쏟아서 씻기 시작합니다.

전 재산과 같은 비싼 향유 옥합을 깨뜨렸습니다. 이는 최고의 존경심을 표현하는 모습이 아닐 수 없습니다. 자기 자신을 소멸시키는 행위입니다. 자기 영광을 부정합니다. 동시에 상대에 대한 사랑과 헌신의 고백이 담긴 경외심이 보이는 장면입니다.

마리아의 행동으로 성경은 이런 표현을 합니다.

"온 집안에 향기가 가득하더라."

최상의 아름다움과 기쁨이 넘치는 분위기였습니다. 마치 천국과 같습니다. 그런데 가룟 유다의 힐책이 가해집니다. 찬물을 끼얹는 발언이었습니다.

5절, "이 향유를 어찌하여 삼백 데나리온에 팔아 가난한 자에게 주지 아니하였느냐."

성경은 유다의 심보를 이렇게 증거합니다.

6절, "이렇게 말함은 가난한 자를 생각함이 아니요 저는 도적이라 돈궤를 맡고 거기 넣는 것을 훔쳐 감이러라."

유다는 가장 합리적이며 윤리적인 제안을 하면서 결국 자기 욕심을 채우려 했었다고 고발합니다. 예수님의 발에 그 엄청난 값을 쏟아 붓는 것은 낭비요 소실이요 소모라는 것입니다.

사회적으로도 도덕적으로 봐도 납득이 안가는 신앙의 맹종이요 무지의 소치라고 매도하고 있는 장면입니다. 이에 대한 예수님의 답이 이렇습니다.

7, 8절 "저를 가만히 두어 나의 장사할 날을 위하여 이를 두게 하라 가난한 자들은 항상 너희와 함께 있거니와 나는 항상 있지 아니하리라."

그리고 놀랍게도 마리아의 행동을 격찬해 주셨는데 다른 복음서에는 이 장면을 이렇게 서술합니다.

"온 천하에 어디서든지 이 복음이 전파되는 곳에는 이 여자의 행한 일도 말하여 저를 기념하리라 하시니라" (마 26 : 13 ; 막 14 : 9).

최대의 칭찬과 동시에 복음과 연결시켜 주고 있다는데 대해서 마리아의 행동은 우리 신앙의 근거를 확인시켜 주고 있습니다. 지금 죽었다가 썩어 냄새나는 지경에서 다시 살아나온 나사로가 누굽니까? 그 나사로의 다시 살아나는 것을 기뻐하여 모인 사람들이 예수 그리스도를 주객으로 해서 가장 아름다운 헌신과 섬김의 장면이 연출되고 거기 향기가 가득하더라는 것입니다. 이러한 광경은 오늘 마땅히 우리가 누려야 할 행복의 약속입니다.

지금 죽었다가 썩어 냄새나고 있던 시체와 같은 우리에게 예수님이 찾아 오셨습니다. 나사로를 살려 내셨듯이 우리를 죄와 사망의 심판에서부터 구출해 주셨습니다. 사망의 권세에서 생명의 나라로 옮겨 주신 것입니다. 저주와 형벌의 법에서 사랑과 생명이 넘치는 성령의 법 아래로 인도해 주셨습니다.

나사로와 그 가족들이 예수님과 함께 초대되어 누리는 잔치는 바로 오늘 우리의 것이어야 합니다. 미래의 천국의 영광은 약속으로 있지만 현실적으로도 반드시 우리가 쟁취해야 할 기쁨과 행복의 자리입니다. 지금 나사로의 가족이 갖는 기쁨과 환희와 만족은 우리에게 허락된 특별한 권리입니다. 이것은 우리만의 특권입니다. 세상의 어떤 것으로라도 빼앗길 수 없는 예수 믿는 자의 삶의 풍요와 행복이며 능력과 의미이고 사명과 가치들입니다.

오늘 우리의 신앙의 약점은 우리의 삶의 근거를 그리스도의 십자가에 두지 않고 있다는데 있습니다. 유다의 생각은 합리적이고 윤리적임에도 불구하고 예수님께서 만류하시면서 강조하신 것은 무엇입니까?

마리아의 헌신을 십자가의 죽음을 예비하고 있다고 하는 지혜와 능력으로 격찬을 아끼지 아니하셨습니다. 다시 말하면 십자가의 죽음이 근거되지 않는 한 이 기쁨이, 이 만족과 행복이 불가능하다는 것을 강조하고 있는 장면입니다. "이 복음이 전파되는 곳마다 이 여자의 한 일을 함께 말하여 기념하도록 하라"고 하셨습니다. 왜 그렇습니까? 세상이 갖는 그 어떤 것도 십자가의 복음보다 더 값지고 보배로움이 없기 때문입니다.

마리아가 보여 주었듯이 자신의 전 재산, 명예, 아니 생명까지라도

다 바칠 정도로 귀중하고 보배로운 진리가 예수 그리스도 자신의 죽음, 십자가의 복음이라는 것을 강조하고 있는 대목입니다. 여러분, 우리에게 그것을 위하여 죽고 그것을 위하여 살 가치가 있는 진리가 무엇입니까? 목숨을 걸만한 가장 보배로운 진리가 무엇입니까?

본문을 통하여 오늘 우리의 신앙에서 강조돼야 할 점은 무엇입니까? 우리가 갖는 어떤 기쁨과 자랑도 예수 그리스도의 십자가와 연결되지 아니하면 다 무용지물이라는 것을 강조하는 내용입니다. 설사 우리의 재산을 팔아 가난한 자를 구제하는데 쓰고 내가 아무리 청빈하게 살아서 이 사회에, 이 이웃에게 도덕적으로 높이 본이 된다 할지라도 예수 그리스도의 십자가를 통과하지 아니하면 하나님께로 받을 칭찬도 없거니와 그 수고에 대하여 갚아 주실 하늘의 위로와 격려와 상급이 없다는 것에 초점이 맞추어져 있습니다.

예수 믿는 사람이 십자가의 복음을 근거로 세상에 나가서 빛이 되어야 하고 소금이 되어야 함은 당연한 책임입니다. 그러나 그 선행과 의의 행동이 무엇을 근거로 활동하느냐 하는 것은 신앙의 근본 문제입니다.

우리의 행위에 있어서 근거는 무엇보다 분명해야 합니다. 뿌리가 없는 나무에 꽃이 피었다면 그것은 분명히 조화일 것입니다. 뿌리가 없이 핀 꽃은 향기를 날릴 수 없습니다. 뿌리에서 올라오는 자양분을 듬뿍 흡수하는 가지에서 핀 꽃이 싱그러운 향기를 날리게 됩니다.

성경의 요구는 예수님의 제자가 되려면 자기를 부인하고 자기 십자가를 지고 주님을 뒤따라가라는 것입니다. 자기 부인, 자기 십자가는 내가 죽는 자리입니다. 내가 죽어 없어지고 예수 그리스도께서 자리하고 계실 때에 드디어 나의 삶은 그리스도의 향기를 발산하게 된다는 것입니다.

예수님이 오신 목적은 우리의 기존의 것을 고쳐 주시러 오지 않았습니다. 고치시되 우리와 함께 죽어 우리 자신을 없애는 방법을 사용하셔서 우리를 고치셨습니다. 함께 죽고 함께 살아나는 방법을 동원하셨습니다. 기존의 것을 변형하거나 그것을 다시 개편, 개조하거나 확대해서 하나님의 나라를 이곳에 세우신 것이 아닙니다. 우리 자신의 것을 변화시켜 하늘나라 사람으로 만드신 것이 아닙니다. 우리가 가지고 있는 본성 자체가 처음부터 소용가치가 없음을 아셨습니다. 오시기 전에 우리의 것이 하나님에게 쓸모가 없음을 아셨습니다. 고치는 작업이 아니라 함께 죽는 방법을 선택하셨습니다. 죽어 있는 자 앞에 오셔서 살려내신 것입니다.

기존의 나, 태어난 그대로의 나를 가지고는 거룩함을 위해 싸울 수 있는 근거가 없습니다. 나를 죽이고 기존의 내가 없어진 후에 예수 그리스도를 기초로 했을 때에 드디어 삶의 보람과 의미가, 이 기쁨과 행복이 쌓아지게 됩니다. 죽었던 죄인을 다시 살리시는 방법으로 십자가에 오르셨던 것입니다. 예수님은 우리와 함께 죽으러 오셨습니다. 그것으로 끝이 아니라 죽었던 우리와 함께 부활의 생명으로 다시 살아나기 위하여 오셨습니다. 바울 사도의 고백은 이 사실을 뚜렷하게 해줍니다.

"그러나 무엇이든지 내게 유익하던 것을 내가 그리스도를 위하여 다 해로 여길 뿐더러 또한 모든 것을 해로 여김은 내 주 그리스도 예수를 아는 지식이 가장 고상함을 인함이라 내가 그를 위하여 모든 것을 잃어버리고 배설물로 여김은 그리스도를 얻고 그 안에서 발견되려 함이니"(빌 3:7-9 상반절).

사도 바울은 자기가 기존으로 가지고 있는 것들이 그리스도를 아는 일에 방해가 된다고 했습니다. 배설물은 없는 것이 좋은 것입니다. 바울은 학문으로 누구보다 뛰어난 자입니다. 오늘날로 말하면 일류 출신 박사입니다. 존경 받는 학자이며 명예가 있는 사람입니다. 로마의 권력층에 속한 일원입니다. 그러나 그가 가지고 있던 세상의 지식과 삶의 아름다움과 능력이 결국 자기를 높이고 자기의 지위를 장식하는 데는 필요한 것일지라도 예수의 생명과 진리를 얻는 데는 무용지물이었다는 것입니다.

자신의 가치를 예수 안에서 발견코자 바울은 그리스도와 동일한 경험 속으로 뛰어 들어가기를 마다하지 않았습니다. 그는 그리스도의 부활에 참여하려 하여 날마다 죽노라고 하였습니다. 교회 안에서 요구되는 일은 그래서 모두 세상 것의 연장이어서는 안 됩니다.

다시 말하면 교회는 예수 안에서 발견되는 영적 일에 대한 깨침이요, 하나님의 뜻을 일으키는 분발과 영적 성숙을 위한 훈련장이 되어야 합니다. 교회는 돈을 모아서 그 돈의 힘으로 교회를 짓고 구제하고 선교하는 자리가 아닙니다. 세상 실력을 모아 하나님의 일을 행사하는 장소가 아닙니다. 예수 그리스도와 같이 나를 십자가에 못 박아 죽는 도전이 있어야 하며 신령하고 선한 싸움이 이루어져야 하는 장소입니다.

● ● ● ● ● ● ● ● ● ●

예수 그리스도의 터, 그분의 인격과 성품을 토대로 하지 아니하면 아무것도 가치가 없음을 아는 장소기 교회입니다. 주일학교 교사 누가 합니까? 성가대는 누가 와서 불러야 하는 곳입니까? 여기 성악가들이 다 모여서 노래하면 하나님이 받으시는 일류 성가대가 됩니까? 성가대에서 만약 문제가 일어난다면 성악가들에 의해서 나오지 성령 충만한 자에게서 나오지는 않을 것입니다.

이와 같이 교육전문가에 의하여 주일학교가 운영되면 불평이 생기고 문제가 일어날 수 있습니다. 한 영혼을 사랑하고 아이들에게 '내가 믿는 예수 그리스도, 그분 안에서 이루어진 구원의 영광을 어떻게 하면 전할까?' 라는 그 안타까움으로 늘 기도하고 주의 이름을 부르는 자가 교사로 있을 때에 그 반은 부흥하게 될 것입니다.

예수 그리스도의 마음을 품은 자들이 교회의 각 조직과 직분에 임할

때에 오늘 마리아가 향유를 부었을 때에 그 집안에 향기로 가득했듯이
하늘나라의 향기로 가득한 장소가 될 줄로 믿습니다.

나귀새끼를 타신 예수

(요 12:9-16)

"유대인의 큰 무리가 예수께서 여기 계신 줄을 알고 오니 이는 예수만 위함이 아니요
죽은 자 가운데서 살리신 나사로도 보려 함이러라 대제사장들이 나사로까지 죽이려고
모의하니 나사로 까닭에 많은 유대인이 가서 예수를 믿음이러라 그 이튿날에는 명절에
온 큰 무리가 예수께서 예루살렘으로 오신다 함을 듣고 종려나무 가지를 가지고 맞으러
나가 외치되 호산나 찬송하리로다 주의 이름으로 오시는 이 곧 이스라엘의 왕이시여 하더라
예수는 한 어린 나귀를 만나서 타시니 이는 기록된바 시온 딸아 두려워 말라 보라
너의 왕이 나귀 새끼를 타고 오신다 함과 같더라 제자들은 처음에 이 일을 깨닫지
못하였다가 예수께서 영광을 얻으신 후에야 이것이 예수께 대하여 기록된 것임과
사람들이 예수께 이같이 한 것인 줄 생각났더라"

오늘 본문에 기록된 사건은 십자가의 수난이 시작되는 첫 번째 날에 일어났던 일입니다. 이는 주님께서 마지막 예루살렘으로 들어가시는 장면이며 교회월력으로는 종려주일로 지키는 날입니다. 4복음서가 다 같이 이날에 일어난 사건을 상세히 기록하고 있습니다.

예수님은 지금 사실상 십자가를 지시러 예루살렘 당국자들을 만나러 입성하시는 것입니다.

예수님이 왜 십자가를 지셔야 합니까? 이를 설명하는 대목으로서 주님이 예언대로 나귀새끼를 타시는 것과 연결하여 입증하고 있습니다.

지난 3년 동안 주님은 주로 갈릴리 호수 근방을 다니시면서 복음을

전하셨습니다. 수도 예루살렘은 일 년에 한 번 정도 가시고 대부분 시골 마을에 머무르시면서 복음을 전하셨습니다. 그 동안 예수님은 자신의 신분을 가능한 한 감추시면서 사역하셨습니다. 그런데 오늘은 자신의 모습을 완전히 드러내시면서 아주 공개적으로 만 천하에 자신을 알리시면서 수도 예루살렘으로 입성하십니다. 평소와는 완연히 다른 모습을 취하셨습니다.

이러한 주님의 행동에 대해 성경은 이미 예언한바 있습니다.

"시온의 딸아 크게 기뻐할 지어다 예루살렘의 딸아 즐거이 부를 지어다 보라 네 왕이 내게 임하나니 그는 공의로우며 구원을 베풀며 겸손하여서 나귀를 타나니 나귀의 작은 것 곧 나귀새끼니라"(슥 9:9).

예언의 주제는 이스라엘을 구원할 메시아입니다. 당시 이스라엘은 다윗과 솔로몬 이후 적어도 700년이나 넘도록 외세의 침략에 시달리고 있었습니다. 앗수르, 바벨론, 페르시아, 그리스, 지금은 로마의 식민지로서 자유를 잃은 채 압박과 슬픔을 안고 살고 있었습니다. 모든 것이 억압된 상황 가운데 시달리고 있던 피지배 민족으로서 백성들의 여망은 오직 이스라엘을 구원할 구세주가 속히 오는 것이었습니다.

예루살렘의 딸들이 환희와 기쁨으로 한껏 노래하며 춤을 출 날이 언제인가? 그들에게 있어서 오실 메시아는 어떤 왕권을 가지고 올 것인가? 공의로우며 구원을 베푸실 구세주는 분명 하나님께서 보내실 터인데 공교롭게도 그는 나귀새끼를 타고 입성하기로 예언되어 있습니다. 왕권을 가지고 입성하실 메시아는 왜 나귀새끼인가에 대하여 이해하는 사람은 한 사람도 없었습니다.

당시 유대인들이 기다리던 메시아는 두 말 할 것도 없이 힘이 있고 권세가 위풍당당하고 열정이 넘치는 혁명가였습니다. 민족의 한을 풀어 줄 정치적 군사적으로 뛰어난 지도자였을 것임에는 틀림없습니다.

실로 예수님은 이러한 유다 민족의 기대를 충족시켜주고도 남을 만한 권능과 표적을 보여 주셨습니다. 당시 정치권의 소수를 제외하고는 모든 군중들이 뒤따르면서 "우리의 왕이 되소서" 하고 함성을 지르면서 왕으로 추대하고 있었습니다.

이러한 기대 속에서 예수님이 예루살렘을 들어가시는데 군중들이 가만히 있을 리가 없습니다. 그들이 입고 있던 겉옷을 길에 깔고 종려나무가지를 꺾어 흔들면서 목이 터져라 외쳤습니다.

"호산나, 다윗의 자손이여, 찬송하리로다. 주의 이름으로 오시는 이여 곧 이스라엘의 왕이시여 하더라"

'호산나' 는 '우리를 구원하소서' 란 뜻입니다. 승리의 영광을 극도로 표현할 때에 부르는 개선의 노래입니다. "다윗의 자손이여, 이스라엘의 왕이시여" 라고 함성을 질러댑니다. 그들에게는 옛날 이스라엘의 국권을 가장 힘 있게 떨치던 다윗 왕이 그립습니다. 주변 열강을 발아래 누르고 그들로부터 조공을 받던 때, 어디를 가든지 다윗의 왕권을 자랑하던 조상들을 떠올리면서 지금은 바로 그때와 같이 국권을 회복할 메시아로서 예수님을 왕으로 추대하고 있는 것입니다.

군중들이 뒤따르며 호산나를 부르면서 노래하고 있는 그대로라면 예수님은 백마를 타고 입성하셔야 어울립니다. 승리하고 돌아오는 개선장군에게 환호와 기쁨을 전하는 노래는 언제나 호산나였습니다. 그리고 개선장군이 타는 말은 백마입니다. 포로들과 전리품을 앞세우고 연변에서 뿌리는 꽃송이를 맞으며 의기양양하게 입성하는 개선장군의 위용을 떠올리면서 군중들은 예수님을 환호하고 있습니다.

오늘 우리가 관심을 가지고 보아야 할 대목은 주님은 군중들의 기대와는 달리 나귀새끼를 타고 들어가신다는 것입니다. 나귀새끼는 전투용으로는 적합하지 않는 동물입니다. 민첩하거나 위풍이 있어 보이지 않습니다. 연약하고 둔한 짐승입니다. 군중들의 요구와는 거리가 먼 모습을 취하시고 입성하십니다. 주님에게서 풍채도 없고 고운 모양도 풍기지 않습니다. 일찍이 이사야가 예언한 말씀 그대로입니다.

우리가 반드시 기억해야 할 것은 구원을 베푸시고자 오신 예수님은 백마가 아니라 나귀새끼를 취하셔야 한다는 것입니다. 하나님이 친히 인간의 모습을 취하신 것입니다. 하나님이 인간의 몸을 입고 오신 것은 단 하나의 목적, 죄인을 구원하고자 하신 것입니다. 하나님이 죄인을 구원하시기 위해서 부득불不得不 인간을 만나셔야 하는데 하나님도 가장 큰 난관에 부딪치게 된 것입니다.

하나님이 그 모습 그대로 인간을 만나는 날에는 인간이 그 자리에서 심판을 면할 길이 없습니다. 죄인을 만나시는 날에는 하나님이 갖는 거룩함의 본성 때문에 동시에 심판을 행사하실 수밖에 없는 난관에 봉착하게 됩니다.

그 난관을 극복하고 해결하는 단 하나의 방법, 곧 인간을 만나도 심판하지 않아도 되는 유일한 방법은 하나님이 스스로 인간이 되시는 것입니다. 하나님이 인간이 되신다는 것은 달리 말하면 하나님으로서 갖는 심판권을 감추신다는 뜻입니다. 심판권을 감추시기 위해서는 하나님의 본성인 거룩함과 존귀와 영광을 버리셔야 합니다.

하나님이 죄인이 살고 있는 세상에 오시는 상태는 마치 빛과 어둠이 한 자리에 공존할 수 있는 방법을 만드신 것과 같은 참으로 초자연적인 권능의 사건이 아닐 수 없습니다. 빛이 오면 어둠은 그 자리를 지킬 수 없습니다. 한 편이 빛이면 다른 편은 어둠이 되지 빛과 어둠이 대등하게 한 자리에서 머물러 있을 수는 없습니다. 하나님께서 행하시는 일은 쉬우리란 생각을 버려야 합니다. 하나님께서 인간의 몸을 입고 우리가 살고 있는 곳에 오셨다는 것만큼 불가능이 없습니다. 요한은 일찍이 성육신하신 인자의 모습을 보고 이렇게 감탄한 적이 있었습니다.

> "말씀이 육신이 되어 우리 가운데 거하시매 우리가 그 영광을 보니
> 아버지의 독생자의 영광이요 은혜와 진리가 충만하더라"(요 1 : 14).

나귀새끼를 타신 주님의 모습에서 우리는 하나님을 향한 인간들의 요구와 하나님이 인간을 위하여 이루시고자 하는 뜻, 그 사이에서 일어나는 큰 괴리를 만나게 됩니다. 오병이어의 기적 이후에 사람들은 예수님을 유대인의 왕으로 추대하며 따라다니기 시작하였습니다.

그때마다 주님은 군중들을 피하여 따로 산으로 가시곤 하셨습니다. 사람들의 요구를 들어주실 수가 없으셨기 때문입니다. 주님은 영혼구원을 위하여 회개를 요구하시는데, 사람들은 자신들의 세상을 요구하더란 것입니다. 이렇게 빗나가고 있는 괴리를 무엇으로 해결할 수 있을까요?

예수님은 군중들이 원하는 대로 백마를 타실 수가 없으셨습니다. 그들의 요구를 들어 주실 수가 없으셨습니다. 하나님께서 보내신 메시아는 예언 그대로 비천한 나귀새끼를 타시기로 계획되어 있었습니다. 인간은 예수님이 하나님의 영광 그대로 행사하시기를 원하였지만 그들의 요구대로 백마를 타실 수가 없으셨습니다.

신앙에서 어려운 점은 성경의 대부분이 인간이 원하는 하나님보다는 오히려 하나님이 인간적이었다는 것을 내용으로 설명하고 있다는 것입니다. 하나님이 인간이 되셔서 하나님의 영원한 뜻을 전하시는 것을 내용으로 사건을 펼쳐 보이십니다. 하나님이 인간의 역사 속으로 친히 뛰

어 드셔서 인간과 함께 살아가시면서 그가 바로 하나님이심을 설명하시는 것을 골자로 합니다. 그 절정을 이루는 사건이 십자가입니다.

우리에게는 예수님이 하나님이심을 믿는 것보다 인간이심을 믿는 것이 훨씬 더 어렵습니다. 인간의 문화 속에는 신들이 너무나 많습니다. 수를 헤아릴 수 없을 정도입니다. 인간이 만들어 놓은 문화의 근거가 다분히 종교성입니다. 알게 모르게 우리는 어느 누구나 그 신들에게 익숙해져 버렸습니다. 초월자에 대한 진한 향수를 가진 나머지 우상을 만들어 섬기는 신앙심을 개발하고 있습니다.

신이 행하는 초월한 이야기에 귀를 기울입니다. 초월자에 대한 이야기를 들려주면 흥미를 갖습니다. 하나님이 인간이 되셔서 겪는 고난에 관한 이야기에는 흥미가 없습니다. 우리의 종교성 자체가 성육신하신 하나님을 거부합니다.

지금 사람들은 예수님을 다윗의 자손으로 환호하고 있습니다. 군중들의 요구는 다윗의 왕통을 이을 왕으로 기대하고 있는데 주님은 나귀 새끼를 타셨습니다. 예수님은 다윗의 혈통으로 오시긴 했지만 세상을 평정할 이스라엘의 왕이 아닙니다.

다윗은 예수 그리스도를 상징하는 인물로 등장된 왕일 뿐, 하나님의 나라를 다스릴 왕은 아니었습니다. 예수님은 다윗의 왕권을 빌려 장차 하나님의 왕국을 다스리실 전 인류의 구세주이십니다. 죄로 말미암아 잃어버린 하나님의 영광을 회복하기 위하여 십자가를 지러 오셨습니다. 전 인류를 하나님의 뜻으로 다스리실 왕이 되시고자 인간의 죄를 대속하기 위하여 십자가를 지시려고 성육신하신 것입니다.

다윗의 생애는 메시아를 상징하는 삶이었습니다. 그의 삶에는 기적이 거의 없습니다. 현실을 뛰어넘는 것이 없었습니다. 삶의 지름길이 없었습니다. 우리가 살고 있는 현실을 그대로 다양하게 경험한 삶이었습니다. 다윗에게는 삶을 살지 않아도 될 만큼 편안한 날이 없었습니다.

우리가 경험하고 있는 온갖 고통과 상처들로 얼룩져 있는 현실이 소개되고 있습니다. 그는 싸우고, 도망치고, 분노하고, 속이고, 또 관용하고, 의롭고, 춤추고, 노래하고, 회개하고, 자비롭고 하는 실로 인간이 겪는 온갖 종류의 삶을 대변하기에 충족한 생애를 살았습니다.

그러나 우리의 주목을 끄는 것은 다윗의 생애에는 하나님이 언제나 함께 계셨다는 것이 줄거리입니다. 다윗의 생애는 하나님이 함께 하심으로 다윗은 현실문제 때문에 넘어지거나 좌절하고 스스로 포기하는 일이 없었습니다. 그는 언제나 하나님이 그의 목자 되심으로 인하여 승리를 외치며 살았습니다. 그의 삶의 대변하는 고백은 시편 23편의 말씀대로 "여호와는 나의 목자시니 내가 부족함이 없으리로다" 였습니다.

인생의 행복이 물질에 있지 않습니다. 지금 누구와 함께 살고 있느냐 하는 것이 관건입니다. 하나님과 함께라면 어디든지 하늘나라입니다. 바울은 내일이면 사형을 당할지 모르는 긴장과 두려움 가운데에서도 하나님께 기도하다가 일어나서 찬미를 불렀습니다. 하나님이 그와 함께 계셨다는 증거를 오고 오는 세대에 전하는 메시지를 담아 저들의 삶이 곧 하나님의 나라였다는 것이었습니다.

야곱이 절박한 위기에서 하나님께 메어달려 얻은 응답이 그의 이름을 이스라엘로 고치신 것입니다. 이스라엘은 '하나님과 겨루어 이긴 자'란 뜻을 가지 이름입니다. 이스라엘의 이름은 우리 모두의 이름입니다. 하나님과 겨루어 이기면 이스라엘에게 승리가 있고 지면 그것도 영광이고 같이 달리면 하나님과 같다고 할 수 있는 이름입니다. 그러나 만일 개와 함께 경주한다면 지는 경우 개보다 못하다 할 것이고 이긴다 해도 겨우 개를 이겼다 할 것이고 비기면 개 정도밖에 안 된다고 할 것입니다.

현실은 피 흘려 싸워야 할 수많은 도전들로 가득합니다. 마지막 내 손에 쥔 것이 무엇에 대한 승리라 할 수 있을까요? 하나님과 함께 이 물질과의 싸움을 이겼노라, 이 사회와의 싸움에서 이겼노라, 학문과의 싸움에서 나의 달려갈 길을 다 하였노라고 해야 할 것입니다.

하나님이 빠지면 남는 것은 세상밖에 아무 것도 없는 셈인데, 물질이 물질 그대로 있으면 허무할 수밖에 없습니다. 언제나 하나님과 관련되어 우리의 삶을 승리로 외치며 사는 자리에 부름 받았다는 것을 잊지 마시기 바랍니다.

그렇게 호산나하고 외치던 사람들이 며칠이 못되어 예수를 죽이라고 아우성치는 폭도들로 돌변하였습니다. 이 상상할 수 없는 변심이, 이 급격한 배역이 무엇 때문이었습니까? 한 가지 이유, 자기 요구대로 들어주지 않았다는 것입니다. 그 큰 권능으로 자기들의 세상 문제를 외면하고 자신들의 처지를 버렸다는 것입니다.

이토록 예수님은 사람들로부터 오해와 조롱을 한 몸에 받으시면서 묵묵하게 십자가를 지시러 마지막 입성을 하고 계십니다. 그러나 그 많은 오해와 조롱 속에서 십자가는 세워졌고 거기서 우리가 구원을 얻게 되었습니다. 독생자의 영광을 보니 과연 은혜와 진리가 넘쳐흐르고 있습니다.

지금도 복음은 세계 도처에서 오해와 조롱을 받고 있습니다. 한 생명을 구원함에 이르게 하는데 따르는 당연한 고난임을 예고하시면서 주님은 우리에게 자신의 고난을 맡긴다고 하셨습니다. 오해하는 세상을 향하여 논쟁을 벌일 필요가 없습니다. 우리의 힘으로 설득시킬 방법이 없습니다. 세상은 그렇게 하나님에 대하여 무지하였고 저들의 길이 어두움이란 것을 보여주셨습니다.

지금은 하나님이 심판권을 보류해두시고 복음을 전하는 자들에게 당할 고난과 수고를 허락하시면서 까지 모든 사람이 구원함에 이르기를 기다리십니다. 지금은 은혜 받을 만한 때요 구원의 날입니다. 지금은 초대하는 때요 문을 열고 기다리고 있는 때입니다. 아무나 나와도 좋은 때요 오면 하나님의 자녀가 되는 권세가 주어지는 때입니다.

그렇다고 하여 하나님의 권유를 저버리고 경거망동하여 복음 전하는 자들을 조롱하고 박대해도 좋다는 것은 아닙니다.

> "또 인자 됨을 인하여 심판하는 권세를 주셨느니라" (요 5 : 27).

이와 같이 보류하셨던 심판권을 행사하실 때가 오고 있다고 경고하고 있습니다. 하나님이 계시면 보여 달라, 증명해 보라 하던 인간의 오만한 질문에 대하여 일일이 대답하실 때가 다가오고 있습니다.

계시록은 더욱 분명하게 세상을 향하여 경고하고 있습니다.

> "또 내가 하늘의 열린 것을 보니 백마와 탄 자가 있으니 그 이름은 충신
> 과 진실이라 그가 공의로 심판하며 싸우더라" (계 19 : 11).

● ● ● ● ● ● ● ● ● ●

예언의 말씀을 따라 주님은 다시 오실 것입니다. 다시 오실 때에는 더 이상 조롱과 오해의 모습이 아닌 자랑과 영광의 모습으로 오십니다. 다시는 나귀새끼를 타지 아니하시고 백마를 타시고 오십니다. 구원하러 오지 아니하시고 심판권을 가지고 오십니다. 오해와 조롱 속에서 복음을 전하던 교회를 위로하시고 상을 베푸시고자 세상에 대해서 심판권을 행사하실 수밖에 없으십니다.

> "선한 일을 행한 자는 생명의 부활로, 악한 일을 행한 자는 심판의 부활
> 로 나오리라" (요 5 : 29).

영광의 때를 준비하는 자

(요 12:20-24)

"명절에 예배하러 올라온 사람 중에 헬라인 몇이 있는데 저희가 갈릴리 벳새다 사람 빌립에게 가서 청하여 가로되 선생이여 우리가 예수를 뵈옵고자 하나이다 하니 빌립이 안드레에게 가서 말하고 안드레와 빌립이 예수께 가서 여짜온대 예수께서 대답하여 가라사대 인자의 영광을 얻을 때가 왔도다 내가 진실로 진실로 너희에게 이르노니 한 알의 밀이 땅에 떨어져 죽지 아니하면 한 알 그대로 있고 죽으면 많은 열매를 맺느니라"

본문의 내용은 우리의 구원을 위해 하나님이 무엇을 이루셨는가? 그 비밀에 대한 기록입니다. 지금은 예수님께서 십자가를 지시기 3일 전입니다. 바로 며칠 전 예루살렘을 들어오실 때에 군중들의 환호하는 소리는 하늘을 찌르는 듯 하였습니다. 들어오시자 마자 예루살렘 성전을 더럽히고 있는 자들을 노끈으로 채찍을 만들어 후려치면서 내어 쫓으셨을 때 당시 권력자들에 의해서 마저 아무런 방해를 받지 아니하셨습니다.

예수님의 행동에는 저항할 수 없는 권세가 있었습니다. 실로 온 세상이 주님을 따랐습니다. 백성들의 기대는 이스라엘을 구원할 정치 내지는 경제적 구세주였습니다. 이 사람이면 우리를 로마의 압제에서 건져

줄 왕이 될 만하다는 기대를 가지고 최대의 환호와 경의를 보내면서 뒤따르고 있었습니다.

이때에 헬라사람 몇이 예수님을 만나려고 빌립에게 청을 드렸습니다. 예수님의 생애에서 이방인들이 찾아와서 뵙기를 자청하였다는 것은 처음 있는 일이었습니다. 유대인들은 예수를 기회가 있는 대로 잡아 죽이고자 하는 데, 이방인인 헬라사람들은 존경의 뜻을 가지고 뵙고 싶어 제자 중 빌립에게 청을 드리고 있습니다. 참으로 신중한 태도입니다. 직접 만날 수도 있었을 것입니다. 그러나 유대인으로서 예수님이 이방인을 만나는 날에는 유대사회에서 큰 문제를 일으킬 수 있음을 알기에 존경과 경의를 다하여 빌립을 동원하고 있음을 엿볼 수 있습니다.

23절, "예수께서 대답하여 가라사대 인자의 영광을 얻을 때가 왔도다." 주님의 반응입니다. 이방인들이 뵙고자 하는데 이에 대한 대답으로 주님은 자신의 때가 왔다고 선포하십니다. 주님께서 친히 나의 때라고 언급하신 것은 처음 있는 일입니다. 이때까지 주님은 내 때가 이르지 아니하였다고 하시면서 자신을 숨기셨습니다.

물로 포도주를 만드실 때에도 기적 베푸시기를 사양하시면서 어머니에게 하신 말씀, "여자여 당신이 나와 무슨 상관이 있나이까? 내 때가 이르지 아니하였나이다." 고 하셨습니다. 물로 포도주를 만드는 표적이 나타남으로부터 나의 때가 시작된다는 것을 역설적으로 말씀하신 것입니다. '나의 때' 는 십자가를 지실 때입니다.

예수님은 공생애가 시작되면서 유대인들과 수없이 많은 논쟁을 벌이기 시작하셨습니다. 나사렛 예수는 더 이상 평민이 아니었습니다. 하나님께서 선지자들의 입을 의탁하사 예언하신 대로 그는 권세와 능력을 한 몸에 지니고 있었습니다. 물로 포도주를 만드시는 권능의 표적으로부터 시작하여 가는 곳마다 베풀어지는 권능의 표적들을 사람들은 감당할 길이 없었습니다. 무리들이 "우리의 왕이 되소서" 하고 뒤따르고 있었습니다. 예루살렘 집권자들에게는 원수와 같은 존재가 아닐 수 없었습니다. 그들은 예수를 잡으려고 기회만을 엿보고 있었습니다. 그때마다 성경은 놀랍게도 유대인들의 계략에 대하여 이렇게 서술하고 있습니다.

"저희들이 잡고자 하였으나 아직 때가 이르지 아니하였음이라."

오늘 예수님께서 헬라인들이 찾아 온 자리에서 선포하신 말씀은 의미심장합니다.

23절, "인자가 영광을 얻을 때가 왔도다."

헬라인들이 온 것을 보시고 영광을 얻을 때가 왔다고 하신 것은 주님의 오신 목적을 분명하게 해주시는 장면입니다. 십자가의 죽음이 임박했다는 것입니다. 십자가의 죽으심을 영광을 얻을 때라고 하셨습니다. 헬라인들이 찾아 온 자리에서입니다. 이방인들에게 선포하신 것입니다.

이를 이해하기 위해서는 아브라함을 부르실 때를 생각하면 그 뜻을 분명히 밝힐 수 있습니다.

"내가 너로 큰 민족을 이루고 네게 복을 주어 네 이름을 창대케 하리니 너는 복의 근원이 될지라 너를 축복하는 자에게는 내가 복을 내리고 너를 저주하는 자에게는 내가 저주하리니 땅의 모든 족속이 너를 인하여 복을 얻을 것이니라 하신지라"(창 12:2, 3).

예수님은 지금 하나님께서 아브라함에게 약속하신 구원을 모든 인류들에게 베푸시려 하십니다. 이 일을 위하여 예수님이 이 땅에 죄인의 몸을 입고 오셨습니다. 먼저는 이스라엘 민족에게 오시고, 다음으로 헬라인에게 오시고, 그 다음으로 로마인에게 오시고, 오늘은 우리에게까지 오신 것입니다. 사람들이 환호하면서 추대하던 '세상의 왕'으로가 아니라 죽었던 자를 살리시는 '생명의 왕'으로 오셨습니다. 사탄과 죄와 사망의 권세를 이기시고 부활의 영광을 가지고 오셨습니다.

오늘 우리가 그 대상이 된 것은 이 세상의 무엇과도 견주어 비교될만한 보배가 없을 정도로 귀한 일입니다.

인자의 영광을 얻을 때가 왔습니다. 그리고 24절로 이어져서 "내가 진실로 진실로 너희에게 이르노니 한 알의 밀이 땅에 떨어져 죽지 아니하면 한 알 그대로 있고 죽으면 많은 열매를 맺느니라" 고 말씀하십니다.

예수님이 우리를 어떻게 구원하실 것인가? 그 궁금증을 설명하는 내용입니다. 우리 중에는 뜻밖에도 구원에 대하여 이해하지 못하여 신앙을 그르치는 경우가 많다는데 안타까움이 있습니다.

우리가 아는 구원은 예수 믿고 지옥가지 않고 죽으면 천국을 가는 정도의 상식을 가지고 교회를 다닙니다. 그래서 하나님이 베푸신 은혜의 구원을 간신히 유지하는 선에서 최소한 죄를 짓지 말자는 소극적인 자세를 취합니다. 죄를 짓지 말자는 것도 구원을 빼앗기지 않으려는 생각 때문입니다. 그래서 가능한 한 사는 것을 축소해버리는 것을 신앙의 높은 수준으로 평가하고 있습니다.

우리가 구원을 받았기 때문에 우리의 삶이 얼마나 적극적인 축복의 형태로 초대되어 있는가를 모르고 사는 것만큼 안타까운 일은 없습니다. 예수님께서 우리를 구원하시러 죄와 사망의 땅에 오셨습니다. 그것은 신앙의 핵심으로서 얼마든지 기뻐해도 좋을 만한 이유가 됩니다. 그래서 크리스마스가 화려하고 떠들썩한 지도 모를 일입니다.

그러나 구원받은 자의 입장에서 보면 부활처럼 더 큰 명절이 없습니다. 한 알의 밀이 썩어져서 싹을 내어 맺은 많은 열매를 가지고 예수님의 오신 목적을 설명하고 있습니다. 예수님 자신을 한 알의 밀로 설명하는 것은 이 땅에 오신 목적을 말합니다. 오셔서 열매를 맺기 위한 것인데 열매를 맺지 못했다면 오신 것도 소용이 없는 일이 되었는지도 모릅니다.

열매를 맺기 위하여 하신 일이 무엇이었습니까? 땅에 떨어져 썩는 것이었습니다. 땅에 오시되 썩지 않으면 열매를 맺지 못합니다. 주님은 한 알의 밀로서 썩으러 오셨습니다. 썩는 방법이 십자가의 죽음입니다. 십자가의 죽음이 아니면 부활의 열매를 맺을 수 없습니다.

예수님을 한 알의 밀로서 썩어서 맺혀진 첫 번째의 열매가 되셨습니다. 주님은 부활의 첫 열매입니다. 유일한 열매가 아니라 많은 열매가 있는데 그 중에 첫 번째입니다. 앞으로 우리가 부활할 것을 보증해 주시는 첫 열매입니다. 어떻게 이를 가능케 하셨습니까?

노아의 홍수사건 때의 사람을 성경은 이렇게 묘사하고 있습니다.

"여호와께서 가라사대 나의 신이 영원히 사람과 함께 하지 아니하리니 이는 그들이 육체가 됨이라…"(창 6 : 3).

사람이 다 육체가 되었다는 것은 하나님의 신이 떠난 상태로서 영혼이 죽은 상태를 말합니다. 하나님에 대하여 감각이 없는 시체와 같은 사람을 가리킵니다. 원래 인간은 하나님의 형상을 가진 존재였습니다. 하나님과 교제를 나누는 자로 그 수준이 천사도 못 따르는 존재였습니다. 가히 온 세상을 맡겨도 좋을 만큼 거룩함과 의와 지식이 온전하였습니다. 하나님은 인간에게 만물을 다스리는 권세를 주셨습니다.

그러나 죄로 말미암아 인간이 개와 돼지 같은 저급한 존재로 전락하고 만 것입니다. 하나님 보시기에 쓸모가 없는 고깃덩이에 불과했습니다. 육체만 갖고 있는 무용지물이 되어버린 것입니다. 결국 홍수로 다 쓸어버리신 것입니다.

예수님이 이제 짐승과 같은 인간을 하나님을 알아보는 신령한 인간으로 만드시는 방법으로 한 알의 밀이 되어 땅에 떨어져 죽는 방법을 동원하신 것입니다. 예수님이 홀로 땅속으로 들어간 것이 아니라 개와 돼지 같은 죄인들을 가슴에 품고 죄인들과 함께 땅 속에 들어가신 것입니다. 인간을 다시 태어나게 하시는 방법은 하나님이 죄인과 함께 죽는 길 이외에는 다른 방법이 없으셨습니다.

> "만일 우리가 그리스도와 함께 죽었으면 또한 그와 함께 살 줄을 믿노니 이는 그리스도께서 죽은 자 가운데서 사셨으매 다시 죽지 아니하시고 사망이 다시 그를 주장하지 못할 줄을 앎이로라" (롬 6 : 8, 9).

우리가 그의 십자가의 죽음에 함께 못 박혀 죽었고 그와 함께 다시 살아난 것으로 표현하고 있습니다. '그리스도와 함께' 라고 하지만 그것은 우리의 경험이 아닙니다. 구원을 위하여 우리가 한 일은 전무한 상태에서 오직 예수님께서 행하신 일만 나열되어 있습니다. 예수님이 우리를 가슴에 안고 십자가에서 죽고 다시 살아나신 것입니다.

우리로서는 실감이 안 나는 사실인데 성경은 예수님께서 이루신 것을 우리의 것으로 선포하면서 구원을 설명하고 있습니다. 씨가 사과나무라면 그 열매도 사과입니다. 씨가 영생이면 그 열매는 영생입니다. 거룩함과 의와 지식이 씨앗이면 그 열매도 거룩함과 의와 지식입니다. 예수님은 씨앗이요 우리는 그 열매들입니다. 그것이 우리에게 납득이 되거나 안되거나, 실감이 가거나 안 가거나 성경은 이것을 객관적인 사실로 선포합니다.

우리의 옛날은 그 씨가 죄였기 때문에 우리는 죄밖에는 아는 것이 없었습니다. 죄의 씨에서 났기 때문에 우리가 죄인인지 사망 중에 있는지 지옥으로 가고 있는지 전혀 감각이 없습니다.

그러나 분명한 것은 우리는 지난날과는 전혀 다른 존재로 살아가고 있는 것입니다. 다른 종자가 된 것입니다. 영으로 태어난 다른 사람인 것입니다. 영으로 다시 태어났기 때문에 여기 하나님의 말씀을 양식으로 삼아 하나님을 경배하며 그 뜻을 위하여 봉사하며 섬기며 살고 있는 것입니다.

세상을 향하여 하나님과 그의 나라와 의와 영생을 이야기할 수 있는 자는 우리뿐입니다. 우리가 외쳐야 사람들이 듣고, 하나님을 믿게 되고, 우리가 증거 해야 한 알의 밀이 되신 예수님의 죽으심이 결과적으로 많은 열매를 맺게 됩니다. 우리가 감사하고 찬송해야 하나님이 영광을 받으십니다.

한 알의 밀이 되어 죽어짐으로써 많은 열매를 맺으신 예수 그리스도는 우리가 본받아 살아야 할 삶의 원리입니다. 부활의 열매를 바라보고 지금은 한 알의 밀로 썩어질 가치가 있는 존재들임을 놓치지 마시기 바랍니다.

주님은 영광을 얻을 때가 왔다고 하셨습니다. 십자가의 고통을 영광의 때로 선포하십니다. 십자가 뒤에 따르는 영광입니다. 십자가 없는 영광은 영광이 아닙니다. 우리의 일상에서도 마찬가지입니다. 고통 없이 얻는 명예가 명예일 수가 없습니다. 피땀이 없이 얻은 재물은 가치가 없습니다.

땅에 떨어져 썩어지는 희생과 섬김이 없이 영광을 기대하는 것은 요행이나 마술을 기대하는 사탄의 생각입니다. 땅에 떨어져 죽는 일은 나의 몫이지만 열매는 하나님의 몫입니다. 썩어질 생각은 없고 얻을 영광만 바란다면 하나님의 주권을 탈취하는 모독이 됩니다. 뿌리는 것은 나의 자유지만 거둬들이는 추수는 하나님의 자유입니다.

'나는 날마다 죽노라'고 바울은 그의 삶의 원리를 진술하였습니다. 죽기만 하고 버리기만 하면 어리석습니다. 얻어지는 하나님의 약속이 있기에 기꺼이 버립니다. 겉 사람은 썩으나 속사람은 날마다 새로워집니다.

"예수께서 가라사대 내가 진실로 너희에게 이르노니 나와 및 복음을 위하여 집이나 형제나 자매나 어미나 아비나 자식이나 전토를 버린 자는 금세에 있어 집과 형제와 자매와 모친과 자식과 전토를 백 배나 받되 핍박을 겸하여 받고 내세에 영생을 받지 못할 자가 없느니라" (막 10 : 29, 30).

● ● ● ● ● ● ● ● ● ●

우리는 사람들을 살리는 가치로 존재하는 유일한 빛입니다. 예수님이 아버지의 뜻을 따라 한 알의 밀이 된 것처럼 우리도 하나님의 뜻을 따라 사는 일에 온갖 조롱과 오해와 비방을 걸머지는 죽음의 길을 나서야 할 것입니다. 십자가의 죽음까지는 주님의 소관이었으나 죽음 이후의 것은 아버지께 맡기셨습니다. 우리의 죽음에 대하여 하나님께서 영광을 얻도록 우리를 높이실 것입니다.

한 알의 밀로서 사신 그리스도의 영광을 우리에게도 가능케 하셨습니다. 믿는 자의 자랑과 행복을 놓치지 말 것을 결심하기 바랍니다.

(요 12:25-26)

"자기 생명을 사랑하는 자는 잃어버릴 것이요 이 세상에서 자기 생명을 미워하는 자는 영생하도록 보존하리라 사람이 나를 섬기려면 나를 따르라 나 있는 곳에 나를 섬기는 자도 거기 있으리니 사람이 나를 섬기면 내 아버지께서 저를 귀히 여기시리라"

구원이 어떻게 이루어졌느냐 하는 것을 설명한 다음 뒤를 이어 구원 이후의 삶의 원리는 무엇이냐에 대한 내용을 다루고 있습니다.

25절, "자기 생명을 사랑하는 자는 잃어버릴 것이요 이 세상에서 자기생명을 미워하는 자는 영생하도록 보존하리라."

여기에 두 가지 종류의 생명이 소개되고 있습니다. 자기 생명이 있고 영생의 생명이 있습니다. 처음에 나오는 자기 생명은 '푸시케' 라는 단어인데 인간의 마음 또는 자아ego,에고를 가리킵니다. 이는 생물학적 생명입니다. 자연 상태 그대로의 생명입니다. 성경은 이것을 죽은 생명이라고도 하고 타락한 육체라고도 합니다.

그 다음에 나오는 단어는 '조에'인데 하나님과 함께 사는 생명을 가리킵니다. 영생은 '끝이 없는 시간'이 아니라 하나님과 함께 사는 시간을 말합니다. 다시 말하면 하나님과 사귐이 있고 하나님의 뜻을 분별하여 따르고 하나님을 영화롭게 하면서 사는 상태를 말합니다.

자기 생명은 태어나면서 가지고 사는 자연 그대로의 생명입니다. 세상은 온통 이토록 타락한 생명이 열매 맺는 장소입니다. 자기의 자존심과 정욕을 발산하며 살아갑니다. 구원을 받은 우리의 입장에서는 이 세상은 나의 생명이 열매 맺지 못하도록 방해하는 환경일 뿐입니다.

그렇다면 어떻게 살아가야 할까요? 당연히 이 세상과 타락한 육체에 대하여는 죽고 하나님에 대하여는 살아나는 방향에서 살아가야 합니다. 다시 죄가 살아나지 못하게 하는 방법은 나 자신이 죽는 수밖에 달리 방법이 없습니다.

이 세상에서 가장 어려운 일이 내가 죽는 것입니다. 나의 자존심과 정욕을 버리는 것입니다. 죄인에게는 불가능한 요구들입니다. 세상은 죄인이 살기에 최적의 조건과 환경이 준비된 곳입니다. 타락한 육체기 살기에는 이보다 더 좋은 곳이 없습니다. 그런데 이곳에서 어떻게 나를 죽이며 포기하며 살 수 있겠습니까?

죄의 속성은 자존심과 탐심입니다. 자신을 채우고 만족하게 하려는 갈증의 상태라고 할 수 있습니다. 부와 권력과 명예와 사치와 인기와 자랑을 채우려는 욕망들로 가득한 상태입니다. 이러한 갈증을 억제할 힘이 죄인에게는 없습니다. 나를 문지르고 닦아서 빛을 낼 뿐이지 묻어둘 수가 없습니다. 나를 발산하고 개발할 수는 있어도 억제하고 통제할 능력이 없습니다.

내가 죽는 것은 생물학적인 죽음이 아닙니다. 주권에 관한 싸움입니다. 내 인생의 주권이 누구에게 있느냐 하는 것입니다. 내 인생을 내 것으로 알아서 내 맘대로 하겠다고 한다면 그것은 완전히 사탄에게 나 자신을 열어 놓은 상태가 됩니다. 나의 양심이나 진실마저도 결과적으로 나의 자존심에 대한 것임을 심각하게 생각해야 합니다. 성경은 이 땅에서 돋아난 것들은 어떤 것이라도 마귀의 것이며 사탄의 속성으로 빚어진 것들이라고 신랄하게 지적하고 있습니다.

예수를 믿는 상태는 세상으로부터 환영을 받거나 갈채를 받을 수 없고 오히려 세상으로부터 오해되어 조롱과 배척을 당하는 입장에 있음을 이해해야 합니다. 자연인과 성령으로 거듭난 자와의 관계는 서로 돕고 이해하고 힘이 되어 주는 관계가 아닙니다.

서로 적대관계이며 대립관계입니다. 원수라는 뜻이 아닙니다. 예수 믿는 자의 입장에서는 세상의 것이 영생을 누리는 데 있어서는 보탬이 되거나 유익한 것이 없다는 뜻입니다. 여기 우리가 사는 땅은 우리의 영성을 방해하고 믿음을 나약하게 만들고 약속하신 천국의 상을 받는 일을 방해하는 것들로 즐비하게 진열되어 있습니다.

죽음과 형벌의 땅에서 성도로서 내가 살아남을 수 있는 유일한 방법은 나 자신은 죽고 하나님에 대하여 살아 있으면 됩니다. 세상에 대하여 죽은 나를 사탄은 주장할 수가 없습니다. 사탄의 속성은 죽은 자를 싫어합니다. 죽은 자에게는 힘을 쓸 수 없습니다.

사탄은 세상에 대하여 살아있는 자들에게는 공격할 필요가 없습니다. 한 편이기 때문입니다. 그러나 세상에 대하여 죽고 하나님에 대하여 살아 있는 성도들에게는 언제나 공격할 기회를 타서 쳐들어오게 됩니다.

우리는 이 땅에 있는 날 동안 사탄의 공격을 피할 수 없습니다. 운명적으로 싸워야 합니다. 어떻게 싸워 이길 수 있을까요? 내가 죽는 것입니다. 우리는 하나님에 대하여 살아 있는 자이기 때문에 세상에 대하여는 얼마든지 죽을 수가 있습니다. 다시 살아 날 수 있기 때문에 기꺼이 죽을 수 있습니다.

사도 바울의 고백은 우리를 힘 있게 해줍니다.

"내가 팔 일 만에 할례를 받고 이스라엘의 족속이요 베냐민의 지파요 히브리인 중에 히브리인이요 율법으로는 바리새인이요 열심으로는 교회를 핍박하고 율법의 의로는 흠이 없는 자로라 그러나 무엇이던지 내게 유익하던 것을 내가 그리스도를 위하여 다 해로 여길뿐더러 또한 모든 것을 해로 여김은 내 주 예수 그리스도를 아는 지식이 가장 고상함을 인함이라 내가 그를 위하여 모든 것을 잃어버리고 배설물로 여김은 그리스도를 얻고 그 안에서 발견되려 함이니…"(빌 3:5-9 상반절).

바울은 지식으로나 종교적으로나 그의 인격이나 삶이 존경받을 만한 위치에 있던 자였지만, 그가 갖고 있던 이와 같은 세상의 존귀한 가치들을 다 배설물과 같이 버린다고 하였습니다. 그에게 있어서 이러한 세상의 가치들은 예수 그리스도를 얻는 일에 다 방해가 될 뿐 아니라 오히려 없는 것만도 못한 것으로 진술하고 있습니다. 그의 학식과 권력과 부귀와 같은 자랑이 영적 삶을 깊고 풍성하게 하는 일에 배설물과 같이 오히려 없는 편이 훨씬 낫다는 역설을 쏟아내었습니다.

바울의 진술이 우리의 생각이 미치지 못하는 이야기이기 때문에 우리를 당혹케 합니다. 우리는 우리의 것에 하나님의 것을 보태면 얼마나 더 힘이 되고 빛이 날까? 하나님의 일을 하는데 나의 것을 보태면 얼마나 더 유익할까? 하나님도 좋고 나도 좋을 것이라는 생각을 안 하는 사람 거의 없습니다.

한 때 바울도 우리와 같은 생각을 가지고 자신을 괴롭히고 있는 병을 낫게 해달라고 하나님께 간구하였다고 합니다. 복음에 대한 그의 열정을 불태우고 있을 때 나에게 이 열심을 더욱 효과적으로 활용할 수 있도록 건강을 주시라고 세 번이나 간구하였습니다. 병들어 사람들에게 실망을 줄 가능성이 많다는 생각과 이왕이면 건강한 모습으로 외치면 얼마나 더 설득력 있게 복음을 전파할 수 있으리라는 생각을 가지고 기도하였던 것입니다.

그런데 하나님께서는 우리가 기대하는 것과는 달리 전혀 의외의 응답을 주셨습니다. 사도 바울에게 있어서는 복음전파의 사명을 위하여 유리하게 보이는 건강의 조건보다는 병든 쪽이 더 유익하다는 것을 전하시면서 "내 은혜가 네게 족하도다" 하고 격려해주셨습니다. 이에 대한 바울의 반응은 감동적입니다. '내가 연약할 그때가 곧 강함' 이라고 간증하였습니다. 하나님은 결국 바울의 세상적인 실력을 복음사역에 쓰지 않으시겠다는 뜻을 전하셨던 것입니다.

우리는 바울이 갖고 있는 기존의 것을 준비시켜놓았다가 때가 되매 하나님께서 부르셔서 복음전파에 들어 쓰셨다는 생각을 하고 있습니다. 바울의 것을 사용할 가치가 전혀 없다는 뜻이 아닙니다. 복음전파에 유리한 요소들이 남달리 많은 사람이었습니다. 그럼에도 불구하고 하나님은 바울로 하여금 고난의 길을 걷게 하셨습니다.

하나님께서 바울로 알게 하시려는 것은 단 하나의 사실, 그 것이 누구의 것이냐 하는 것입니다. 하나님께서 바울이 하자는 대로 하셨다면 바울의 성공에 대하여 누가 영광을 취하겠습니까? 누가 하나님이 되겠습니까? 바울입니까? 하나님입니까? 오늘 하나님께서 우리가 기도하는 대로 다 해주신다면 누가 주인이 될 것 같습니까? 기도가 나의 소원을 들어주는 자동판매기 정도로 이용된다면 누가 주인이며 누가 종입니까? 우리의 기도에서 내 소원대로 이루어질 때를 신앙이나 영력의 수준으로 알아주는 경향이 많습니다.

기도하는 것마다 응답을 받아내는 것을 수준이라고 한다면 그는 이미 하나님의 자리에 가 있는 격이 됩니다. 기도로 기적을 이끌어내는 것은 내가 하나님이 되기 위한 도식이 아닙니다.

기도는 소원성취를 위한 방법으로가 아니라 하나님과의 교제이며 사귐이요 깊은 만남과 관계를 기뻐하는 행복과 삶의 자신감을 되살리는 능력과 지혜의 풍성함을 공급받는 순간입니다. 나의 소원대로가 아닐지라도 내게 있어 하나님은 여전히 나의 창조자이시고 나의 구속자이시며 나를 사랑하사 은혜를 베푸시는 아버지시라는 것을 고백하고 확인하는 신앙의 통로입니다.

우리가 하나님의 일을 하면서 극히 심각하게 생각해야 할 것은 누구 때문에 살며 누구를 위해 이런 일을 하느냐 하는 것입니다. 하나님은 교회의 일이 우리의 자랑이나 명예나 빛이 될 가능성이 있다고 생각하셔서 교회의 일을 우리에게 맡기지 아니하셨습니다.

교회를 부흥시키는 것도 구제와 선교하는 것도 농어촌 교회를 돕는 것도 우리의 실력대로 할 것을 염려하시고 주의를 경고하시면서 성령의 권능을 받으라고 하셨습니다. 일하기 이전에 성령의 권능을 먼저 약속해주셨습니다. 모든 일을 하기 이전에 우선되는 것은 하나님을 의지하는 법을 배우는 것입니다.

바울을 다스리시는 하나님의 간섭하심을 배울 필요가 있습니다.

"형제들아 우리가 아시아에서 당한 환난을 너희가 알지 못하기를 원치
아니하노라 힘에 지나도록 심한 고생을 받아 살 소망까지 끊어지고 우리
마음에 사형 선고를 받은 줄 알았으니 이는 우리로 자기를 의뢰하지 말고
오직 죽은 자를 다시 살리시는 하나님만 의뢰하게 하심이라" (고후 1:8, 9).

하나님께서 바울로 하여금 심한 고생을 허락하신 것은 바울로 하여금 자신을 의지하지 말고 하나님만 의지하도록 가르치시는 목적이었다고 합니다.

하나님은 지금 바울을 빌립보 감옥에 두시고 무엇을 하시고 계십니까? 바울이 갖고 있는 자신감, 바울이 남달리 닦아 온 세상의 화려한 실

력으로 키워온 자존심을 여지없이 깨뜨리고 계십니다. 그러기 위해 그로 살 소망까지 끊어진 절망의 벽에 부딪히도록 하셨습니다.

내일이면 사형장으로 끌려 나가는 죄수의 몸이 되게 하신 것입니다. 하나님은 바울의 자존심 한 방울까지라도 남김없이 그의 몸에서 다 빼어 남기지 않으시고 이토록 절박한 상황에서 오직 하나님만을 의지하도록 간섭하신 것입니다.

우리가 언제 하나님의 이름을 절실하게 부릅니까? 도와주십시오, 살려주십시오. 제가 죄인입니다. 이토록 처절한 고백을 언제 합니까? 죽음의 절망에 부딪혔을 때입니다. 체통, 자존심이 언제 허물어집니까? 죽음의 위기를 만났을 때입니다.

우리가 하나님 앞에서 갖는 태도는 언제나 굳세게 자신 있게 살아가는 용사이고 싶은 것이 아닙니까? 세상에서와 같이 하나님 앞에서마저도 독립심을 보이고 싶지 않습니까? 이 정도는 하나님을 괴롭게 하고 싶지 않다는 자족 자급하는 능력 있는 모습을 보이고 싶지 않습니까? 바울도 하나님의 위대한 도구가 되기 위해서는 죽은 자를 살리시고 없는 것을 있는 것 같이 부르시는 하나님을 의지하는 법을 배워야 했었다는 것을 명심하시기 바랍니다.

오늘 우리가 명심해야 할 것은 개인이나 교회 공동체이거나 우리의 세상 실력을 쌓아 그 힘으로 일을 진행시킬 것이 아니라 성령의 능력을 힘입어 하나님을 의지함으로 이루어가는 열심으로 해야 한다는 것입니다.

그리스도인은 하나님을 의지하여 사는 사람임을 증거 하는 자입니다. 일이 잘 안 되어 좌절하고 우리의 뜻대로 안 되어서 신음하고 고통하는 과정을 통해서 언제나 하늘에 계시는 전지전능하신 하나님을 바라볼 수 있어야 합니다. 세상 사람들은 절망할 것이 없습니다. 있으면 좋고 없으면 그대로 한 평생을 삽니다. 하나님께서는 세상 사람에게는 실패나 좌절을 허락지 아니하십니다. 그것으로 끝입니다. 더 나아갈 길이 없습니다.

그러나 그의 사랑하시는 자녀들에게는 세상일을 가지고 절망과 실패로 가슴 아프게 하십니다. 세상이 어떤 곳이며 육체의 때가 어떻게 지나가는가를 깨닫게 하십니다. 이 세상이 전부가 아니라 하나님이 계시고 그의 나라가 있으며 이 땅에 사는 것이 하나님의 뜻을 이루는 과정임을 알게 하십니다.

지금 실패의 경험 속에서 어디로 가고 있습니까? 세상을 버리지 마십시오. 비록 온갖 고통의 현실로 인하여 좌절과 실패의 쓰라린 경험들로 얼룩진 인생일지라도 하나님의 은혜를 경험하고 하나님의 전능하심을 배우는 유일한 기회임을 잊지 마십시오. 세상 현실은 죽은 자를 살리시는 하나님을 만나는 다양한 기회들로 열려져 있는 장소이며 신령하고도 아름다운 의미와 가치들이 가득한 곳으로 그런 깨달음에 대한 도전이 나타나는 곳입니다.

교회는 나를 죽이고 예수로 다시 살아나는 훈련의 장소입니다. 영적인 도전이 주도되는 계획들로 짜여 있습니다. 교회가 진행시키고 있는 행사들이 우리의 세상 실력, 돈의 힘이니 권력이나 영향력으로 이루어진다면 교회로서 이미 문제가 심각합니다. 세속화현상을 부채질하는 격입니다. 우리의 교회 사업이 우리의 영이 살아나고 하나님을 경험하는 기회로 제공되어야 합니다. 나의 것으로는 하나님의 일을 할 수가 없다는 것을 깨우치는 곳으로서 교회는 하나님을 의지하는 법을 익히는 훈련장소입니다. 교회는 세상의 것이 힘을 발휘해서는 안 되는 곳, 오직 믿음이 유일한 힘으로 작용하는 곳, 기도로 문제를 풀어가는 신령한 곳입니다.

신앙생활의 성숙과 발전은 자기 자신의 죽음으로 가능합니다. 죽는 것으로 끝내서는 안 됩니다. 나의 것이 없는 것으로 다 이루었다는 것은 착각입니다. 나를 다 비워 아무 것도 없는 무위의 상태는 자칫 이방 종교들의 도를 연마하는 격이 될 수 있어 하나님의 역사를 그릇되게 할 수 있다는 것을 명심해야 합니다.

"우리가 이 보배를 질그릇에 가졌으니 이는 능력의 심히 큰 것이 하나님께 있고 우리에게 있지 아니함을 알게 하려 함이라" (고후 4:7).

내 안에 있는 것은 보배이신 예수 그리스도를 믿는 믿음입니다. 하나님을 의지하는 믿음의 능력이 나타나기 위해서는 나의 질그릇으로 쌓여 있는 자아가 깨어져야 합니다. 기존의 나가 깨어져 나가고 난 후에 비로소 내 안에 잠재해 있던 예수 그리스도를 믿는 믿음의 보배가 드러나게 됩니다.

보배를 드러내기 위하여 하나님은 우리에게 때로는 환난의 비바람을 맞게도 하시고 피를 흘리는 고통의 현실을 걷게도 하십니다. 그러나 환난을 통과하면서 질그릇이 깨어지고 보배로운 믿음이 살아납니다. 우리는 예외 없이 인생의 실패를 통하여 주께로 돌아갑니다.

현실문제로 울 필요가 없습니다. 걱정근심에 쌓여 있을 이유가 없습니다. 성령의 충만을 받으라고 권면하셨습니다. 세상의 근심을 해결하시는 방편으로 보혜사 성령을 약속해주셨습니다. 내가 없어짐과 동시에 반드시 명심해야 할 것은 성령의 충만을 입도록 약속되어 있다는 것입니다. 내 안에 도시리고 있는 나의 의식구조와 편견과 가치관은 비우고 예수 그리스도로 채워져야 할 것입니다.

● ● ● ● ● ● ● ● ●

자기를 사랑하는 자는 모든 것을 잃어버릴 것입니다. 그러나 하나님을 의지하는 자는 영생을 얻을 것이며 세상의 것들도 더욱 풍성히 얻게 될 것입니다.

세상의 것에다가 장래를 맡기지 마십시오. 세상의 것으로 치장한 것들을 하나 둘 지워 가십시오. 거기에 영원한 생명으로 다시 채우시기 바랍니다. 그 기초위에 그 나라에서 받을 면류관을 준비시키는 과정으로 여러분의 삶을 물질로도 성공이 있도록 열심을 다하십시오. 하나님께서 도와주실 것임을 확실히 믿기를 바랍니다.

인자의 기도

(요 12:27-33)

"지금 내 마음이 민망하니 무슨 말을 하리요 아버지여 나를 구원하여 이때를 면하게 하여 주옵소서 그러나 내가 이를 위하여 이때에 왔나이다 아버지여 아버지의 이름을 영광스럽게 하옵소서 하시니 이에 하늘에서 소리가 나서 가로되 내가 이미 영광스럽게 하였고 또 다시 영광스럽게 하리라 하신대 곁에 서서 들은 무리는 우뢰가 울었다고도 하며 또 어떤 이들은 천사가 저에게 말하였다고도 하니 예수께서 대답하여 가라사대 이 소리가 난 것은 나를 위한 것이 아니요 너희를 위한 것이니라 이제 이 세상의 심판이 이르렀으니 이 세상 임금이 쫓겨나리라 내가 땅에서 들리면 모든 사람을 내게로 이끌겠노라 하시니 이렇게 말씀하심은 자기가 어떠한 죽음으로 죽을 것을 보이심이러라"

27절, "지금 내 마음이 민망하니 무슨 말하리요 아버지여 나를 구원하여 이때를 면하게 하여 주옵소서."

십자가의 죽음을 앞두고 고민하시는 예수님의 모습입니다. 우리는 주님의 고민하시고 슬퍼하시는 모습에서 인간적인 연민의 정을 느낍니다. 인자의 기도에서 애처로움을 느끼고 함께 슬퍼합니다. 십자가의 죽음을 생각하면 눈물이 납니다. 주님의 기도에서 친히 십자가의 죽음을 고민하고 슬퍼하신다고 하셨습니다.

우리는 하나님께서 하시는 일은 쉬우리라는 생각을 갖습니다. 하나님이 독생자를 이고 죄인이 사는 땅에 보내시는 것은 우리로서는 상상할 수 없는 난관이었다는 것을 이해하는 사람은 거의 없습니다. 우리는 너무나도 쉽게 하나님이 우리를 사랑하심으로 죄인의 몸을 입고 오셨다는 것을 하나의 사실로 알고 있을 뿐입니다.

우리가 반드시 알아야 할 것은 예수님이 이 땅에 오실 때에 죄인의 형체를 입고 오셨다는 것과 그러기 위해서는 그의 하나님으로서 갖는 영광과 존귀하심과 거룩하심을 버리셔야 했다는 사실입니다. 그것은 마치 인간이 지렁이를 구원하기 위해 시궁창에서 사는 지렁이가 되는 것보다 더 어려운 일이었습니다.

예수님이 사신 길은 우리의 죄를 대속하시는 생애였습니다. 나의 죄를 대신하여 죄인이 당해야 할 죄의 짐을 걸머지고 사신 삶이었습니다. 그는 죄인의 신분으로 십자가의 형벌을 당해야 하는 처지입니다. 하나님으로서가 아닙니다. 나를 대신하여 심판의 고통을 당해야 할 죄인으로서 사셔야 합니다. 그의 번민도 슬픔도 모두 나의 것입니다.

죄인이 죽는다는 것은 더 이상 없는 두려움이며 절망입니다. 죽음을 좋아할 사람은 하나도 없습니다. 있을 수 그러나 죽음을 각오하면 못할 것이 없습니다. 그만큼 죽음은 무섭고 두렵다는 것입니다. 죽음의 실존이 삶을 어둡고 절망하게 합니다.

죽음이 인간의 모든 것을 빼앗아 갑니다. 우리의 사랑과 우정도 꿈과 행복도 죽음 앞에서는 내려놓아야 합니다. 죽음의 문제를 안고 살아가는 한 그 시간은 근원적으로 병들고 쇠퇴하고 절망에 이르게 되는 순간들일 수밖에 없습니다.

가장 심각한 것은 죽음이 소멸이 아니라 영원한 심판으로 들어가는 관문이라는 것입니다. 성경은 어떤 경우에라도 이 죽음의 심판을 면할 길이 인간에게는 없다는 것을 고발하고 단 유일한 길은 예수 그리스도를 믿는 길 뿐이라고 선포합니다.

"아버지여 나를 구원하여 이때를 면케 하여 주옵소서 그러나 내가 이를 위하여 이때에 왔나이다" 라고 하였습니다. 지금 주님이 무엇을 구하시고 계십니까? 이때는 십자가의 죽음의 때입니다. 단순히 생물학적 죽음만이 아닙니다. 하나님과의 단절입니다. 아버지와 아들의 관계를 끊는 죽음을 앞에 두고 몸부림하고 있습니다.

"그러나 내가 이를 위하여 이때에 왔나이다."

죽음아래 신음하고 있는 나를 구원하시기 위하여 이때에 오셨다고 합니다. 나의 죽음의 형벌을 대신 지시려고 오신 것을 재확인하고 계십니다.

28절, "아버지여, 아버지의 이름을 영광스럽게 하옵소서."

주님의 결의가 굳셉니다. 우리가 생각하듯이 그렇게 안타깝거나 고통스러워 보이지 않습니다. 십자가의 죽으심을 통하여 나타날 아버지께 드려질 영광을 바라보고 기뻐하고 있습니다. 주님은 처음부터 아버지의 뜻을 따라 오셨고 우리를 구원하러 오셨습니다. 십자가를 지심으로 아버지를 영화롭게 하시려고 오셨습니다.

이 일을 이루시기 위하여 결심하고 또 다짐하시는 장면입니다. 주님이 다 아시는 길이지만 결심을 새롭게 하셨습니다. "이때에 왔나이다" 이는 비상한 결심을 보이시는 장면입니다.

예수님은 아버지께 자신을 맡기셨습니다. 지금은 자신이 십자가에 죽을 때입니다. 더 이상 고민하실 이유가 없습니다. 때가 이르렀으니 아버지의 뜻에 자신을 맡길 뿐입니다. 주님은 모든 관심을 아버지의 뜻을 이루는 일에 쏟으셨습니다. 주님이 아버지와의 약속대로 오셨고 약속대로 죽으셨으며 약속대로 부활하실 것이고 승천하실 것입니다. 이 사실을 다 아시고 주님이 그 정하신 때가 되매 사건마다, 시간마다 결심하시며 다짐하시고 고백하시는 장면은 우리의 신앙을 지키고 보존하는 원리를 가르쳐 줍니다.

신앙생활은 계속적인 결심을 요구하는 과정입니다. 신앙은 하나님께서 이루신 것을 나의 것으로 소유하는 행위입니다. 내가 이루어 놓은 결과를 내가 확인하고 내가 자랑하는 것이 아니라 그리스도 안에서 하나님이 이루신 것을 어떻게 나의 것으로 증거하며 나의 삶에 적용하느냐의 싸움입니다. 그래서 기독교 신앙은 언제나 미완성된 내 자신을 두고 갈등하고 번민하는 과정입니다. 내가 직접 경험한 것이 아니기 때문에 이중 인격적인 성향을 띕니다. 내 안에 본래의 내가 있고 하나님께서 행하신 일을 나의 것으로 적용시키시는 성령의 역사가 있습니다. 우리는 성령의 역사하심을 따라 날마다 결심하고 다짐하는 고백을 하지 않으면 안 됩니다.

우리가 예배를 드리면서 말씀대로 살아야 되겠다는 결심을 하면서 내가 하나님의 백성이라는 인식을 새롭게 합니다. 내일 다시 세상으로 빠질 지라도 오늘은 결심이라도 하고 돌아가는 거룩한 은혜의 날입니다.

우리의 생애는 내가 통제할 수 없는 전혀 다른 힘에 의해 이끌리며 살아갑니다. 자신의 생일을 정해놓고 태어난 자 아무도 없습니다. 날 때가 있고 죽을 때가 있습니다. 공부할 때가 있고 먹을 때가 있고 잠잘 때가 있습니다. 사랑할 때가 있고 용서할 때가 있습니다. 이때를 놓치면 그만큼 되락한 인생을 살게 됩니다. 낙오자가 되거나 삶의 뒤안길을 걷는 자로서 고통을 치르게 됩니다. 학생이 공부할 때를 놓치면 나중에는 하고 싶어도 못할 때가 있습니다.

십대는 십대다운 시간을 보내야 하고 청년은 청년의 때를 살아야 합니다. 청소년이 어른다워지려고 한다면 그것은 어른을 흉내낼 뿐이지 진짜 어른은 아닙니다. 가장 십대다울 때 가장 이상적인 인간으로 성장하게 됩니다.

"내가 이를 위하여 이때에 왔나이다" 이 말씀은 내가 세상에 온 근원적인 목적이 무엇이냐 하는 것입니다. 내가 십자가를 지는 것은 처음부터 아버지의 뜻이었고 아들은 이를 기꺼이 받들고자 여기에 왔다는 것입니다.

주님의 관심은 처음부터 아버지의 뜻을 이루시려는 것이었다면 우리의 관심은 무엇이어야 합니까? 내가 왜 태어났는가? 무엇을 위하여 사는가를 모르면 동물과 다름이 없습니다. 우리가 하나님의 형상을 가지고 사는 입장임을 안다면 적어도 삶의 과정은 하나님을 배우며 경험하며 사는 것을 줄거리로 이해해야 마땅할 것입니다.

"이를 위해 이때에 왔나이다."

그 다음으로 생각할 것은 미래적인 의미를 확인하는 고백입니다. 이때를 놓치면 아버지의 뜻을 이룰 수 없다는 것입니다. 십자가를 질 때가 바로 이때란 말입니다.

27절, "이때를 면하게 하여 주옵소서" 다음으로 이어지는 고백이 무엇입니까? "그러나 내가 이를 위하여 이때에 왔나이다" 였습니다. 처음 목적을 놓치지 않겠다는 결심입니다.

우리의 처음 결심이 아름답게 열매 맺기 위해서는 미래의 영광을 바라보고 계속적인 결심이 따라야 할 것입니다. 궁극적인 미래를 바라보고 오늘을 그 처음 고백대로 결심하는 신앙이 아름답습니다. 이렇게 우리의 삶은 처음 결심한대로 끝을 아름답고 영광스럽게 맺을 수 있어야 합니다. 그 방향으로 나를 다짐하고 또 결심하기를 반복해야 할 것입니다.

28절, "아버지여 아버지의 이름을 영광스럽게 하옵소서."

이 대목이 결론입니다. 극도의 고민 중에 주님은 아버지의 영광을 바라보면서 그 처음 오신 목적을 재확인하신 후, 한없는 기쁨과 행복에 충만해져 있었습니다. 자신의 죽음을 통해 하나님의 택하신 자를 구원할 미래의 일을 생각할 때 한없이 기쁘셨습니다. 주님은 아버지의 뜻이 만족하게 이루어질 때 아버지께서 취하실 영광을 바라보시고 십자가를 결심하셨습니다.

"아버지여 영광을 받으소서."

우리는 하나님의 영광을 위하여 살아가는 유일한 존재들입니다. 우리가 아니면 하나님께서 기뻐하실 근거가 없으실 정도로 우리의 삶을 붙드시고 계심을 믿으십시오. 우리가 때때로 넘어지고 엎드러질 때가 있을지라도 여호와의 손이 붙드시는 대상임을 놓치지 마십시오.

우리의 관심이 무엇입니까? 우리의 것을 채우시기를 원하십니까? 하나님은 기꺼이 우리를 소원이상으로 만족하게 하실 분이십니다. 하나님은 우리를 감동케 하시고 만족하게 하실 모든 조치를 강구해 놓으시고 오늘을 살게 하셨습니다. 그러나 우선 깨쳐야 할 것은 하나님께서 먼저 계획하셔서 거기에 우리를 두시고 요구하신다는 것입니다.

하나님께서 하실 일이 먼저 있고 그 일에 쓰임 받는 사람이 있습니다. 거기에 부름 받아 우리가 여기 이 교회에 와 있는 것입니다. 하나님께서 하시고자 하는 일에 가장 영광스럽게 살아 드릴 기회를 잡은 줄을 믿으십시오.

그렇다면 이제는 하나님께 나에게 무엇을 주시려는가를 요구하지 말고 내가 무엇을 할까요? 나를 어떻게 살아 드릴까요? 이렇게 기도해야 마땅할 것입니다.

주께서 가신 길이 그토록 결심하고 다짐하면서 이루신 길이라면 오늘 우리의 입장에서는 얼마나 더 비상하게 얼마나 더욱 결사적으로 하나님의 뜻에 참여하여야 할까요? 십자가를 지실 때 주님의 결심과 각오가 따라야 만이 이루어지는 구속의 역사였다면 우리의 신앙생활도 마땅히 결심의 행진임을 놓치지 말아야 할 것입니다.

누가복음 9장 62절에 보면 "손에 쟁기를 잡고 뒤를 돌아보는 자는 하나님의 나라에 합당치 아니하니라" 하였습니다. 한번 쟁기를 잡았으면 앞을 바라보아야지 뒤를 돌아보면 밭고랑을 올바로 갈 수가 없습니다. 과거를 돌아보면 뒤로 물러가는 인생이 됩니다. 뒤를 돌아볼 겨를이 없습니다. 지난날을 확인해서 그 추억에 붙들려 있으면 앞으로 전진 할 수 없습니다.

예수님을 따르겠다고 결심한 무리들, 죽기까지 같이 가겠다고 다짐하던 사람들, 제자들마저도 자기 결심대로 가지 못하고 무너지고 말았습니다. 계속하여 결심하고 고백하는 기도가 없었기 때문입니다. 기도하지 않고 육신에 잡혀 안일하게 있다가 때가 이를 때 결심을 놓치고 말았습니다. 주님을 배반하기까지 하고 말았습니다.

신앙생활은 미래의 영광을 바라보고 오늘을 그 처음 고백한대로 끊임없이 결심하는 기도생활입니다. 어제의 것은 어제로 만족하십시오. 오늘은 언제나 새날입니다. 하나님의 영광을 위하여 미래를 약속대로 이루어지게 할 새로운 결심이 있는 날들을 살아야 할 것입니다.

(요 12:37-43)

"이렇게 많은 표적을 저희 앞에서 행하셨으나 저를 믿지 아니하니 이는 선지자 이사야의 말씀을 이루려 하심이라 가로되 주여 우리에게 들은 바를 누가 믿었으며 주의 팔이 뉘게 나타났나이까 하였더라 저희가 능히 믿지 못할 것은 이 까닭이니 곧 이사야가 다시 일렀으되 저희 눈을 멀게 하시고 저희 마음을 완고하게 하셨으니 이는 저희로 하여금 눈으로 보고 마음으로 깨닫고 돌이켜 내게 고침을 받지 못하게 하려 함이라 하였음이더라 이사야가 이렇게 말한 것은 주의 영광을 보고 주를 가리켜 말한 것이라 그러나 관원 중에도 저를 믿는 자가 많되 바리새인들을 인하여 드러나게 말하지 못하니 이는 출회를 당할까 두려워함이라 저희는 사람의 영광을 하나님의 영광보다 더 사랑하였더라"

예수님께서 죽어 냄새나는 나사로를 생명을 이끌어내어 살게 하셨습니다. 이를 본 많은 사람들이 예수를 따라다니며 믿었습니다. 한편 정치권에서 보면 민중들의 지지를 빼앗기는 위기를 느끼지 않을 수 없는 사건입니다. 그들은 드디어 기적의 주인공인 예수를 제거하려는 모의를 시작합니다. 예수님이 행하신 일은 모두가 다 초월한 능력을 발휘하는 기적이었습니다. 그 목적은 사람들로 하여금 하나님께로 돌아오라고 보이신 표적이었습니다. 그런데 사람들은 기적의 주인공인 예수님 앞에 항복하는 것이 아니라 오히려 그 권능으로 자신들의 세상을 만족하게 해달라고 달려들고 있었습니다.

인간은 사실과 진리, 진리와 영생에 관하여는 관심이 없습니다. 주님은 지금 영원과 진리의 문제를 꺼내놓으시고 회개를 요구하는데 사람들의 관심은 세상의 것뿐이었습니다. 사람들의 관심은 이 기적이 당장 자신들에게 어떤 유익이 되느냐 하는 것입니다. 이것이 복음에 대한 사람들의 반응이었습니다. 죄인의 무지함을 확연히 드러내는 모습입니다. 이를 본 요한의 결론은 이렇습니다.

37절, "이렇게 많은 표적을 저희 앞에서 행하셨으나 저를 믿지 아니하니라."

그리고 42절은 이렇게 묘사하고 있습니다.

42절, "그러나 관원 중에도 저를 믿는 자가 많되 바리새인들을 인하여 드러나게 말하지 못하니 이는 출회를 당할까 두려워함이라."

43절, "저희는 사람의 영광을 하나님의 영광보다 더 사랑하였더라."

인간이 얼마나 하나님에게 항복할 수 없는 죄인인가를 확인시켜주는 대목으로 요한은 이사야의 예언을 들어 설명하고 있습니다.

40절, "저희 눈을 멀게 하시고 저희 마음을 완고하게 하셨으니 이는 저희로 하여금 눈으로 보고 마음으로 깨닫고 돌이켜 내게 고침을 받지 못하게 하려 함이니라."

하나님은 종살이하던 이스라엘 백성을 애굽으로부터 꺼내주시고 풍요와 안식의 땅을 주어 살게 하셨지만 그들은 오히려 그 베푸신 은혜를 망각하고 하나님께 감사하지도 않고 영화롭게 하지도 아니하는 배신의 길을 가고 말았습니다. 그들은 마땅히 구원의 하나님을 섬겨야 할 것이나 그 땅의 우상을 섬기는 배교를 자행하고 말았습니다.

하나님은 그들을 이방신으로부터 돌이키게 하시려고 선지자들을 일으켜 그들을 향하여 멸망을 경고하게도 하고 돌아오라고 회개를 요구하기도 하였지만 끝내 파송한 선지자들마저 죽이고 경멸하는 죄를 범하고 말았습니다. 하나님은 그들의 강포와 우둔함을 그대로 방치하실 수가 없으셨습니다.

마침내 성자 예수 그리스도를 이 땅에 보내신 것입니다. 예수님을 파송하신 것은 죄에 대한 진노임과 동시에 돌아오라고 회개시키고자 하는 간섭이었습니다. 예수님의 행적 속에는 인간이 얼마나 죄인인가를 지적하고 동시에 하나님에게로 돌아오라고 하는 메시지를 담고 있습니다. 그러기 위해서는 십자가를 지실 수밖에 없으셨습니다. 십자가에서 처절하게 죽는 방법 이외에는 인간의 죄를 고발할 다른 방법이 없습니다.

주님은 처음부터 인간의 하나님에 대한 무지함을 아시고 처음부터 십자가를 지려고 오셨습니다. 우리를 설득하려고 오지 않으셨습니다. 말과 논쟁으로서가 아니라 몸과 삶을 가지고 이야기하려 오신 것입니다.

십자가는 들어도 깨닫지 못하고 보아도 모르는 자들을 향하여 쏟아 놓으신 사랑의 열정입니다. 보고 듣고 하여도 관심을 주지 않는 자들을 기필코 돌이켜 하나님의 말씀을 듣고 믿도록 하시겠다는 의지의 표현입니다. 이는 죽은 자를 살리시는 것과 같은 능력을 발휘하시겠다는 것입니다.

오직 자기만을 위하여 살고 자신의 자존심과 정욕을 불태우며 살던 자들을 정반대로 자신의 것을 버리고 하나님의 영광을 위하여 살도록 만든다는 것만큼 불가능이 없습니다. 아는 것이라고는 세상밖에 없는 자들을 돌이켜 하나님을 위하여 살도록 항복하게 한다는 것입니다. 그 강렬한 의지의 표현이 곧 십자가입니다. 하나님은 자신의 영광을 위하여 십자가를 세우신 분이심을 절대로 놓치지 말아야 합니다.

하나님은 권위로우십니다. 하나님의 권위는 사람을 억압하거나 속박하는 힘이 아닙니다. 흔히 우리가 알듯이 권력과 같은 힘이 아닙니다. 상대를 감동케 하는 사랑의 능력이요 지혜입니다. 권위는 사랑하는 자만이 사용할 수 있는 단어입니다. 사랑이 없는 권위는 오만이며 독재요

군림입니다. 이러한 정치적인 권력은 사람을 괴롭힙니다.

예수님께서 우리를 죄의 도탄塗炭에서 구원하시기 위하여 이 땅에 오셨을 때 천사들이 양 치던 목자들에게 나타나서 무엇을 노래하였습니까?

"지극히 높은 곳에서는 하나님께 영광이요 땅에서는 기뻐하심을 입은 사람들 중에 평화로다 하니라"(눅 2:14).

예수님의 성육신 사건을 하나님께 영광이라고 하였습니다. 그렇게 비천하게 구유에 나시고 그 후 33년을 사시면서 온갖 오해와 조롱을 받으시다가 마지막 십자가에 못 박혀 죽으시는 가장 비참한 걸음을 걸으실 터인데 이를 하나님께 영광이라고 노래한 것입니다.

하나님이 죄인을 어떻게 사랑하셨습니까? 그 몸을 십자가에 달리게 하심으로 사랑을 나타내셨습니다.

만일 십자가의 사랑이 없었더라면 나는 영원한 지옥의 저주와 형벌 가운데 살았을 것이라 생각하면 내가 받은 구원이 절로 감격스럽습니다. 하나님께서 내 앞에 쏟아놓으신 사랑에 항복이 쏟아져 내립니다. 십자가 앞에서 나의 고집과 편견이 사라지고 오직 하나님의 뜻을 높이게 됩니다. 그 하나님의 사랑의 권위를 가리켜 하나님께 영광이라고 합니다.

하나님은 우리를 채찍을 들어 항복하게 아니하시고 죽으심으로 설득하십니다. 삶의 무거운 짐을 대신 지심으로 우리를 무릎 꿇게 하십니다.

"수고하고 무거운 짐진 자들아 다 내게로 오라 내가 너희를 쉬게 하리라"(마 11:28)고 하셨습니다. 우리가 살고 있는 삶의 현실은 우리를 누르고 억압하는 굴레들로 둘러져 있습니다. 우리가 그곳에서 피곤하여 지쳐 있을 때 하나님은 찾아오셔서 삶을 의욕적으로 살도록 구원의 길을 열어주십니다.

만일 우리에게 현실이 없다면 거기에는 싸울 대상도 없을 뿐 아니라 동시에 거두어들일 승리도 없고 영광도 없습니다. 하나님은 우리에게 고난의 현실을 허락하시면서 우리로 하여금 하나님의 사랑을 만나게 하십니다. 현실은 온갖 종류의 고난이 가득한 발자국들이지만 그 안에서 오늘도 하나님의 사랑의 간섭으로 영광의 구원의 길이 열리고 있습니다.

이사야는 당시 국부와 같은 웃시야 왕이 죽던 해에 성전에 들어가서 하나님의 영광을 만나게 됩니다. 웃시야 왕은 BC 759년 남방 유다 왕국을 가장 부강하게 통치하던 뛰어난 왕이었습니다.

솔로몬 치세 이후 실로 이와 같은 통치자가 없었습니다. 웃시야가 죽었다는 것은 국운이 기우러지는 위기가 아닐 수 없습니다. 백성들은 그동안 물질의 풍요 속에서 영적으로는 하나님을 떠나 타락과 방종을 일삼고 있었습니다. 이사야의 심령은 온통 슬픔과 탄식으로 젖어 있었습니다.

이때 비통한 심정으로 하나님의 성전을 들어서자마자 이사야는 성전 안에 가득한 하나님의 영광을 보게 되었습니다. 평소에도 하루 수차례 드나들던 곳이었지만 이런 광경을 목격한 적은 없었습니다. 웃시야의 죽음으로 인한 국가의 위기를 통절하게 느끼며 들어서는 순간 성전 안에는 하나님의 영광으로 인하여 연기가 가득하고 문지방이 흔들리는 경이로운 현상이 나타나고 있었습니다.

이사야의 눈에는 온 땅이 하나님의 영광으로 충만하였고 그에게는 하나님이 계시지 않는 곳이 없었습니다. 그의 눈으로 들어오는 현상들은 모두가 하나님의 위엄과 권위와 존귀함으로 가득한 세계였습니다.

하나님의 영광을 본 자의 표정은 경이로움과 놀라움으로 가득합니다. 그에게 세상은 더 이상 절망과 슬픔의 장소가 아닙니다. 온 세상이 하나님의 신성과 지혜로 충만한 현상들입니다. 나의 주변 환경이 예전 같지 않습니다. 나의 가족의 소중함도 거기에 하나님의 영원한 계획이

먼저 있었고 이를 이루시는 하나님의 사랑의 간섭이 세밀하게 전개되
는 현실이 있었음을 알고 감격의 눈물을 흘립니다.

이사야는 성전에 들어서는 순간 세계를 통치하시는 하나님의 영광을
보았습니다.

> "주께서 높이 들린 보좌에 앉으셨는데 그 옷자락은 성전에 가득하였고
> 스랍들은 모셔 섰는데 각기 여섯 날개가 있어 그 둘로는 그 얼굴을 가리었
> 고 그 둘로는 그 발을 가리었고 그 둘로는 날며 서로 창화하여 가로되 거룩
> 하다 거룩하다 거룩하다 만군의 여호와여 그 영광이 온 땅에 충만하도다"
> (사 6:1-3).

이사야는 보좌에서 스랍들이 하나님을 찬양하는 광경을 보고 하나님
의 다스리시는 위엄과 영광에 대하여 경외심을 가지고 함께 하나님을
높입니다. 숙연히 고개를 숙여 경배를 드립니다. 하나님의 거룩한 임재
를 경험하는 순간 그 자신의 더럽고 추악한 모습이 드러나면서 자신의
절망을 호소하게 됩니다.

> "그때에 내가 말하되 화로다 나여 망하게 되었도다 나는 입술이 부정한
> 사람이요 입술이 부정한 백성 중에 거하면서 만군의 여호와이신 왕을 뵈
> 었음이로다" (사 6:5).

이사야는 하나님과 멀리 떨어져 있었을 때에는 어느 정도 의로웠고
성실하였습니다. 그러나 지금 하나님의 영광의 보좌를 정면에서 보게
되니 감추어져 있었던 자신의 치부가 그대로 드러나는 부끄러움을 감
출 수가 없었습니다. 하나님의 면전에서 도저히 가릴 수 없는 자신의
불의함과 자존심과 나태함과 인색함의 수치를 보고 고통 중에 몸부림
치게 됩니다.

이대로 하나님이 자신을 지옥에 던지신다 하여도 할 말이 없습니다.

"화로다 나여 망하게 되었도다"(사 6:5) 하였습니다. 바로 그 순간, 하나님께서 천사를 보내셔서 제단에서 타고 있는 숯불을 취하여 이사야의 입에 가져다 대게 하셨습니다. 제단 숯불은 그리스도의 십자가에서 흘리시는 피를 상징합니다.

예수 그리스도는 우리의 죄를 담당하시기 위하여 하나님께 바쳐진 속죄 양이 되어 제단숯불이 이글이글 타오르는 곳에서 죽어가고 있었습니다. 그가 속죄의 피를 흘리신 것입니다. 속죄의 십자가에서 죄 사유함의 기쁨을 선사하시는 하나님의 음성이 들려옵니다. "네 죄가 사하여졌느니라"(사 6:7) 영광의 구원이 선포된 것입니다. 이보다 더 큰 감격이 없습니다. 지금 지옥의 심판이 내려지는 순간인데 하나님의 은혜로 죄를 사하시고 구원을 선포하셨습니다. 사형수가 사형언도를 각오하고 절망하고 있는데 아무 이유 없이 석방을 선고하는 것과 같습니다.

이토록 구원의 영광으로 가슴에 감격의 눈물이 고이는 즈음에 또 다른 음성이 들려옵니다.

"내가 또 주의 목소리를 들은즉 이르시되 내가 누구를 보내며 누가 우리를 위하여 갈 것인가?"(사 6:8).

하나님의 영광을 선포할 자를 찾으시는 음성이 들립니다. 누가 나를 위하여 일할 것인가? 누가 교회를 섬기며 복음을 전파할 것인가? 하나님께서 일할 자를 찾으시는 안타까운 음성을 듣는 자는 언제나 구원의 감격 속에서 하나님을 경배하며 높이는 자입니다.

이사야는 즉각 대답합니다. "내가 여기 있나이다 나를 보내소서"(사 6:8).

이사야는 더 이상 주저할 이유가 없습니다. '벌써 저주를 받아 죽었어야 할 존재가 아니었던가?' 아니면 '벌써 세상을 떠나 지옥의 불 못에서 이를 갈며 처참하도록 고통을 치르고 있었어야 할 인생이 아니었던가? 지금은 하나님이 구원해주셔서 하나님의 영광을 위하여 살게 하신 삶을 소홀히 할 수 없습니다.

이사야는 절망의 구렁텅이에서 건져주신 하나님의 은혜를 깊이 감격해하고 말할 수 없는 영광으로 기뻐하고 있을 때 하나님 나라의 사명을 불태웁니다. "내가 여기 있나이다. 나를 보내소서."

이사야는 하나님이 원하신다면 무엇이든지 할 것이며 어디든지 갈 각오가 되어 있습니다. 이때 하나님께서 갈 곳을 지시하시는 음성이 들려옵니다.

> "여호와께서 가라사대 가서 이 백성에게 이르기를 너희가 듣기는 들어도 깨닫지 못할 것이요 보기는 보아도 알지 못하리라 하여 이 백성의 마음으로 둔하게 하며 그 귀가 막히고 눈이 감기게 하라 염려컨대 그들이 눈으로 보고 귀로 듣고 마음으로 깨닫고 다시 돌아와서 고침을 받을까 하노라"
> (사 6:9, 10).

이사야가 가서 하나님을 외쳐야 할 곳은 하나님의 말씀에 대하여 백성들이 무슨 뜻인지 알지 못하겠다고 귀를 막고 눈을 감고 있을 타락한 영들이 살고 있는 곳입니다. 그들은 처음부터 하나님에 대하여 듣지 않겠다고 귀를 틀어막고 있는 강퍅한 심령을 가진 자들입니다. 하나님의 말씀을 듣기 싫어 고의적으로 귀를 막고 있는 자들은 교회 안에서도 예외는 아닙니다.

말씀이 자신과 관련이 없을 때 우리는 흥미를 잃게 됩니다. 하나님의 나라에서 받을 면류관이고, 하늘의 신령한 복, 생명과 빛, 의와 존귀의 관, 은사와 같은 약속은 나와 상관이 없는 먼 나라의 이야기로 들립니다. 아예 저급한 말씀으로 귀를 막고 있습니다. 계시의 나라에 대한 관심과 흥미를 잃어버린 시대는 그때나 지금이나 다르지 않습니다.

　　지금 예수께서 이스라엘의 고을마다 다니시면서 하나님의 나라를 전
파하며 회개하고 돌아오라고 외치셨습니다. 사람들이 감당치 못하는
초월한 기사들과 권능을 나타내시면서 자신이 메시아임을 증명하고 설
명하였지만 믿는 자들이 없었습니다. 관원들 중에 혹 믿는 자들이 일어
나기는 하였지만 출회를 당할까 두려워 말을 못하고 있습니다. 성경은
믿는 자가 있어도 두려워하는 자들은 하나님의 영광보다는 사람의 영
광을 더 사랑하였기 때문이라고 지적합니다.

　　이사야가 가서 외쳐도 귀를 막고 듣지 않던 그 이스라엘 백성에게 이
사야가 외쳤듯이 주님도 외치셨습니다. 주님이 동원할 수 있는 모든 가
능성을 다하여 정열을 다하여 전하셨습니다. 주님은 처음부터 듣고 회
개할 것이란 기대를 가지지 않으셨습니다. 마땅히 섬김을 받아야 할 것
이지만 처음부터 섬기려고 오셨다고 하셨습니다. 또한, 섬겨주지 않을
것을 아셨기 때문입니다.

　　이사야를 비롯하여 선지자들은 하나님을 외치고 전하면 백성들이 듣
고 돌아오리라고 믿고 전한 것이 아닙니다. 하나님께서 가서 외치라 하
셨음으로 그 뜻을 받들어 순종하였을 뿐입니다. 그들은 처음부터 듣지
않겠다고 귀를 막을 것임을 일고 가서 회개하리고 외쳤습니다. 눈으로
보아도 눈을 감고 있을 자들임을 알고 가서 그들을 붙잡고 하나님을 전
하였습니다. 그렇게 하나님의 뜻을 좇아 충성하다가 이사야는 톱에 켬
을 당하여 죽고 예레미야는 돌에 맞아 죽고 예수님은 십자가에 못 박혀
죽으셨습니다.

● ● ● ● ● ● ● ● ● ●

　　하나님의 영광을 본 자는 주변 환경에 관심이 없습니다. 남의 눈을
의식할 이유가 없습니다. 자신에게 돌아올 불 유익에도 개의치 아니합
니다. 사람들의 비방과 조롱하는 소리에도 귀를 기울이지 아니합니다.
오직 하나님의 명령을 받들어 자신을 신실한 병사로 바치기를 즐겨합

니다. 하나님을 주인으로 자신을 충성스러운 종으로 봉사할 기회가 있음을 최상의 행복으로 여깁니다.

이사야의 순종이 그리운 때입니다. 십자가를 지신 예수 그리스도의 충성을 가르치는 교회가 그리운 시대입니다. 신앙은 교회를 통하여 하나님을 영화롭게 하는 법을 배우고 익힐 때에 성장합니다. 그곳에서 하나님의 나라가 영육 간에 이루어지는 복을 누리게 됩니다. 우리에게 교회란 이름으로 직분이 있고 할 일이 있고 나를 향하여 요구하시는 하나님 나라의 사명이 있다는 것으로 이미 나를 자랑과 영광으로 기뻐하며 충성하는 결심이 마땅히 일어나야 될 것입니다.

두 부류의 불신자

"이렇게 많은 표적을 저희 앞에서 행하셨으나 저를 믿지 아니하니 이는 선지자 이사야의 말씀을 이루려 하심이라 가로되 주여 우리에게 들은 바를 누가 믿었으며 주의 팔이 뉘게 나타났나이까 하였더라 저희가 능히 믿지 못한 것은 이 까닭이니 곧 이사야가 다시 일렀으되 저희 눈을 멀게 하시고 저희 마음을 완고하게 하셨으니 이는 저희로 하여금 눈으로 보고 마음으로 깨닫고 돌이켜 내게 고침을 받지 못하게 하려 함이니라 하였음이더라 이사야가 이렇게 말한 것은 주의 영광을 보고 주를 가리켜 말한 것이라 그러나 관원 중에도 저를 믿는 자가 많되 바리새인들을 인하여 드러나게 말하지 못하니 이는 출회를 당할까 두려워함이라 저희는 사람의 영광을 하나님의 영광보다 더 사랑하였더라"

지금은 주님께서 십자가를 지시기 직전입니다. 그 동안 제자들에게 가르치시던 내용을 요약하여 결론을 내리시기에 이르렀습니다. 본문은 그 결론 중 핵심이 되는 부분입니다. 우리가 기억해야 할 것은 요한복음의 초두에서 예수님을 가리켜 빛으로 설명하고 있었다는 것입니다.

"빛이 어두움에 비취되 어두움이 깨닫지 못하더라" (요 1:5).

오늘 본문이 시작되기 전에도 반복되는 말씀은 빛에 대한 것이었습니다.

35절, "잠시 동안 빛이 너희 중에 있으니 빛이 있을 동안에 다녀 어둠에 붙잡히지 않게 하라."

36절, "너희에게 아직 빛이 있을 동안에 빛을 믿으라 그리하면 빛의 아들이 되리라."

예수님이 행하신 일들을 빛으로 설명하고 이 빛의 증거를 받는 세상을 어두움으로 대비시키고 있습니다. 앞에서 말한 바와 같이 빛과 어두움이 한 곳에 공존할 수 없습니다. 어두움에게 빛을 설명해야 되는데 아무리 설득해도 어두움이 깨닫지를 못합니다.

요한복음서가 밝히고자 하는 것은 이토록 하나님께서 우리에게 이루신 일이 힘겨운 난관이었다는 것입니다. 가장 힘든 난관은 하나님이 십자가에 못 박혀 죽는 것입니다. 하나님의 일을 설득시키는 방법으로 동원한 것이 십자가였습니다. 우리가 얼마나 하나님의 말씀을 못 알아듣는 존재인가 하면 십자가에서 죽는 방법 밖에는 없다는 이야기입니다.

예수님께서 오셔서 행하신 일은 우리 인간으로서는 도저히 상상도 할 수 없는 초자연적인 사건들이었습니다. 물로 포도주를 만드시는 것을 시작으로 하여 각색 병을 고치시고 파도와 바람을 꾸짖으사 잠잠케 하시고 죽은 자를 살리시고 오병이어로 오천 명의 굶주림을 해결하시는 등 주님이 가시는 곳마다 베풀어지는 기적을 사람들은 감당할 길이 없었습니다.

그럼에도 불구하고 우리를 놀라게 하는 대목은 37절 말씀입니다.

"이렇게 많은 표적을 저희 앞에서 행하셨으나 저를 믿지 아니하니"

성경의 결론은 이것입니다. 예수님이 일으키신 기적과 표적, 그리고 어떠한 가르치심도 사람들을 항복시키지 못했다는 것입니다. 빛이 어둠 가운데 왔으되 어둠이 깨닫지 못하더라는 말씀이 입증이 되는 장면입니다.

성경은 사람들이 믿지 않은 이유를 이렇게 덧붙입니다.

38절에서 40절, "이는 선지자 이사야의 말을 이루려 하심이라 가로되 주여 우리에게 들은 바를 누가 믿었으며 주의 팔이 뉘게 나타났나이까… 저희가 능히 믿지 못한 것은 이 까닭이니… 저희 눈을 멀게 하시고 저희 마음을 완고하게 하셨으니 이는 저희로 하여금 눈으로 보고 마음으로 깨닫고 돌이켜 내게 고침을 받지 못하게 하려 함이니라…"

유대인들은 이사야의 예언대로 예수님을 믿지 않았습니다. 아니 믿을 수가 없었습니다. 이 세상에서 가장 존귀하고 매력적인 말씀과 행적을 듣고 보았지만 그 의심할 여지가 없는 많은 증거들을 다 거부하고 말았습니다.

이사야의 글을 두고 어떤 이는 하나님이 그렇게 못 믿도록 이스라엘을 방치하셨다고 합니다. 하나님의 택하신 백성이 이 지구상에서 가장 고통스러운 역사를 경험하고 산다는 것이 이해가 안 간다고 반발하기도 합니다. 결국 하나님이 인간을 곤경에 빠지게 하는 분으로 이해하여 저항하는 사람도 있습니다.

그러나 본문의 지적은 이것입니다. 인간이 하나님이 제공하시는 생명과 진리와 의에 대하여 감당할 만큼 지혜로운 수준에 와 있지 않다는 것입니다. 이사야를 보내실 때에도 그가 가야 할 곳은 하나님이 친히 말씀하신 대로 듣기는 들어도 깨닫지 못하고 보기는 보아도 알지 못하는 사람들이 살고 있는 곳이었습니다.

"여호와께서 가라사대 가서 이 백성에게 이르기를 너희가 듣기는 들어도 깨닫지 못할 것이요 보기는 보아도 알지 못하리라 하여…"(사 6 : 9).

선지자들은 아무리 외치고 호소하고 설득하여도 듣지 않고 믿지 않을 곳으로 보내심을 받았습니다. 선지자들은 하나님의 말씀을 전하면 듣고 깨달아 하나님께로 돌아오리라는 기대를 가지고 외친 것이 아닙니다. 돌아오지 않을 것이라는 것을 알고도 하나님의 명령이기에 가서 외쳤습니다. 그렇게 목이 터져라 외치다가 이사야는 사람들로부터 톱에 켬을 당해 죽고 예레미야는 돌에 맞아 죽었습니다. 지금 예수님도 십자가에 달려 죽게 될 것입니다. 듣지 않을 것을 알고도 회개를 외치셨고 주님은 섬기지 않을 것을 아시고 처음부터 섬기시려고 오셨으며 십자가에 죽으시기 위해 오셨습니다.

우리가 하나님에 대하여 얼마나 무지하며 죽어 마땅한 죄인이며 장래가 없었던 존재인가 하면 십자가를 지시고 죽기까지 하였을 정도입니다. 그런데 우리가 지금 예수를 나의 구주로 믿고 있는 사실을 나의 결정이나 판단으로 선택하여 믿었다고 할 수 있겠는가? 우리가 그렇게 하나님을 선택할 만큼 지혜나 분별력이 있는 자들이 아닙니다.

42, 43절, "그러나 관원 중에도 저를 믿는 자가 많되 바리새인들을 인하여 드러나게 말하지 못하니 이는 출회를 당할까 두려워함이라 저희는 사람의 영광을 하나님의 영광보다 더 사랑하였더라."

저희 중에 믿는 자가 많이 있는데 공개적으로 드러내놓고 믿는 자가 없었습니다. 왜 그렇습니까? 바리새인들의 보복이 두려웠기 때문입니다. 자신을 믿는다고 공개하지 못한 것은 자신에게 해가 될 가능성이 있기 때문입니다.

성경은 불신하는 경우를 두 부류로 설명하고 있습니다. 하나는 듣기는 들어도 깨닫지 못하는 무감각한 자들입니다. 하나님에 대하여 죽어 있는 자들입니다. 하나님이 베푸신 놀랍고도 경이로운 표적에도 불구하고 아무런 느낌이 없는 자들입니다. 마태복음 13장에서도 이사야의 말씀을 근거로 천국복음을 설명하는 내용 중에 씨 뿌리는 비유가 있습니다. 보고 듣고 증거가 확실한 데도 불구하고 믿지 않는 자를 길가에 뿌리어진 씨앗과 같다고 했습니다.

또 다른 부류는 하나님의 말씀이나 기적을 보고 믿기는 하는데 마음으로만 믿는 사람입니다. 하나님의 말씀에 어느 정도 감명을 받습니다. 그들은 기독교에 대하여 공개적으로 반대하지 않습니다. 그에게 위험이 오지 않는 한 신자같이 보입니다. 그러나 삶에 손해가 되거나 세상의 재리와 유혹이 닥치면 넘어지고 맙니다. 이들은 돌밭에 혹은 가시덤불에 뿌려진 씨앗과 같습니다. 전폭적으로 하나님의 말씀 아래로 자신을 항복하지 않습니다. 세상이 두렵기 때문입니다.

"관원 중에 믿는 자가 많되 바리새인들을 인하여 드러나게 말하지 못하니 이는 출회를 당할가 두려워함이라"

이와 같이 아직 예수 그리스도를 전인격적으로 모든 사람들 앞에서 고백하지 않는 믿음은 구원에 이르는 믿음이 아닙니다.

> "누구든지 사람 앞에서 나를 시인하면 인자도 하나님의 사자들 앞에서 저를 시인할 것이요 사람 앞에서 나를 부인하는 자는 하나님의 사자들 앞에서 부인함을 받으리라"(눅 12: 8,9).

> "네가 만일 네 입으로 예수를 주로 시인하며 또 하나님께서 그를 죽은 자 가운데서 살리신 것을 네 마음에 믿으면 구원을 얻으리나"(롬 10:9).

성경은 믿음을 확인하는 데 왜 시인하기를 요구하는 것일까요? 우리가 예수를 믿되 입으로만 믿고 행동으로는 안 믿는다고 비방하는 소리를 많이 들어 왔습니다. 입으로만 믿는 사람 치고 제대로 된 사람 없다는 생각이 보통입니다. 그렇기 때문에 우리 중에 개성이 강한 사람들은 입으로 시인하는데 대한 거부반응을 보이는 경우가 종종 있습니다. 그러나 왜 구태여 믿는 바를 속으로 담아 두지 말고 다른 사람이 듣도록 입으로 시인할 것을 요구하는 것일까요? 성경이 시인할 것을 요구하는 데는 우리가 생각하는 것보다 더 깊은 의도가 있습니다. 그것은 자기 마음속에 있는 것이 아직도 자신의 것이 아님을 지적하고 싶어서 시인을 요구하는 것임을 놓쳐서는 안 됩니다.

> "내가 원하는바 선은 하지 아니하고 도리어 원치 아니하는바 악은 행하
> 는도다 만일 내가 원치 아니하는 그것을 하면 이를 행하는 자가 내가 아니
> 요 내 속에 거하는 죄니라" (롬 7:19, 20).

성경이 우리 인간에 대해서 설명하는 것 중에 반드시 기억해야 할 것은 바로 이 대목, "내가 원하는 바 선은 하지 않고 원치 아니하는바 악을 행하는 도다" 라는 구절입니다.

우리는 모두 자신의 생각대로 행동할 수 있는 존재가 아닙니다. 나는 생각의 주인이 아니라는 것입니다. 사람이 생각은 얼마든지 할 수 있어도 생각한 대로 살 수는 없습니다. 내 속에 있는 생각은 아직도 나의 것이 아닙니다. 생각 속에 있는 나는 실제의 내가 아니라 나의 주인이 따로 있는데 곧 죄라고 합니다. 우리는 다 사탄에게 사로잡힌 노예의 신분이요 삶의 원리로 말한다면 다 죄의 종입니다.

우리는 종종 좋은 일을 생각했으면 나 자신이 선한 사람일 것이라는 오해와 착각을 하게 됩니다. 이것처럼 속는 일이 없습니다. 우리는 어느 누구라도 결심하였을 뿐이지 이를 행동으로 옮기지 못하고 있는 한 생각으로만 선한 것일 뿐입니다. 그렇다면 선한 생각을 행동으로 옮기지 못한 상태는 그 생각도 나의 것이 아니란 것입니다. 내가 생각의 주인이 아닙니다. 성경대로 한다면 우리는 모두 죄의 나라에 속한 백성입니다.

죄는 어떻게 나타납니까? 사탄이 인간을 유혹할 때 한 얘기가 무엇입니까?

"따먹지 말라 하더냐? 괜찮다, 따 먹어라, 따먹는 날에는 네가 하나님과 같이 될까 봐 그러는 것이다. 먹어라 너도 하나님이 될 것이다." 이렇

게 거짓말을 한 것입니다. 그래서 따먹었습니다. 하나님과 같이 되려고 말입니다. 결국 인간이 하나님이 된 것입니다. 이것이 죄의 상태입니다.

죄와 악에 대하여 눈을 뜬 자들의 생각이 어떻습니까? 자존심에 관한 것을 드러내는 것을 자랑으로 삼고 있지 않습니까? 무언가에 속박되어 있는 느낌이 들면 어떤 상태이던 간에 저항감을 갖습니다. 세상 사람들이 우리를 불쌍하게 여기는 것이 무엇입니까? 하나님께 속박되어 있는 모습이 이해가 안 간다는 것입니다. 하나님을 최고의 권위로 받든다는 것입니다. 이토록 인간은 자존심의 존재입니다. 자기가 하나님이 되는 이야기를 해야 수긍이 가고 박수를 보내지 하나님을 섬겨라, 그를 영화롭게 하라, 그의 말씀은 영원불변하는 진리의 말씀이다, 이 진리가 너희를 자유하게 하리라고 하면 안 믿습니다. 안 믿는 정도가 아니라 적극적으로 반대하고 나섭니다.

2001년 6월 9일자 조선일보 광고란에 교보 베스트셀러에 진입한 책이 소개되었습니다. 개요가 이렇습니다. "예수를 믿어야 천당 가고 예수를 안 믿으면 아무리 착한 사람도 지옥에 간다니, 기독교는 이 따위 상식이하의 종교가 아니다."

"오 주여 성령을 주소서, 할렐루야, 박수치며 열광적으로 외친다, 하나님이 못 들을까 싶어서 그런가?" 한용상 에세이인 『교회가 죽어야 예수가 산다』는 제목에서 나온 광고문구입니다.

이 이야기가 얼마나 우리의 자존심을 자극하고 있습니까? 대중들의 인기를 끌어내는 발언은 언제나 권위를 짓밟거나 권위에 대하여 저항하는 모습을 보일 때입니다. 대중들의 인기를 중심으로 정치하고 그들의 호기심을 맞추어 교육하고 법을 고치고 하면 결과적으로는 죄악이 판을 치는 사회가 되고 맙니다.

여러 사람이 좋아하는 방향으로 옷을 만들고 음악을 하고 생활양식을 만들어 가면 그것이 유행이 되어 장사가 잘되고 정치가 잘되는 것 같은 일시적인 효과는 나타날지 모르지만 그렇게 인기 중심으로 발전하면 죄악이 성행하는 결과를 낳게 됩니다. 법의 권위가 떨어지고 질서의 개념이 없어지고 사회규범의 권위가 땅바닥에 떨어지고 맙니다.

기독교가 옹고집일 수밖에 없는 것은 이것만이 진리이며 생명이기 때문입니다. 타협이 불가능합니다. 그러나 신앙생활은 협력과 조화, 사랑과 섬김의 아름다움을 나타내야 합니다. 교리적 부분은 양보할 수 없는 진리임을 이해하시기 바랍니다. 먼저 교리가 있고 생활이지 교리 없는 생활은 기초공사 없는 거대한 건축구조물과 같습니다. 하나님 먼저, 신앙제일임을 잊지 마시기를 바랍니다.

일반적으로 사회도 법과 질서를 무시하고 대중들의 인기를 따르면 불행을 초래하게 됩니다. 교회는 더 이상 말할 것도 없습니다. 인기 중심으로 성경을 해석하고 사람의 기호에 맞추어 예배를 드리고 주일학교를 인간중심으로 가르치고 한다면 하나님은 사라지고 사람의 뜻이 이루어지는 타락한 현상들이 일어나고 맙니다.

기독교 신앙을 상식에다 맞추지 마십시오. 하나님은 우리의 상식으로 이해될 수 없습니다. 그는 창조주시며 우리의 구속주시요 우리의 생사화복의 주인이십니다. 하나님은 우리로부터 예배와 경배를 받으시기에 합당하신 분이십니다. 그토록 권위가 있으신 분입니다. 아무리 착해도 예수 안 믿으면 지옥에 갑니다. 아무리 나빠도 예수 믿으면 천당에 갑니다. 이 사실에 시비를 하면 그야말로 성경을 모르는 무지의 소치이며 심판의 대상일 수밖에 없습니다.

세상이 우리의 자존심을 얼마나 건드립니까? 자기들은 지식이 있고 우리는 무식하고 어린아이같이 취급하고 있습니다. 이 세상은 죄를 많이 알면 알수록 출세하고 지식이 있는 자로 취급받고 우리는 무식하고 못 배운 사람이고 덜 교양적인 사람으로 취급하고 있습니다. 설교도 사람들의 마음에 드는 내용으로 해야 실력 있어 보입니다. 하나님에 관한 것을 주장하면 식상해 합니다. 하나님의 영광, 존귀하심, 성령의 지혜와 권능, 영원한 의와 상급, 존귀와 영광의 면류관, 하나님의 왕국 등 성경에 관한 이야기에는 관심이 없습니다.

그러나 우리가 분명히 깨쳐야 할 것은 우리의 생각과 판단으로 여기에 왔는가 하는 것입니다. 우리가 여기 교회의 요구에 순종하여 이 자리에 나와 예배드리고 있는 것이 얼마나 경이롭고 놀라운 은혜인지 아십니까? 우리의 생각대로 사는 사람이 없듯이 우리의 결정으로 이 자리에 온 사람도 없습니다.

어느 술친구 한사람이 술이 해롭다는 것을 알고 끊기로 작정했습니다. 끊었다고 소문을 내고 다닙니다. 그러면서도 술을 남몰래 마시곤 하였습니다. 그는 끊어야 된다는 생각 때문에 술을 마시고 있는 동안에도 나는 그래도 전과 같지 않다는 생각을 하고 있었습니다. 제법 괜찮은 사람일 것이라는 착각 속에서 계속 술을 마시고 있었습니다.

우리가 옳고 정당한 것을 공감하고 나도 그렇게 살아야 되겠다고 결심을 하고 있는 동안에는 자신을 다른 사람과 차별하여 괜찮은 사람으로 여깁니다. 나는 남의 유익을 위해 섬기며 이웃을 돌보고 낮은 데서 살며 교만하지 않고 권위를 벗어버리고 이웃과 더불어 살겠다는 결심을 했으면 그때로부터 남과 자신을 차별하기 시작합니다.

그러나 이처럼 자신을 오해하고 착각하는 일이 없습니다. 우리 서로 사랑하자고 외치는 사람치고 사랑하는 사람 거의 없습니다. 우리가 어떻게 이해관계가 없는 사람을 내 몸과 같이 사랑할 수 있단 말입니까? 사랑할 자격이 있습니까?

'사랑은 오래참고' 라고 하였습니다. 우리는 사랑해 놓고 반응이 없으면 실망하고 원망합니다. 오래 참을 수 없습니다. '사랑은 온유하며 투기하지 아니하며 사랑은 자랑하지 아니하며 교만하지 아니하며 무례히 행치 아니하며' 라고 합니다. 지금 우리가 온갖 짓을 다 하는 입장에서 무슨 사랑을 합니까? 성령의 능력을 힘입지 않고는 불가능한 일입니다.

사랑이 없다고 한탄하지 말고 참아 기다릴 필요가 있습니다. 지금은 안 될 것입니다. 그러나 하나님이 능력 주시면 언젠가는 바울처럼 예수님처럼 될 것입니다. 그 장래의 소망만은 놓치지 말아야 할 것입니다.

우리가 우리의 결심을 지킬 정도로 완전하지 않습니다. 우리의 선한 생각대로 살 수 있는 능력이 우리에게 없다는 것을 이렇게 선포합니다.

"…원함은 내게 있으나 선을 행하는 것은 없노라 내가 원하는바 선은 하지 아니하고 도리어 원치 아니하는바 악은 행하는 도다… 오호라 나는 곤고한 사람이로다 이 사망의 몸에서 누가 나를 건져내랴"(롬 7 : 18-24).

우리가 스스로 놀라워야 할 것은 지금 우리는 이 자리에 나와 예수를 입으로 시인할 뿐 아니라 공개적으로 하나님을 찬양하고 경배하고 있다는 것입니다. 너나 할 것 없이 전에는 예수를 믿으려고 애썼지만 여전히 세상쪽으로 붙잡혀 갔었던 사람들이었는데 지금은 세상쪽으로 생각은 기울어져 있다 할지라도 실제로 하나님을 적극적으로 시인하고 예배하는 자리에 나와 있습니다.

누가 우리를 향하여 "당신 그래 가지고도 교회에 나갈 수 있습니까?" 하고 어제 우리의 잘못을 지적하면 감히 자신 있게 여기 나올 사람 아무도 없습니다. 우리의 감각이나 우리의 가치 기준대로, 우리의 양심을 가지고 판단하면 여기 올 사람은 아무도 없습니다. 그럼에도 불구하고 우리는 지금 어디에 나와 있습니까?

우리는 우리 자신의 것이 아닙니다. 전혀 다른 간섭이 있는 존재입니다. 적어도 성령의 인도하심이 아니면 여기에 올 자가 없습니다. 우리가 하나님을 선택하여 여기 왔습니까? 우리의 판단으로 예수 믿는 것이 옳다고 인정하여 여기 왔습니까?

우리는 여기 나와 있는 한 나의 생각이나 결심이 내가 주인이 되어 일으켜진 것이 아니라 하나님이 주인 되셔서 일어난 것임을 인정해야 합니다. 주인이 내가 아니라 하나님이십니다. 이제는 내가 하나님의 뜻을 좇지 아니하고 나의 의사대로 가면 성령께서 말할 수 없이 탄식하시고 간구하심으로 우리로 하여금 하나님께로 가도록 역사하십니다.

우리는 참으로 신비로운 존재입니다. 우리가 이해하는 것보다 훨씬 놀라운 기적 속에 들어 와 있습니다. 우리의 생각 보다 훨씬 더 놀라운 축복의 자리에 초대되어 있습니다.

42절, "그러나 관원 중에도 저를 믿는 자가 많되 바리새인들을 인하여 드러나게 말하지 못하니 이는 출회를 당할까 두려워함이라."

사람들은 예수를 믿고 있었지만 적극적으로 따르지 못했습니다. 예수를 시인할 경우에 뒤따라 올 결과를 두려워하기 때문입니다. 사람들에게 신앙인임을 공개하지 못하는 것은 내게 손해가 될 가능성 때문입니다. 직장에서 예수 믿는는 표를 내지 못하는 것은 출세에 지장이 있을 것이라는 불안한 마음이 있기 때문입니다.

우리는 교회 생활을 하지만 하나님의 뜻을 좇기보다는 나 자신의 유익을 따라 행동 합니다. 그러나 어느 누구에게나 공개적으로 주 하나님을 시인함으로써 오는 손해에도 불구하고 주를 따르는 자가 마땅히 되어야 할 것입니다.

● ● ● ● ● ● ● ● ● ●

나 자신을 공개하는 것이 두려워 은밀한 제자로 남기를 원한다면 다음 말씀을 명심하시기 바랍니다.

43절, "저희는 사람의 영광을 하나님의 영광보다 더 사랑하였더라."

그렇게 사는 것이 두려워 하나님께로부터 칭찬받기를 저버리고 죄인들로부터 인정받기를 더 좋아했습니다. 하나님을 인정하되 행동으로는 시인하지 못하는 부류의 사람들을 기억하시기 바랍니다.

우리가 걷고 있는 길이 언제나 하나님을 향하여 있는 이 감동과 기적을 놓치지 마십시오. 이는 전폭적인 하나님의 은혜입니다. 성령의 인도하심을 따라 이끌려온 자리를 등한히 여기지 마시기 바랍니다. 여기는 하나님에 대하여 더 많은 것을 알고 싶은 호기심과 열정이 당연히 일어나야 되는 자리입니다. 신앙세계에 대한 새로운 도전이 있기를 바랍니다.

제 13장
생명을 풍성케 하는 사랑의 힘
예수 그리스도

생명을 풍성케 하는 사랑

(요 13:1)

"유월절 전에 예수께서 자기가 세상을 떠나 아버지께로 돌아가실 때가 이른 줄 아시고
세상에 있는 자기 사람들을 사랑하시되 끝까지 사랑하시니라"

요한복음 13장에서부터 16장까지는 십자가에 오르시기 전 제자들에게 권면하시는 마지막 유언과 같은 말씀입니다. 다음날이면 십자가에 못 박혀 돌아가시게 됩니다.

1절, "유월절 전에 예수께서 세상을 떠나 아버지께로 돌아가실 때가 이른 줄을 아시고 세상에 있는 자기 사람들을 사랑하시되 끝까지 사랑하시니라."

지금은 예수님이 자신의 사역이 다 끝나가고 있음을 아시고 제자들과 함께 마지막 유월절 만찬을 베푸시고 있는 중입니다. 이제 곧 아버지

께로 돌아 갈 것입니다. 그리고 이어지는 말씀은 우리의 생각을 깊게 합니다. "세상에 있는 자기 사람들을 사랑하되 끝까지 사랑하시니라."

주님은 평소에도 제자들을 사랑하셨는데 마지막 유월절을 보내시면서 그의 제자들을 끝까지 사랑하셨다고 강조하신 이유가 무엇일까요?

제자들이 어떤 사람인가 하면 자신을 원수들에게 팔아넘길 가룟 유다를 비롯하여 신변에 위험이 닥치자 주님을 세 번이나 부인하였던 베드로와 그를 따라 다 옛 생업인 고기잡이로 돌아가 버렸던 제자들입니다.

21절, " 예수께서 이 말씀을 하시고 심령에 민망하여 가라사대 내가 진실로 진실로 너희에게 이르노니 너희 중 하나가 나를 팔리라."

예수님은 이미 자신을 팔자가 누구임을 아시고 그를 끝까지 사랑하셨습니다. 후일에 가장 사랑하고 믿었던 베드로의 변심을 미리 아시면서 그를 사랑하셨습니다.

> "베드로가 가로되 주여 내가 지금은 어찌하여 따를 수 없나이까 주를 위하여 내 목숨을 버리겠나이다 예수께서 대답하시되 네가 나를 위하여 목숨을 버리겠느냐 내가 진실로 진실로 네게 이르노니 닭 울기 전에 네가 세 번 나를 부인하리라" (요 13 : 37, 38).

주님은 베드로의 변심을 미리 알고 계셨습니다. 겟세마네 동산에서 제자들에게 깨어 있어 주님과 함께 기도해줄 것을 부탁하셨을 때에도 끝까지 사랑하신 증거가 뚜렷합니다. 부탁하시고 난 후 적어도 세 번이나 오셨지만 그때마다 잠에 골아 떨어져 있는 제자들을 보시고도 꾸짖지 아니 하셨습니다. 마음에는 원이로되 육신이 연약하여 따를 수 없음을 미리 아시고 부탁하신 것입니다.

예수님은 오늘 우리들에게도 그때 그 제자들처럼 수없이 변심하고 배반하고 나의 유익을 따라 편리한 대로 행동하는 못 믿을 존재임을 미리 아시고 그러면서도 우리를 사랑하시되 끝까지 사랑하십니다.

그때 어리석고 나약한 제자들을 사랑하셔서 그들로 하나님의 은혜의 복음을 만민에게 전파하는 일을 영광스럽게 수행하도록 그들을 사랑하신 것같이 우리들도 끝까지 사랑하신다는 것을 생각하면 너무나 은혜로운 약속이 아닐 수 없습니다.

우리가 신앙생활을 하면서 가장 크게 오해하고 있는 것 중에 하나가 사랑이라는 단어입니다. 기독교는 사랑의 종교입니다. 어느 누구에게도 통하는 말입니다. 그러나 사랑처럼 오해되기 쉬운 말도 없습니다.

성경에서 말하는 사랑은 보통 우리가 이해하고 있는 사랑과는 의미가 다릅니다. 우리는 사랑은 서로 간의 의사소통을 가지고 서로가 마음과 진심을 합하고 쌍방의 요구를 서로의 노력으로 충족시켜줄 때에 가지는 행복의 열매를 사랑이라고 이해하고 있습니다. 두 사람이 함께 만들어 가는 문화적 아름다움 같은 것으로 이해합니다.

그러나 기독교에서는 우리가 통상적으로 알고 있듯이 사랑이 두 개체간의 노력에 의해서 만들어지는 작품이 아니라는 것입니다. 즉, 누가 사랑했느냐하는 데에 강조점이 있습니다. 하나님이 세상을 사랑히셨습니다. 사랑의 주체가 하나님이십니다.

우리가 구원을 받고 난 후 일어나는 반응은 하나님이 베푸신 은혜에 대하여 나도 갚아드려야 한다는 생각으로 신앙생활을 합니다. 하나님이 나를 사랑하셨으니 나도 하나님께 협력하여 하나님의 뜻을 이루는 일에 나의 것을 보태야 되겠다는 생각을 합니다. 하나님의 선한 일을 위해 하나님과 동업자가 되는 입장에서 믿습니다.

그러나 성경에서 사랑은 하나님으로부터 시작되었음을 강조합니다. 우리가 서로 사랑한 것이 아니라 하나님이 사랑하셨다는 것을 놓치면 성경 전체를 오해하게 됩니다. 하나님은 천지를 만드신 창조주이십니다. 그에게는 능치 못할 일이 없으십니다. 그 하나님이 사랑하신다면 그

사랑은 완성이나 다름이 없습니다. 우리의 동의나 협력을 필요로 하지
않습니다.

사랑하신 곳이 어떤 곳입니까? 죄와 사망의 형벌아래 있는 세상입니
다. 오늘 본문에서도 주님이 세상을 떠나 아버지께로 돌아가실 것을 아
시고 세상에 있는 자기 사람들을 사랑하시되 끝까지 사랑하신다고 되
어 있습니다. 자신은 세상을 떠나 영화로운 아버지께로 가시는데 제자
들을 세상에 남겨둔 채 떠나십니다. 세상이 어떤 곳이기에 한번 사랑으
로 안 되고 끝까지 사랑해야 합니까?

세상은 'Cosmos' 입니다. 신약에 약 150번 정도로 쓰인 단어입니다.
원래는 질서란 뜻을 가진 단어입니다. 처음 하나님께서 창조하신 세상
은 질서가 아름다운 곳이었습니다. 하나님 보시기에 인간의 행위가 다
선하고 아름다운 것이었습니다.

죄가 들어옴으로써 하나님과의 조화가 깨어지면서 세상은 배반과 무
질서의 상황으로 빠져들고 말았습니다. 하나님의 선하심도 아름다우심
도 영광도 사라진 사망의 음침한 곳으로 변하고 말았습니다. 하나님의
통치권이 무너지고 사람이 주인이 되는 곳으로 전락하게 된 것입니다.
자기밖에 모르는 이기심의 존재가 다스리는 곳이 되어버린 것입니다.

성경은 종종 죄를 지은 인간을 묘사할 때 세상이란 단어를 동원합니
다. 세상은 세 종류의 악한 세력을 가진 인간이 사는 곳으로 표현합니다.

"이는 세상에 있는 모든 것이 육신의 정욕과 안목의 정욕과 이생의
자랑"(요일 2:16)이 생존 원리인 곳입니다. 세상은 이 거대한 정욕과 이
기심의 세력에 의해 이끌려 가는 자들의 활동무대입니다. 또한 사탄을
가리켜 이 세상의 신, 혹은 이 세상의 임금이라고 묘사하고 있습니다(요
12:31; 14:30; 고후 4:4). 악령의 세력이 주관하는 곳입니다.

인간은 자신의 정욕을 채우려고 서로 싸우기도 하고 국가는 국가대
로 전쟁을 벌이고 문화는 그대로 쾌락과 타락의 길로 한없이 빠져들고

개인으로는 심각한 생존경쟁에서 살아남는 법을 배우느라 진땀을 흘리고 이익을 위해서라면 서로가 속이고 배신하고 짓밟는 난폭하고도 잔인한 싸움을 서슴지 아니합니다. 그리고 죽습니다. 죽음은 홀연히 오는데 그 시기를 알 수 없습니다. 그토록 분주하게, 바쁘게 살다가 죽음의 거대한 세력에 붙잡혀 이 땅을 떠나야 합니다. 순식간에 꿈도 낭만도 사랑도 장래의 소망도 침몰당하고 맙니다. 그러나 성경은 심각하게도 죽음은 소멸이 아니라 심판이며 형벌과 저주의 비참한 고통의 장소인 영원한 지옥으로 들어가는 순간이라고 이야기합니다.

하나님은 이토록 죄로 오염된 세상을 사랑하셨습니다. 사랑할 한 푼의 가치도 없는 이 세상을 사랑하셨습니다. 하나님에 대하여 죽어 있는 곳입니다. 하나님이 사랑하셔도 아무런 반응을 할 수 없는 시체와 같은 존재들이 판을 치는 세상입니다. 하나님이 왜 우리를 사랑하십니까? 우리로서는 이해가 안 갑니다.

그러나 성경은 이 세상을 사랑하셔야 할 이유가 하나님의 영광에 있음을 강조합니다. 아무리 세상이 사탄과 죄에 의해서 더럽고 냄새나는 사망의 장소로 변했다 할지라도 창조하셨을 때의 목적인 하나님의 영광만은 놓치실 수가 없으시다는 것이 성경의 핵심입니다.

인간이 마귀의 유혹에 넘어가 하나님의 뜻을 거역하고 마귀의 편을 들어 줌으로써 세상은 하나님과 원수가 되어 버렸던 것입니다. 하나님 편에서 보면 창조의 목적이 무너지는 심각한 현상이 아닐 수 없습니다.

하나님의 사랑은 하나님께서 이루시고자 하는 의지를 내포하고 있습니다. 하나님의 사랑은 뜻을 이루시고자 하는 강렬한 의지와 집념의 표현입니다. 사랑은 하나님의 뜻을 이루는 데 있어 반드시 동원되어야 할 능력과 지혜의 결정체입니다. 성경의 아름다움과 감동은 하나님께서 보이신 사랑의 행위입니다. 그 사랑의 절정을 이루는 사건이 십자가입니다. 십자가를 바라볼 때마다 그 속에서 분출되고 있는 하나님의 의지와 열정에 대한 감동이 일어납니다.

하나님께서 이루시고자 하는 구원 계획이 저토록 힘 있게 이루어지고 있는데 대한 경외심이 일어납니다. 십자가에서 나타난 하나님의 사랑은 우리를 죄와 사망에서 건져내시기 위하여 동원하시는 하나님이 하실 수 있는 모든 능력과 지혜와 신성의 결정체인 것입니다. 하나님의 사랑 안에는 능치 못할 일이 없습니다.

예수님이 이 땅에 오셔서 우리를 대상으로 쏟아 놓으신 것은 사랑입니다. 주님이 오셔서 하신 일 전부가 사랑입니다. 그 사랑이 열매 맺어 우리가 죄와 사망의 권세로부터 풀려나와 자유를 얻었고 생의 질고에서 나음을 얻었고 천국길이 열려 지금도 그날에 받을 위로와 상을 바라며 이렇게 험난한 세상이지만 삶을 의욕적으로 살고 있는 것입니다.

예수님이 행하신 일의 성격을 성경은 이렇게 묘사하고 있습니다.

"예수께서 모든 성과 촌에 두루 다니사 저희 회당에서 가르치시며 천국 복음을 전파하시며 모든 병과 모든 약한 것을 고치시니라 무리를 보시고 민망히 여기시니 이는 저희가 목자 없는 양과 같이 고생하며 유리함이라" (마 9 : 35, 36).

"예수께서 나오사 큰 무리를 보시고 그 목자 없는 양 같음을 인하여 불쌍히 여기사 이에 여러 가지로 가르치시더라" (막 6 : 34).

예수님이 행하신 일은 우리에게 어떤 조건이 붙어 있지 않습니다. 병을 고쳐 줄 터이니 나를 믿으라는 단서가 없습니다. 무조건입니다. 이유가 없습니다. 그냥 불쌍하기 때문입니다. 보기에 민망해서입니다. 오셔서 보니 불쌍했다는 것이 아닙니다.

오시기 전부터 보시기에 가련하고 불쌍해서 오셨습니다. 주님은 처음부터 대속물로 죽으러 오셨습니다. 섬김을 받으려 하지 아니하고 섬기려고 오셨습니다. 주님이 이 땅에 오신 것은 우리의 반응과 조건에 관계없이 일차적으로 모든 인류는 하나님의 사랑과 긍휼의 대상임을 알고 오신 것입니다.

나사로가 죽어서 나흘이 되어 이미 썩어 냄새가 나고 있었습니다. 오 누이들이 울며 통곡하고 있는데 예수님도 함께 눈물을 흘리시면서 우셨습니다. 우리가 사망아래 있는 존재이며 그 끝이 영원한 지옥의 비참함을 아시고 우리를 불쌍히 여기사 우리의 슬픔에 함께 동참하신 것입니다. 그는 우리의 질고와 함께 아파하시고 우리의 외로움과 괴로움을 함께 나누시며 함께 슬퍼하셨습니다. 그렇게 그는 우리와 한 편이십니다. 주님이 오신 것 자체가 우리를 사랑하시고 불쌍히 여기사 오신 것입니다.

하나님이 어느 정도로 우리의 편이 되어주시는 지에 대해 바울은 이렇게 표현했습니다.

"그런즉 이 일에 대하여 우리가 무슨 말하리요 만일 하나님이 우리를 위하시면 누가 우리를 대적하리요 자기 아들을 아끼지 아니하시고 우리 모든 사람을 위하여 내어 주신 이가 어찌 그 아들과 함께 모든 것을 은사로 주지 아니 하시겠느뇨 누가 능히 하나님의 택하신 자들을 송사하리요 의롭다 하신 이는 하나님이시니 누가 정죄하리요 죽으실 뿐 아니라 살아나신 이는 그리스도 예수시니 그는 하나님 우편에 계신 자요 우리를 위하여 간구하시는 자시니라"(롬 8 : 31 - 34).

하나님이 우리를 얼마나 아끼고 사랑하시는지 자기 아들을 저주의 심판에 내어 던지실 지라도 우리는 저주하지 않으시겠다는 것입니다. 독생자를 십자기에 못 박으실지라도 우리는 그 십자가만큼의 사랑으로 대우하시겠다는 것입니다.

우리는 언제나 나를 중심으로 나의 형편과 처지를 평가합니다. 내가 잘못한 일이 있으면 하나님이 벌을 내리실 것이라는 두려움을 갖습니다. 나의 실패와 좌절로 인한 자존심 때문에 숨어들 생각을 합니다. 이런 모습으로 하나님과 교회에 누가 된다는 생각으로 세상으로 숨어들어 어느 정도 자존심을 회복하고 난 후에 다시 시작하고 자 합니다.

그러나 우리는 잘 믿으면 복을 받고 잘못하면 벌 받는 자리에 부름을 받지 않았습니다. 처음부터 하나님께서 사랑하시고 불쌍히 여기사 여기 내가 사는 사망과 형벌의 땅에까지 오셔서 나를 구원해 주셨습니다. 그 출발이 복의 근원입니다.

구원이란 무엇입니까? 하나님이 영광을 받으실 자리입니다. 하나님의 택하신 자를 이제는 아무도 정죄할 자 없습니다. 누가 감히 대적하리요? 대적하여 우리를 해할 자가 없습니다. 하나님이 우리를 위하여 우리 편에서 역사를 이끄시고 계시는 한 세상 일로 두려워 할 이유가 없습니다. 우리의 실패에도 불구하고 하나님은 우리를 사랑하십니다. 여러분의 신앙을 여러분의 양심이나 진심에 맡기지 마십시오.

문제가 잘 안 풀립니까? 마음에 회의가 있습니까? 신앙생활에서 실수하고 잘못을 저질러 해를 받을까 두렵습니까? 이제는 하나님에 대하여 깊어지시기를 바랍니다. 그에게 눈물로 호소하십시오. 우리의 고통과 번민을 아시는 주께서 우리를 지금도 불쌍히 여기사 우리에게 찾아오심을 기대하십시오. 우리가 우리의 일로 면목이 없더라도 오늘도 소망을 버릴 수 없는 것은 하나님의 사랑과 긍휼이 언제 나를 향하여 불타고 있기 때문입니다.

신앙의 근거를 여러분의 하나님을 향한 사랑에 두지 말고 우리를 향하신 하나님의 신실하심에 두십시오. 그의 성육신과 십자가는 하나님이 친히 언약하신 것을 얼마나 신실하게 지키시는가를 감동적으로 보이시는 증거입니다. 그 안에 하나님이 쏟아 부으시는 사랑의 풍성함을 보게 됩니다.

우리가 반드시 알아야 할 것은 그의 사랑이 무엇을 향하여 있는가 하는 것입니다.

"보라 내가 오늘날 생명과 복과 사망과 화를 네 앞에 두었나니 곧 내가 오늘날 너를 명하여 네 하나님 여호와를 사랑하고 그 모든 길로 행하며 그 명령과 규례와 법도를 지키라 하는 것이라 그리하면 네가 생존하며 번성할 것이요 또 네 하나님 여호와께서 네가 가서 얻을 땅에서 네게 복을 얻을 것임이니라"(신 30 : 15, 16).

'하나님만 섬겨라 그리하면 복을 얻을 것'이라는 것입니다. 그러나 섬기면 주시겠다는 조건이 아닙니다. 섬김이 복을 얻기 위한 조건이 아닙니다. 성의를 보이면 불쌍히 여기리라는 것도 아닙니다. 하나님을 따라야 만이 삶이 복이 있고 생명이 있다는 것은 변치 않는 하나님의 약속입니다. 우리는 이 약속을 믿지 못할지라도 하나님은 약속대로 역사를 이끄십니다. 이 약속을 우리에게 이루시고자 동원하실 지혜와 능력의 결정체가 사랑입니다.

하나님의 마음은 네가 네 복을 위하여 나를 섬기라는 것입니다. 너를 위해서입니다. 널 위해서 열심히 공부하라는 것과 같습니다. 사랑하는 자녀이기 때문에 강요하는 것입니다. 날 위해서가 아닙니다. 여러분이 신앙생활을 열심히 하는 것은 교회를 위해서도 아니고 목사를 위해서도 아님을 아십시오. 여러분 자신을 위해서입니다.

하나님을 섬기라고 하신 것은 하나님이 우리를 사랑하사 명하신 말씀입니다. 만일 말을 안 들어도 사랑하실까요? 그래도 사랑하십니다. 고집부리면 채찍을 드실 것입니다. 사랑하시기 때문입니다.

예수님은 곧 이 땅을 떠나 아버지께로 가실 것을 아시고 이 세상에 남겨두실 제자들을 사랑하시되 끝까지 사랑하셨습니다. 하나님의 사랑이 아니면 이 세상에서 살아갈 힘과 근거가 없습니다. 세상은 우리에게 있어 적진입니다. 여기에 발을 딛고 사는 한 세상의 악한 세력에 의하여 넘어지고 쓰러질 수밖에 없습니다. 우리의 실수와 실패에도 하나님은 사랑하시되 끝까지 사랑하심으로 우리가 넉넉히 세상을 이기는 것입니다.

● ● ● ● ● ● ● ● ● ●

우리는 하나님의 일을 위한 희생양이나 동업자가 아닙니다. 우리는 누구를 막론하고 하나님이 사랑하시는 자녀입니다. 우리의 실수와 부끄러움에도 불구하고 우리는 하늘의 기업을 이을 자들이요 하나님의 영광을 위하여 살 존귀한 사람들입니다.

모든 것이 합력하여 선을 이루는 자들입니다. 하나님이 위하시는 자들이요 오늘도 보좌 우편에서 위하여 간구하시는 대상들입니다. 그 하나님의 사랑하심으로 인하여 영원한 천국이 취소될 수 없는 거룩한 백성입니다.

파리가 하루에 몇 리를 날아갈까요? 부산에서 서울로 가는 기차를 타면 하루에도 몇 번씩이라도 왕래할 수 있습니다. 파리의 힘으로 가는 길이 아닙니다. 우리도 마찬가지입니다. 우리의 힘으로 천국의 면류관을 받아 쓸 수 없습니다. 하나님의 사랑이라는 힘에 실려 나의 하루가 천국을 완성하는 일에 가장 값지고 힘 있는 시간으로 흘러가고 있음을 믿고 하나님께 영광을 돌리는 결심이 일어나기를 바랍니다.

사랑의 끝은 어디인가?

(요 13:1-7)

> "유월절 전에 예수께서 자기가 세상을 떠나 아버지께로 돌아가실 때가 이른 줄 아시고 세상에 있는 자기 사람들을 사랑하시되 끝까지 사랑하시니라 마귀가 벌써 시몬의 아들 가룟 유다의 마음에 예수를 팔려는 생각을 넣었더니 저녁 먹는 중 예수는 아버지께서 모든 것을 자기 손에 맡기신 것과 또 자기가 하나님께로부터 오셨다가 하나님께로 돌아가실 것을 아시고 저녁 잡수시던 자리에서 일어나 겉옷을 벗고 수건을 가져다가 허리에 두르시고 이에 대야에 물을 담아 제자들의 발을 씻기시고 그 두르신 수건으로 씻기기를 시작하여 시몬 베드로에게 이르시니 가로되 주여 주께서 내 발을 씻기시나이까 예수께서 대답하여 가라사대 나의 하는 것을 네가 이제는 알지 못하나 이후에는 알리라"

예수님은 내일이면 체포되어 십자가에 달려 죽게 될 것입니다. 이제 세상을 떠나 아버지께로 갈 것을 아시고 제자들을 사랑하시되 끝까지 사랑하시니라 본문의 시작입니다.

어떻게 사랑하셨습니까? 구체적으로 유월절 식사 도중에 돌연히 일어나시더니 허리에 수건을 두르시고 대야에 물을 담아 제자들의 발을 씻기시면서 끝까지 사랑하시는 증거를 보여주셨습니다. 이 장면에서 우리의 눈길을 끄는 대목은 누가복음 22장 24절의 말씀입니다.

"또 저희 사이에 그 중 누가 크냐하는 다툼이 난지라"(눅 22:24).

지금 내일이면 예수님은 십자가에 못 박혀 전 인류의 죄를 걸머지시고 하나님의 준엄한 심판 앞에서 죽게 될 것입니다. 예수님은 자신의 죽음을 앞에 두고 십자가의 의미를 설명하고 있습니다.

"또 떡을 가져 사례하시고 떼어 저희에게 주시며 가라사대 이것은 너희를 위하여 주는 내 몸이라 너희가 이를 행하여 나를 기념하라 하시고 저녁 먹은 후에 잔도 이와 같이 하여 가라사대 이 잔은 내 피로 세우는 새 언약이니 곧 너희를 위하여 붓는 것이라"(눅 22:19, 20).

주님은 그토록 십자가의 죽음을 심각하게 가르치고 계시는데 제자들은 아직도 온통 세상에서 받을 영광과 부귀영화만을 꿈꾸고 있었습니다. 군중들이 예수님을 왕으로 바라고 따라다녔던 것처럼 삼 년 동안 선생님의 하신 일을 함께 보고 듣고 밥을 나누며 살던 제자들이 마지막 순간까지 그 무지한 무리들과 비교하여 다를 바가 전혀 없었습니다. 선생님이 왕권을 거머쥐는 날에는 누가 더 큰 자리에 앉을 것인가를 놓고 다투고 있습니다. 참으로 어리석고 어처구니없는 논쟁들을 벌리고 있습니다. 지금 당장 예수님의 좌, 우편에 누가 앉을 것인가를 놓고 서로 다툼을 일삼고 있었습니다.

제자들은 자기들에게 돌아올 유익만을 신경 쓰느라 마땅히 해야 할 일도 하지 않고 있었습니다. 유월절 식사를 하기 위해서는 식탁에 앉기 이전에 반드시 발을 씻어야 합니다. 이스라엘 풍속은 서로에게 발을 씻기로 되어 있었습니다. 제자들은 누가 더 크냐 하는 문제로 다투고 있었지 서로의 발을 씻어줄 생각을 하지 않고 있었습니다. 이때 주님께서 행하신 말씀이 우리를 부끄럽게 합니다.

"앉아서 먹는 자가 크냐 섬기는 자가 크냐 앉아 먹는 자가 아니냐 그러나 나는 섬기는 자로 너희 중에 있노라"(눅 22:27).

자리다툼을 하고 있는 제자들에게 예수님은 "스스로 나는 섬기는 자로 너희 중에 있느니라" 하시면서 허리에 수건을 두르시고 대야에 물을 담아 제자들의 발을 씻기기 시작하셨습니다. 서로가 높아지려는 제자들 앞에서 주님은 스스로 종의 모습을 취하셨습니다. 사랑의 극치를 이루는 모습입니다. 겉옷을 벗으시고 대야에 물을 떠서 허리에 수건을 두르시고 제자들의 발을 씻기기 시작하셨습니다.

이 만찬이 끝나면 곧바로 겟세마네 동산에 올라가셔서 십자가를 앞에 두고 고민하사 땀방울이 핏방울이 되듯이 기도하실 것입니다. 그러나 그 기도의 연약에 함께 동참하여 힘을 보내 주어야 할 제자들이 지금 오직 자신들의 출세만을 놓고 싸우면서 혈안이 되어 있습니다.

벌써 유다의 마음은 사탄의 노예가 되어버리고 세상의 정욕에 완전히 붙들려 있습니다. 한심하고 못 믿을 사람들이지만 예수님은 끝까지 사랑하셨다고 했습니다. 어떻게 사랑하셨습니까? 자신이 종의 모습을 취하시면서 사랑하셨습니다.

주님이 떠나시면 제자들은 하나님의 나라의 일을 수행할 중심 인물들이 될 것입니다. 예수님은 이를 훤히 내다보셨습니다. 복음 증기를 감당해야 할 제자들은 예수님처럼 종의 신분으로 그 자질을 키워나가야 합니다. 하나님의 종으로서 예수님이 그러셨듯이 제자들도 모든 활동의 원리를 하나님의 사랑에 두고 훈련받아야 할 장본인들이었습니다.

하나님의 일의 모습은 사랑이 원리입니다. 사랑이 믿음의 근거요 사랑이 소망의 근거입니다. 사랑 없는 방언도 가치가 없고 사랑 없는 선행도 아무것도 아닙니다. 사랑 없이 갖는 지식도 무가치하고 사랑 없이 천사의 말을 해도 아무것도 아니라고 했습니다. 신앙생활의 뿌리는 사랑으로부터 시작됩니다. 사랑은 아가페Agape의 사랑입니다. 하나님이 세상을 사랑하신 사랑입니다.

바울은 하나님의 사랑을 표현할 길을 몰라 이렇게 긴 수식어를 사용하여 전하고 있습니다.

> "우리가 아직 연약할 때에 기약대로 그리스도께서 경건치 않은 자를 위하여 죽으셨도다 의인을 위하여 죽는 자가 쉽지 않고 선인을 위하여 죽는 자가 혹 있거니와 우리가 아직 죄인 되었을 때에 그리스도께서 우리를 위하여 죽으심으로 하나님께서 우리에게 대한 자기의 사랑을 확증하셨느니라"(롬 5:6-8).

아가페Agape의 사랑은 어원상 뜻이 고통, 외로움, 슬픔이란 뜻입니다. 죄인의 처지를 함께 아파하고 함께 슬퍼하는 마음입니다. 선인을 위하여 대신 죽을 자가 혹 있거니와 의인을 위하여 죽는 자가 혹 있을지라도 죽어 마땅한 죄인을 위하여 자기 목숨을 버릴 자가 누가 있겠는가? 예수님은 그렇게 하셨다는 것입니다. 죄인의 처지가 너무 고통스럽고 아파서 마음속으로부터 솟아오르는 긍휼과 불쌍한 감정을 억누를 수 없어서 내가 대신 죽어 저 죄인을 살릴 수만 있다면 얼마든지 죽을 수 있는 마음이 아가페의 사랑입니다. 이 사랑을 제자들은 배워야 했습니다.

사랑은 그래서 그 대상을 선택할 수가 없습니다. 죄인을 사랑하는 것입니다. 자기가 선택한 것이 아니라 하나님께서 선택해 놓으신 대상을 예수님은 기꺼이 사랑하사 자신을 죄의 대속물로 십자가에 버리신 것입니다. 하나님께서 사랑하신다면 나도 사랑하는 것입니다.

종은 주인의 뜻에 따라 사는 사람입니다. 자기의 의사가 없는 사람이 종입니다. 자기의 목표도 없고 자기의 삶 자체가 없습니다. 오직 주인의 뜻을 성취시키며 주인의 명령 하나에 운명을 걸고 사는 사람입니다.

내가 선택하여 사랑하고 내가 선택하여 구제하고 내가 선택하여 선행을 실천하면 그것은 이미 나의 자랑과 나의 생색이 되고 맙니다. 이 사랑의 주권이 내게 있고 내가 사랑을 휘두르는 자가 된다면 이것은 곧 나의 자존심이며 나의 정욕의 열매는 될 수가 있어도 하나님의 종으로서는 무가치합니다. 아가페의 사랑은 기본적으로 원수라도 사랑할 수 있는 성품입니다. 하나님께서 우리에게 보여주신 사랑을 조금이라도 할 수 있다면 우리 사이에는 분쟁이나 갈등이나 다툼이 전혀 없을 것입니다.

세상에서 일어나는 문제는 모두 사랑에 관한 싸움입니다. 부부간에 일어나는 갈등도 서로의 사랑이 불균형해서 일어나는 사건들입니다. 자기의 잣대로 저울질해서 내가 사랑하는 만큼 보상을 요구하기 때문에 갈등과 번민을 일으킵니다.

부모와 자식 간에도 사랑의 불균형이 일어나면 분쟁이 일어납니다. 정부와 백성들 간에도 계층과 계층사이에서 우리가 사랑한 만큼 보상을 받지 못한다면 우리는 곧바로 상대를 싸움의 대상으로 몰아붙입니다. 모두가 다 자기의 유익을 놓고 상대를 요구하는 죄성을 가지고 있기 때문입니다. 자기가 주권을 갖고 상대를 자신의 자존심과 정욕의 대상으로 요구하고 있기 때문에 언제나 우리 사이는 분열과 균열로 혼란을 겪고 있는 것입니다.

자신을 종으로 내어 놓고 있지 않고 상대를 내 아래 두고 싶은 생각에 잡히면 언제나 분쟁이 일어납니다. 오늘 신앙의 약점은 우리가 서로를 향하여 종으로 들어가지 않고 있다는 것입니다. 교회 안에서 분쟁이 왜 일어납니까? 예수님처럼 종의 형태를 취하는 자가 없고 누가 잘났느냐의 다툼을 예사로 하고 있기 때문입니다.

우리가 구원을 받았지만 하나님의 사랑을 실천하기에는 역부족입니다. 어쩌면 거의 불가능한지도 모릅니다. 그러나 그 아가페의 사랑을 받아서 내가 구원을 받았기 때문에 내가 이 사랑을 실천해야 되며 이런 하나님의 명령 앞에 이를 이루지 못하는 나의 무능과 연약함을 놓고 무릎 꿇고 안타까워하며 울어야 되는 장소가 바로 교회입니다.

예수 그리스도가 교회의 기초요 반석이라면 그 기초 위에 지을 집도 그 기초와 동일한 재질로 집을 지어야 그 집이 튼튼해지는 법입니다. 반석이 기초인데 그 집을 짚이나 흙으로 지으면 바람이 불고 홍수가 나면 무너지고 맙니다. 교회는 예수께서 우리를 사랑하사 그 몸을 대속물로 죽고 나신 후에 세우신 하늘나라 공동체입니다. 이제는 그의 몸을 종으로 낮추시면서 이 교회를 시작케 하신 것처럼 교회는 예수 그리스도의 품성과 인격이라는 동일한 재질로 집을 지어가야 합니다. 종의 모습을 취해야 합니다.

세상에 만남과 관계는 싸움하는 가치로 이뤄지고 발전해 갑니다. 내가 주인이 되고자 하는 자존심의 싸움이 강력하게 이루어지는 현장이 바로 자연 그대로의 세상입니다. 세상의 원리는 생존을 위하여 싸우는 가치들을 개발하여 나와 우리 공동체가 유익을 취하는 것을 최선의 덕목으로 꼽고 이를 교육의 원리로 삼고 있습니다. 민족과 국경, 문화와 문명의 충돌, 표준가치 같은 것은 모두가 다 생존경쟁이나 약육강식의 굴레를 벗어나지 못하는 인간의 속성 때문입니다.

그러나 남을 살리는 가치로 모이는 장소는 유일하게도 교회뿐임을 명심합시다. 내가 죽고 남을 살리고 유익케 하는 십자가의 정신으로 사는 곳입니다. 예수님이 본을 보이셨듯이 종으로 섬기는 품성을 길러야 하는 장소입니다. 성경은 그리스도인의 생활양식에 대하여 율법의 대강령인 사랑을 요구하고 있습니다.

"예수께서 가라사대 네 마음을 다하고 목숨을 다하고 뜻을 다하여 주 너의 하나님을 사랑하라 하셨으니 이것이 크고 첫째 되는 계명이요 둘째는 그와 같으니 네 이웃을 네 몸과 같이 사랑하라 하셨으니 이 두 계명이 온 율법과 선지자의 강령이니라"(마 22 : 37 - 40).

예수님은 율법을 사랑으로 이루셨다고 했습니다. 하나님을 지극히 사랑함으로 하나님의 계명대로 십자가를 지셨습니다. 먼저 하나님을 사랑하심으로 하나님의 계명을 지키셨습니다. 사랑은 사랑을 요구하는 자의 계명아래 있기를 즐거워하는 법과 질서입니다. 사랑의 척도를 어떻게 잴 수 있습니까? 요한복음 14장 15절 이후에 이런 말씀이 있습니다.

> "너희가 나를 사랑하면 내 계명을 지키리라 나의 계명을 가지고 지키는
> 자라야 나를 사랑하는 자니 나를 사랑하는 자는 내 아버지께 사랑을 받을
> 것이요…"(요 14 : 15, 21).

우리가 하나님을 참으로 사랑한다면 하나님께서 원하시는 방향에서 나를 종으로, 신하로 하나님께 바치며 드리는데 인색하지 않아야 합니다. 하나님을 사랑한다 하면서 하나님의 법인 사랑을 배우지 않는다면 그리스도인이라 할 수 없습니다. 하나님을 사랑한다면 하나님께 유익이 되는 방향으로 살아드려야 마땅합니다. 그래야만이 그 주인이 종의 업적에 대하여 한없는 격려와 칭찬과 상급을 아끼지 않습니다.

고린도선서 13장은 득히 교회가 시험에 들 수 있는 부분들을 지적하는 대목이 우리를 각성하게 합니다. 교회 생활에서 첫 번째로 대두되는 위험의 요소는 투기의 문제입니다. 고린도교회 안에는 이미 투기하는 자가 있었습니다. 교회를 어지럽게 하는 사람들이 많았습니다. 자기 의사를 앞세우고 자기 고집을 꺾지 아니하고 남으로부터 인정받고자 분쟁을 일으키는 투기심입니다. 제자들은 지금 서로의 자리를 두고 투기하고 있습니다.

사랑은 자랑하지 않습니다. 자랑하고 뽐내는 사람은 이미 하나님의 종이 아닙니다. 몇 가지 선행을 해 놓고 자기 혼자 다 한 것처럼 자랑하면 이미 사랑이 아닙니다. 예수님은 조용히 일어 나셔서 겉옷을 벗으시고 수건을 두르시고 대야에 물을 담아 제자들의 발 앞에 구부려 발을 씻

기기 시작하셨습니다. 그는 떠들지 않으셨습니다.

사랑은 교만하지 아니합니다. 교회 생활에서 세 번째 위험은 교만입니다. 교민이란 어원적으로 허풍을 떤다, 큰 소리를 낸다는 뜻입니다. 실제보다 더 크게 보이려고 과장합니다. 자기를 높이려고 고무풍선처럼 자신을 띄우고 부풀리는 사람입니다. 그러나 사랑이 있는 사람은 하나님이 만사를 장중에 잡으시고 그의 뜻대로 운행하시는 주권자이심을 믿고 의지하며 신뢰하고 기다립니다. 교만하지 않습니다. 자기를 과대 포장하지 않습니다. 그러나 제자들은 자기의 업적을 부풀리고 서로가 서로를 향하여 교만의 자리를 지키고 있습니다.

사랑은 무례히 행치 아니합니다. 교회에서의 위험은 질서와 권위를 무시하는 것입니다. 예배나 성찬이나 공적 모임이나 그 절차들을 소홀히 여기고 일정한 절차들을 따르지 않을 때에 교회는 무너집니다. 시험에 들 가능성이 많습니다. 교회에서도 입는 옷이나 유행이나 외모 등 행동이나 모양이 무질서하거나 지나치게 난잡하거나 하면 무례한 행위에 속하는 일들이 됩니다.

사랑하는 사람은 상대방에게 혐오감을 주지 않습니다. 무안하게 하지 않습니다. 무례히 행치 아니한다는 것은 상대방의 입장에서 자신의 태도를 취하는 행동을 말합니다. 너무 성질이 급하거나 난폭하거나 직선적인 사람은 무례할 가능성이 있습니다. 뿐만 아니라 너무 자기 자신을 부드럽게 하고 자기 자신을 비하시키고 자기 자신을 너무 천사와 같이 가장하게 된다면 이 또한 무례한 행위가 되고 맙니다.

사랑은 자기의 유익을 구치 않습니다. 이기심으로 가득한 사람은 사랑할 수 없습니다. 사랑은 남의 유익을 도모합니다. 상대방의 입장을 깊게 배려합니다. 남을 살리는 사람입니다. 사람을 의욕적으로 살도록 만들고 남의 유익을 위해서 자신이 종으로 섬기는 사람들이 모이는 교회가 사랑의 교회입니다.

● ● ● ● ● ● ● ● ●

　사랑은 성내지 아니하고 악한 것을 생각지 아니하며 불의를 기뻐하지 아니하고 진리를 기뻐하며 모든 것을 참으며 모든 것을 믿으며 모든 것을 바라며 모든 것을 견딥니다. 제자들은 아직도 세상의 욕심과 정욕으로 주님을 따르고 있었습니다. 예수님은 그렇게 못 나고 이기적이고 못 믿을 사람들을 사랑하시되 끝까지 사랑하셨습니다. 몸소 종이 되시면서 제자들을 사랑하셨습니다. 최고의 아름다운 사랑의 장면이 아닐 수 없습니다. 그 사랑에 감동되어 우리도 하나님의 요구 앞에 마침내 나를 아가페의 사람으로 바칩니다.

　참으로 하나님의 사랑에 조금이라도 감사한다면 우리도 기꺼이 하나님에 대하여 나를 종으로 살아드리는 진정한 분발이 있어야 할 것입니다. 동시에 교회의 지체들을 향하여 나를 종으로 섬기는 품성과 삶을 보여주어야 할 것입니다.

　주님의 말씀을 기억하시기 바랍니다. "나는 섬기는 자로 너희 중에 있노라."

발을 씻는 종의 약속

"저녁 잡수시던 자리에서 일어나 겉옷을 벗고 수건을 가져다가 허리에 두르시고
이에 대야에 물을 담아 제자들의 발을 씻기시고 그 두르신 수건으로 씻기기를 시작하여
시몬 베드로에게 이르시니 가로되 주여 주께서 내 발을 씻기시나이까 예수께서 대답하여
가라사대 나의 하는 것을 네가 이제는 알지 못하나 이후에는 알리라 베드로가 가로되
내 발을 절대로 씻기지 못하시리이다 예수께서 대답하시되 내가 너를 씻기지 아니하면
네가 나와 상관이 없느니라 시몬 베드로가 가로되 주여 내 발뿐 아니라 손과 머리도 씻겨
주옵소서 예수께서 가라사대 이미 목욕한 자는 발밖에 씻을 필요가 없느니라
온몸이 깨끗하니라 너희가 깨끗하나 다는 아니니라 하시니 이는 자기를 팔 자가
누구인지 아심이라 그러므로 다는 깨끗지 아니하다 하시니라"

예수님이 십자가를 지시기 전 유월절 만찬을 제자들과 나누고 있습
니다.

"이 떡을 받아먹어라 이는 내 몸이니라 이 잔을 받아 마시라 이는 내
언약의 피니라 너희들은 이를 영원히 기념하도록 하라"(눅 22 : 19, 20).

예수님은 자신의 죽음을 이토록 절박하게 설명하고 있는데 제자들은
그때까지도 예수께서 이스라엘을 다스리는 권력을 잡는 날 누가 좌, 우
편에 앉을 것인가 하고 자리다툼으로 논쟁하고 있었습니다. 그럼에도

불구하고 주님은 이토록 못난 사람들을 끝까지 사랑하시되 제자들의 발을 씻기심으로 이를 증명해 보이셨습니다. 제자들의 발을 씻기시는 행동을 왜 하셨을까? 이를 어떻게 이해하느냐 하는 것은 상당한 주의를 요하는 신앙고백의 문제입니다.

주님께서 제자들의 발을 하나 둘씩 씻기시는 중에 이제 베드로의 차례가 되었습니다.

6절, "시몬 베드로에게 이르시니 가로되 주여 주께서 내 발을 씻기시나이까 예수께서 대답하여 가라사대 나의 하는 것을 네가 이제는 알지 못하나 이후에는 알리라 베드로가 가로되 내 발을 절대로 씻기지 못하시리이다 예수께서 대답하시되 내가 너를 씻기지 아니하면 네가 나와 상관이 없느니라."

베드로는 주님께 발을 맡기지 않으려고 완강히 거부합니다. 우리의 입장에서도 이러한 경우 베드로처럼 마땅히 그랬을 것입니다. 제자가 선생님의 발을 씻기는 것이 정상입니다. 종이 주인의 발을 씻겨드려야 마땅합니다. 이는 당시 유대인들의 관습이며 예절이요 도덕률이었습니다. 베드로의 완강한 사양은 세상의 상식으로 보면 상당한 수준의 겸양지덕謙讓之德이 됩니다. 지금 주님께서 보여주신 종의 행동은 제자들에게 겸양지덕의 윤리적 삶을 가르치고자 취한 행동이 아니었습니다.

신앙생활을 삶의 윤리적 측면을 지나치게 강조하게 되면 베드로의 경우처럼 하나님께서 예비하신 은혜의 약속을 놓칠 가능성이 있습니다. 베드로는 하나님께서 약속하신 은혜의 풍성한 계획에 대하여 장님이었습니다. 주님께서 행하시는 일에는 우리의 상상을 훨씬 넘어서는 신령한 뜻이 있음을 알았다면 발을 씻기시려는 주님의 봉사에 자신을 맡겼을 것입니다.

베드로는 너무나 인간적이었기에 주님에게 무슨 선한 뜻이 있을 것이라는 기대나 호기심이 없었습니다. 하나님은 제자들에게 베푸시려는 신령한 뜻을 가지고 발을 요구하셨는데 가장 인간다운 예절로 주님의 요구를 사양하고 말았습니다.

사양하는 베드로에게 주님이 설득하신 내용,

7절, "예수께서 대답하여 가라사대 나의 하는 것을 네가 이제는 알지 못하나 이후에는 알리라."

베드로는 예수께서 왜 자신의 발을 씻기시는지를 전혀 알지 못하고 있었습니다. 하나님이 인간의 육신을 입고 여기 죄인들이 살고 있는 사망의 땅에 오신 목적을 알지 못한 채 제자의 길을 따르고 있었습니다. 선생이 어찌하여 제자의 발을 씻기시는가? 주님이 왜 스스로 종이 되셔서 저렇게 비천한 자리에 내려가셨는가?

베드로의 입장에서는 상상에도 없었던 일이었습니다. 지금쯤 적어도 주님은 이스라엘의 국권을 회복할 중대한 결론을 내리셔야 합니다. 또한, 앞으로의 일정에 대하여 분명한 결의를 다짐하고 이를 약속해주셔야 할 것입니다. 그런데 주님은 종의 자리에 앉으셔서 제자들의 발을 씻기시겠다고 내놓으라고 하십니다.

이 대목에서 우리는 제자들의 신앙상태가 아직은 하나님의 나라가 갖는 통치권의 본질을 파악하고 있지 않다는 것을 엿볼 수 있습니다. 제자들은 종의 신분으로 섬기는 삶이 아니면 하나님의 나라의 풍성한 은혜를 누릴 수 없다는 것을 깨닫지 못하고 있었습니다. 그들에게는 여전히 출세에만 혈안이 되어 있었습니다.

8절, "베드로가 가로되 내 발을 절대로 씻기지 못하리이다 예수께서 대답하시되 내가 너를 씻기지 아니하면 네가 나와 상관이 없느니라."

예수님은 제자들을 끝까지 사랑하시는 증표로 제자들의 발을 친히 종이 되셔서 씻기시면서 이루고자 하는 목표는 구원을 완성해가는 성화의 과정을 설명하는 것이었습니다.

발을 씻기시는 것은 제자들과 주님과의 관계에 있어서 없어서는 안 될 아주 중요한 요소인 것입니다. 봉사와 섬김이라는 단순한 삶의 윤리성을 교훈하는 내용이 아닙니다. 주님과의 영적 신분에 관한 내용입니다.

십자가의 구원은 예수님이 일방적으로 아버지의 뜻을 따라 우리를 죄와 사망의 심판에서부터 구출하시는 은혜의 선물입니다. 구원을 위해서 우리가 한 일은 아무것도 없는 상태이기 때문에 우리에게 있어서 구원의 상태는 아직도 죄의 오염된 그대로의 모습일 수밖에 없습니다. 실제적으로 죄의 속성 그대로 하나님의 손에 붙잡힌 상태인 것입니다. 내 모습 그대로 더럽고 냄새나는 죄인이지만 십자가의 공로로 적어도 신분적으로는 하나님의 자녀이며 그때 그 제자들이 되는 것입니다. 구원은 이렇게 일방적으로 하나님께서 나에게 찾아오심으로 시작된 것입니다.

우리가 죄인에서 의인으로 넘어오는 과정은 십자가의 공로 밖에 없습니다. 전에는 죄인이었는데 이제는 믿음으로 말미암아 예수 그리스도의 공로로 의인이 된 것입니다. 하나님은 우리를 하나님의 자녀로 거룩한 백성으로 완성하게 하는 방법으로 먼저 죄인을 의인으로 만들어 놓으시고 그 다음으로 의인답게 자라도록 간섭하십니다.

신앙에 있어서 신분과 수준과는 서로 다른 개념입니다. 신앙의 싸움은 신분에 대한 것이 아니라 수준을 놓고 싸우는 것입니다. 우리가 하나님의 거룩한 백성이며 왕 같은 제사장들이지만 실제로는 그 수준에는 도달하지 못한 신분입니다. 우리가 세상의 빛이요 소금이라고 하지만 수준에 있어서는 빛과 소금의 이야기를 들을 때마다 가슴을 찌르는 아픔과 부끄러움을 함께 듣습니다. 이름과 그 이름다움의 수준과는 서로 다릅니다.

발을 씻는 다는 것은 십자가의 피로 깨끗하게 씻는 죄사함의 성결을 뜻하는 것이 아닙니다. 구원 이후에 진행되는 성화를 위한 성결의 과정입니다. 다시 말하면 하나님의 사람다워지는 간섭의 손길입니다. 이는 구약시대의 성전의 규례를 통하여서도 예표된 것으로 제사장이 지성소에 들어가기 전에 행하였던 성결의식과도 같은 것입니다.

성전은 사방으로 벽을 쌓아 외부와 단절된 공간으로 설계되어 있습니다. 성전 내부는 또 두개의 공간이 있는데 한 곳은 성소라고 하고 성소를 지나면 휘장으로 가리어져 있는 지성소라는 곳이 있습니다.

지성소에는 대 제사장이 일 년에 한 차례씩 들어가서 하나님을 만나는 거룩한 곳입니다. 죄인은 들어갈 수 없는 구별된 곳입니다. 지성소에 들어가기 위한 절차로서 먼저 번제단에서 양과 염소를 잡아 제사를 드리고 그 피와 물은 단위에 다 불사르고 난 후에 지성소까지 가는 도중에 물두멍이 있고 그곳에서 물로 발과 손을 씻게 되어 있습니다.

우리가 예수 그리스도의 십자가의 피로 정결한 백성이 되었지만 제사장이 지성소에 가는 도중에 물두멍을 지나가야 하는 것처럼 우리도 하나님을 만나기 위해서는 우리의 자범죄에 대해서 날마다 회개하여야 합니다.

우리가 근원적으로는 십자가의 피로 속죄함을 받은 상태이지만 날마다 회개가 필요한 자로서 세상에서 지은 죄를 감당할 길이 없습니다. 신분은 거룩한 백성이지만 세상을 사는 동안 거룩함을 유지할 수 있을 만큼 성화되어 있지는 않습니다.

예수님께서 제자들을 끝까지 사랑하시는 표로 종이 되셔서 발을 씻기시는 것은 한번 사랑하사 구원한 자들을 어떤 경우에라도 성화를 이루어 영화롭게 하시겠다는 약속입니다. 우리의 실수와 허물을 반치反致하지 아니하시고 끝까지 사랑하셔서 회개하도록 간섭하시겠다는 사랑의 약속인 것입니다. 주님이 우리를 어떻게 사랑하시는가에 대한 약속이 그리스도와 교회와의 관계를 가지고 설명하는 내용이 있습니다.

"아내들이여 남편에게 복종하기를 주께 하듯 하라 이는 남편이 아내의
머리 됨이 그리스도께서 교회의 머리 됨과 같음이니 그가 친히 몸의 구주
시니라 그러나 교회가 그리스도에게 하듯 아내들도 범사에 그 남편에게 복
종할지니라 남편들아 아내 사랑하기를 그리스도께서 교회를 사랑하시고
위하여 자신을 주심같이 하라 이는 곧 물로 씻어 말씀으로 깨끗하게 하사
거룩하게 하시고 자기 앞에 영광스러운 교회로 세우사 티나 주름잡힌 것이
나 이런 것들이 없이 거룩하고 흠이 없게 하려 하심이니라" (엡 5 : 22 - 27).

예수 그리스도께서 우리를 위하여 먼저 사랑하셨고 그 사랑을 십자가
에서 나타내셨습니다. 자신을 주시면서 우리를 사랑하셨습니다. 그렇게
사랑하셨듯이 남편도 아내를 사랑해야 된다는 권면임과 동시에 부부의
관계를 그리스도와 교회와의 관계로 연결하여 설명하고 있습니다.

● ● ● ● ● ● ● ● ● ●

예수님이 교회를 사랑하사 그 몸을 버리시기까지 하신 것은 결과적
으로 교회로 하여금 흠도 티도 없는 거룩한 몸을 이루기 위한 희생이었
다는 것입니다. 부부기 한 몸이듯이 그리스도와 교회가 이제는 한 몸을
이룬 것과 같다는 것입니다. 그렇게 사랑하는 대상으로서 교회는 주님
의 사랑에서 떨어질 수 없는 관계에 놓여 있다는 것입니다.
교회는 회개가 다방면으로 이루어지는 기회들로 짜여 있습니다. 동시
에 말씀이 우리의 잘못을 채찍질하고 죄를 회개하도록 뜨겁게 권면하고
있습니다. 이 모두가 주님께서 몸을 버리시고 난 후에 구속받은 성도들
을 교회란 이름으로 끝까지 사랑하신다는 것에 대한 약속입니다.
"시몬 베드로가 가로되 주여 내 발 뿐 아니라 손과 머리도 씻겨 주옵
소서 예수께서 가라사대 이미 목욕한 자는 발밖에 씻을 필요가 없느니
라 온 몸이 깨끗하니라 너희가 깨끗하나 다는 아니니라."

서로 발을 씻기라

"저희 발을 씻기신 후에 옷을 입으시고 다시 앉아 저희에게 이르시되 내가 너희에게 행한 것을 너희가 아느냐 너희가 나를 선생이라 또는 주라 하니 너희 말이 옳도다 내가 그러하다 내가 주와 또는 선생이 되어 너희 발을 씻겼으니 너희도 서로 발을 씻기는 것이 옳으니라 내가 너희에게 행한 것 같이 너희도 행하게 하려 하여 본을 보였노라 내가 진실로 진실로 너희에게 이르노니 종이 상전보다 크지 못하고 보냄을 받은 자가 보낸 자보다 크지 못하니 너희가 이것을 알고 행하면 복이 있으리라 내가 너희를 다 가리켜 말하는 것이 아니라 내가 나의 택한 자들이 누구인지 앎이라 그러나 내 떡을 먹는 자가 내게 발꿈치를 들었다 한 성경을 응하게 하려는 것이니라 지금부터 일이 이루기 전에 미리 너희에게 이름은 일이 이룰 때에 내가 그인 줄 너희로 믿게 하려 함이로라 내가 진실로 진실로 너희에게 이르노니 나의 보낸 자를 영접하는 자는 나를 영접하는 것이요 나를 영접하는 자는 나를 보내신 이를 영접하는 것이니라"

지금 예수님이 유월절 식사를 제자들과 함께 나누고 있습니다. 주님은 돌연히 일어나서 제자들의 발을 씻기기 시작합니다. 베드로의 차례가 되었을 때 그는 완강히 발 씻기를 거부합니다. 베드로의 태도를 보고 내리신 결론적인 말씀은 "내가 네 발을 씻기지 아니하면 네가 나와 상관이 없느니라" 였습니다. 제자로서 주님과 교제할 수 없다는 것은 심각한 문제가 아닐 수 없습니다.

신앙생활의 근본은 하나님과의 교제입니다. 하나님과의 교제가 왕성하면 할수록 삶을 의욕적으로 살 힘과 사명으로 불타게 합니다. 이에 베드로는 "주여 내 발뿐만 아니라 손과 머리도 씻겨 주옵소서" 즉각적인 반응을 보입니다. 이에 대한 예수님의 설명은 "이미 목욕한 자는 발밖에는 씻을 필요가 없느니라" 하신 말씀입니다. 이는 구원과 성화에 관한 내용입니다. 이미 목욕한 자가 누구입니까? 십자가의 보혈로 깨끗함을 받은 자입니다. 구원을 받은 하나님의 백성입니다. 구원은 하나님의 선택이라는 전적으로 하나님의 주권에 의하여 이루어진 은혜의 선물입니다.

기독교의 구원을 출생으로 설명하고 있음은 신비롭습니다. 우리는 너무나 많은 시간을 나의 출생한 날을 확인하려고 소모해왔습니다. 그러나 난 날을 확인하여 어디에 사용할 것입니까? 태어났기 때문에 사는 게 아니겠습니까? 이제는 나의 난 날을 기념하기 이전에 내가 도착할 그날을 어떻게 준비시키느냐가 더 중요한 관건이며 문제인 것입니다.

하나님의 뜻으로 났다고 하여 그것이 끝이 아니라 이제는 살아가야 되는 고난의 몫이 주어져 있습니다. 산다는 것이 얼마나 힘겹습니까? 필사적인 노력이 요구되는 싸움의 과정입니다. 신령한 사람으로 완성되기 위하여 노력하는 방법이 서로가 서로를 향하여 발을 씻겨주라는 명령입니다.

14절 말씀, "내가 주와 또는 선생이 되어 너희 발을 씻겼으니 너희도 서로 발을 씻기는 것이 옳으니라."
발을 씻기기를 요구하시면서 내린 결론이 마지막 20절입니다.
"나의 보낸 자를 영접하는 자는 나를 영접하는 것이요 나를 영접하는 자는 나를 보내신 자를 영접하는 것이니라."

발을 서로 씻겨주는 것을 어떻게 결론 내리느냐 하면 나의 보낸 자를 영접하는 것과 결부시키고 있습니다. 내가 남의 발을 씻는다는 것은 지극히 겸손하지 아니하면 불가능한 행위입니다. 남의 발을 씻기기 위해서는 그 앞에 엎드려야 합니다. 그러기 위해서는 내 자신을 송두리째 비워내야 합니다. 나의 기존의 것, 체통, 자존심, 나의 의견과 가치관 같은 이 모든 것을 다 쏟아 내야 합니다. 그리고 예수 그리스도의 것으로 채워져야 가능한 일이 발을 씻는 행위입니다. 우리의 기존의 방식으로는 남의 발 씻는 일을 해낼 방법이 없습니다.

제자들은 더 이상 자기 자랑으로 만날 수 없는 하나님의 사람들임을 배워야 했습니다. 예수께서 발을 씻겨 주심으로 자신들의 우둔함과 자존심과 탐심의 더러움이 생각나서 주님 앞에서 부끄러워했어야 했던 것처럼 그들도 이제는 서로를 섬기는 종으로 만나지 않으면 안 되는 간섭 아래 있게 된 것입니다.

제자들이 자리다툼을 일삼고 있을 때에 스스로 종의 모습을 취하시고 제자들의 발을 씻기신 것을 생각해 보란 것입니다. 예수님의 행동은 제자들의 무지함과 더러움을 생각나게 하는 회개의 도전이었습니다. 우리 스스로가 예수 그리스도 앞에 항복하듯이 누군가 우리 자신을 보면 예수님이 생각나는 인격과 품성을 갖춘 신령한 자리에서 살아가야 할 장본인들임을 깨우쳐야 합니다.

오늘 여기 누군가 예수님처럼 우리의 더러움이 생각나게 하고 우리의 나태함이 지적되고 우리의 교만함이 부끄러워지는 사람이 있다면 그는 곧 나의 발을 씻기시는 주님과 같은 가치로 존재하는 것입니다. 누군가 그의 겸손과 온유함을 예수님처럼 나타낸다면 그 한 사람의 역할을 통하여 교회가 하늘나라의 풍성함을 누리게 될 것입니다. 자리를 놓고 싸우는 제자들에게 예수님은 스스로 겸손과 섬김의 아름다운 본을 보여주시면서 서로의 발을 씻겨주는 종으로 만나라고 가르치셨습니다. 이제부터 제자들은 서로가 서로에게 예수님이 생각나게 하는 위치에서 살지 않으면 안 됩니다.

20절, "나의 보낸 자를 영접하는 것은 나를 영접하는 것이요 나를 영접하는 자는 나를 보내신 이를 영접하는 것이라."

제자들은 예수님이 보내신 자답게 살아가야 할 장본인들입니다. 오늘 우리가 보냄을 받은 자리는 나를 보는 사람들에게 예수 그리스도를 생각나게 하는 사명이 있는 곳입니다. 교회 안에서 우리 자신의 가치는 상대의 더러움이 생각나게 하는 종으로 섬길 때 빛을 내는 것입니다. 이것은 윤리적 가치로 존재하라는 뜻이 아닙니다. 이는 교양 있는 사회적인 덕목을 높이라는 뜻이 아닙니다. 기독교 신앙의 아름다움은 하나님을 경외하는 믿음에서 나타납니다. 우리는 하나님의 사랑과 은혜를 입은 자로서 모든 사람들로 하여금 하나님을 영화롭게 할 근거를 가지고 있습니다.

바울을 생각하면 우리의 나약한 믿음을 되돌아보지 않을 수 없는 회개가 저절로 나오게 됩니다. 옥중에서 그것도 내일이면 사형을 당할는지 알 수 없는 공포와 불안의 순간에 어떻게 하나님께 기도하다가 찬송을 부를 수 있었을까요? 이는 조금만 어려워도 절망하고 불평하는 우리의 입장에서는 하나님을 의지하는 회개의 도전이 아닐 수 없습니다. 바울과 베드로, 다윗과 다니엘을 생각하면 우리는 영적 문제에 대하여 무한한 도선을 받습니다.

저들은 자기를 위하여 살지 않는 유일한 증거물들이었습니다. 그들이 쏟아놓은 고백 속에는 하나님이 베푸신 은혜와 진리가 삶의 환경을 뛰어넘어 파도치듯 흘러넘치는 행복이었고 만족이었고 목숨이라도 아낌없이 바치기까지 감동이며 기쁨이었다는 것입니다.

하나님은 도대체 어떤 분이시기에 아브라함은 독자를 달라하셨을 때 기꺼이 바치기로 결심하고 하나님의 지시를 따랐을까요? 사도들과 선지자들에게 있어서 하나님은 어떤 분이셨을까요? 스데반은 돌에 맞아 죽어가는 가장 비참한 최후의 자리에서 원수들을 향하여 한없는 사랑과 용서를 구할 수 있는 근거가 무엇이었을까요?

우리는 그들을 보는 순간 우리 자신의 더러움과 신앙의 나약함, 인색함과 옹졸함, 무능함과 더디 믿는 성품과 우준함이 그대로 노출될 수밖에 없습니다. 그들과 비교해 보면 오늘 우리의 신앙은 너무나 힘이 없고 맥이 빠지며 느릿느릿하고 침묵하는 것과 같습니다. 우리는 우리의 주장을 앞세우는 교만과 절망의 수렁에 허덕이며 살고 있음을 발견하게 됩니다. 성경의 인물들은 모두 우리의 더러운 발을 씻기고 있습니다.

성경상의 수많은 이야기는 오늘 우리의 배후에 역사 하시는 하나님을 적극적으로 만나라고 재촉하는 도전들로 가득합니다. 그들의 삶은 그들 안에 활동하시는 이가 창조주 하나님이셨다는 것이 골자입니다. 세상에서 무능하고 어리석은 자들이 하나님께서 그들에게 찾아오심으로부터 그들에게는 평소에 없었던 것, 하나님께서 주시는 지혜와 지식과 상상력으로 세상을 넉넉히 승리로 외치며 살았다는 이야기입니다. 우리의 삶은 곧 바로 나와 함께 하시는 전능하신 하나님의 이야기로 전달되어야 할 것입니다. 삶의 주인공은 어디까지나 내가 아니라 하나님이셨다는 것을 증거 하는 역할을 감당하며 살 때 영광이 따르는 법입니다.

● ● ● ● ● ● ● ● ●

예수 그리스도 안에서 우리는 존재론적으로 어떤 사람에게는 생명을 좇아 생명에 이르게 하는 자요 또 어떤 사람에게는 우리를 보고 마음이 상하여 사망에 이르게 하는 자이기도 합니다. 우리는 진리와 생명이 우리 안에 약동하고 있음을 이웃들에게 알리는 그리스도의 증인들인 것입니다.

우리는 세상의 원리를 따라 살지 아니하는 유일한 존재로서 나의 가는 길이 천국 길임을 전달하는 세상의 빛들입니다. 우리의 선행과 아름다움이 한 사람으로 영혼 구원함에 이르게 하는 역할을 할 때에 드디어 그 윤리와 아름다움이 세상의 빛이 되는 것입니다.

우리에게서 그리스도의 향기가 나지 않으면 아무 가치 없는 조화에 지나지 않습니다.

제자들처럼 그리고 초대교회 수많은 성도들처럼 맥 빠지고 힘을 잃어버린 연약한 자들에게 예수 믿는 자의 행복과 장래의 소망에 대하여 확실한 증거가 되는 주님의 신실한 종들이 될 때에 나를 보내신 분이 다름 아닌 창조주 하나님이시라는 것이 입증이 되는 것입니다. 주님으로부터 보내심을 받은 자처럼 나를 보는 자들에게 그 더러움이 생각나게 하는 섬김의 아름다운 가치들로 존재해야 되는 입장임을 깨닫는 은혜가 있기를 바랍니다.

"내가 주와 선생이 되어 너희 발을 씻겼으니 너희도 서로 발을 씻기는 것이 옳으니라."

유다의 배신과 새 계명

"예수께서 이 말씀을 하시고 심령에 민망하여 증거하여 가라사대 내가 진실로 진실로 너희에게 이르노니 너희 중 하나가 나를 팔리라 하시니 제자들이 서로 보며 뉘게 대하여 말씀하시는지 의심하더라 예수의 제자 중 하나 곧 그의 사랑하시는 자가 예수의 품에 의지하여 누웠는지라 시몬 베드로가 머릿짓을 하여 말하되 말씀하신 자가 누구인지 말하라 한대 그가 예수의 가슴에 그대로 의지하여 말하되 주여 누구오니이까 예수께서 대답하시되 내가 한 조각을 찍어다가 주는 자가 그니라 하시고 곧 한 조각을 찍으셔다가 가룟 시몬의 아들 유다를 주시니 조각을 받은 후 곧 사단이 그 속에 들어간지라 이에 예수께서 유다에게 이르시되 네 하는 일을 속히 하라 하시니 이 말씀을 무슨 뜻으로 하셨는지 그 앉은 자 중에 아는 이가 없고 어떤 이들은 유다가 돈궤를 맡았으므로 명절에 우리의 쓸 물건을 사라 하시는지 혹 가난한 자들에게 무엇을 주라 하시는 줄로 생각하더라 유다가 그 조각을 받고 곧 나가니 밤이러라 저가 나간 후에 예수께서 가라사대 지금 인자가 영광을 얻었고 하나님도 인자를 인하여 영광을 얻으셨도다 만일 하나님이 저로 인하여 영광을 얻으셨으면 하나님도 자기로 인하여 저에게 영광을 주시리니 곧 주시리라 소자들아 내가 아직 잠시 너희와 함께 있겠노라 너희가 나를 찾을 터이나 그러나 일찍 내가 유대인들에게 너희는 나의 가는 곳에 올 수 없다고 말한 것과 같이 지금 너희에게도 이르노라 새 계명을 너희에게 주노니 서로 사랑하라 내가 너희를 사랑한 것 같이 너희도 서로 사랑하라 너희가 서로 사랑하면 이로써 모든 사람이 너희가 내 제자인 줄 알리라"

예수님은 십자가를 지시기 전에 유월절 만찬을 베푸시는 자리에서 제자들의 발을 씻기면서 제자들에게도 서로의 발을 씻기기를 가르치셨습니다. 이는 서로가 발을 씻기는 섬김과 봉사의 정신을 가지라는 뜻이 아니라 구원과 성화의 관계를 설명하기 위해 보이신 삶의 본이었습니다.

이제부터 제자들은 서로에게 더러움이 생각나게 하는 인격과 품성으로 예수님처럼 살지 않으면 안 되는 간섭아래 자신을 하나님께 드려야 합니다. 이와 같이 우리는 자신을 위해서만 살지 않고 그리스도의 본을 좇아 남을 살리는 가치로 살아가야 할 제자들의 입장임을 명심해야 할 것입니다.

마지막 만찬이 진행되고 있는 동안 주님의 시선은 제자들 중에 가룻 유다에게 머물고 있었습니다.

21절, "예수께서 이 말씀을 하시고 심령에 민망하여 증거하여 가라사대 내가 진실로 진실로 너희에게 이르노니 너희 중 하나가 나를 팔리라 하시니"

가룻 유다의 마음은 이미 예수님을 팔려는 생각으로 고정되어 있는 상태였습니다. 주님은 이를 알고 계셨고 유다는 자신을 숨기고 있었습니다. 주님은 몹시도 민망하여 괴로워하셨습니다.

유다의 사건은 불가사의합니다. 예수님을 십자가에 맡기는 일을 주도한 배신자였기 때문입니다. 유다의 배신에 대해서 주님은 이미 예고한 바 있습니다.

바로 직전 베드로의 발을 씻기실 때에 말씀하셨습니다.

10절 하반절에서 11절 상반절, "너희가 깨끗하나 다는 아니니라 하시니 이는 자기를 팔자가 누구인지 아심이라" 그리고 18절, "내가 너희를 다 가리켜 하는 말이 아니라 내가 나의 택한 자들이 누구인지 앎이라 그러나 내 떡을 먹는 자가 내게 발꿈치를 들었다한 성경을 응하게 하려는 것이라."

여기서 주님께서 인용하신 성경은 시편 41편 9절입니다.

"나의 신뢰하는바 내 떡을 먹던 나의 가까운 친구도 나를 대적하여 그
발꿈치를 들었나이다"(시 41 : 9).

다윗이 지은 시편인데 누구를 가리켜 한 말인지는 분명치 않습니다. 그러나 가장 그럴듯한 추측은 아히도벨이었을 것입니다. 그는 다윗의 가장 신뢰하던 참모였고 아들 압살롬이 반역을 일으킬 때에 다윗을 배신하였던 반역의 주동자였기 때문입니다.

　예수님의 경우와 같이 가장 가까이 함께 참모의 역할을 하던 유다가 지금 주님을 원수들에게 팔 생각을 가지고 바로 곁에 기대어 떡을 받아 먹고 있습니다. 나중에 아히도벨이 자기 모략이 실패하자 자기 집으로 돌아가서 목을 매어 자살한 것은 가룟 유다가 최후에 자결한 것과 무관하지 않다는 뜻에서 유다의 배신은 아히도벨을 통하여 예고되어 있었던 것입니다.

　예수님의 십자가가 있게 한 장본인이 왜 하필 가룟 유다입니까? 가야바일 수도 있고 빌라도일 수도 있을 터인데 하필이면 열두 제자들 중에서 배신자가 나왔을까요? 예수님과 가룟 유다와의 관계를 살펴보면 그 힌트를 얻을 수 있습니다.

　예수님께서 '너희 중에 나를 팔자' 가 있다고 하자 제자들은 동요하기 시작하였습니다. 서로가 서로를 향하여 의심하는 분위기가 확연할 정도입니다.　주님은 유다가 회개하고 돌아오기를 바라셨습니다. 제자들이 궁금해 하는 가운데 유다를 지적해주시면서 이렇게 말씀하셨습니다.

　26절, "예수께서 대답하시되 내가 한 조각을 찍어다가 주는 자가 그니라 하시고 곧 한 조각을 찍으셔다가 가룟 시몬의 아들 유다를 주시니 조각을 받은 후 곧 사단이 그 속에 들어간지라 이에 예수께서 유다에게 이르시되 네가 하는 일을 속히 하라하시니"

　서로가 의심하며 바라보고 있는 데 빵을 찍어 주시면서 이를 받아먹는 자가 곧 그이니라 고 하셨지만 다른 제자들은 아무도 알아듣지 못했습니다. 어떤 이는 유다가 돈궤를 맡았으니 명절에 저희 쓸 물건을 사라 하시는 것으로 오해하고 있었습니다.

　'네가 하는 일을 속히 하라' 하셨을 때에도 이를 알아듣는 자가 아무도 없었습니다. 조각을 받은 후 곧 사단이 유다에게 들어갔다고 합니다. 이제까지 예수님께서 말씀하신 것은 주님과 가룟 유다와의 사이에서 오고간 말이지 다른 사람들은 알아듣질 못하였습니다. 예수님은 유다를 돌이키고자 유다만이 아는 사이에서 유다의 숨긴 죄를 다 지적해주셨습니다. '유다야, 네 하는 일을 속히 하라' 주님이 유다를 향한 사랑을 끝까지 보내시는 최후의 호소입니다.

유다는 삼 년 동안 다른 제자들과 함께 숙식을 같이 하면서 예수님의 하나님의 아들이심을 배웠습니다. 한 때 귀신을 내어 쫓는 권능도 행사하였고 복음을 전하러 동리를 두루 다니기도 하였습니다. 주께서 베푸시는 각종 표적과 권능의 기적을 직접 눈으로 가장 가까이서 보고 감동하였을 것입니다. 더구나 제자들의 살림살이를 맡아 관리하는 회계였습니다.

주님께서 유다의 죄를 지적하는 말씀을 하셨을 때에도 돈궤를 맡았다는 이유로 다른 제자들은 필요한 물건을 사라고 지시하시는 것으로 믿고 있었습니다. 그 정도로 신뢰를 한 몸에 지니고 있었던 것입니다. 제자들 사이에서 인정을 받고 있었습니다. 더구나 그는 다른 제자들과 달리 유일하게도 남방 출신입니다. 다른 제자들은 다 갈릴리 출신인데 홀로 아주 먼 곳에 위치한 남방에서 올라온 사람입니다. 그 열심과 진심이 돋보이는 제자로 비춰어졌습니다.

우리는 여기서 가룟 유다가 왜 예수님을 관원들에게 팔 생각을 하게 되었을까를 파악할 필요가 있습니다. 과연 돈궤를 맡은 그가 은 삼십 량이 탐이 나서 그랬을까요? 당시 예수님의 행보는 이스라엘을 로마의 압제로부터 구출할 메시아로 추대되고 있을 만큼 군중을 압도하는 권세가 있었습니다. 그는 다분히 주님의 권세를 힘입어 세상을 얻을 권세욕에 사로잡혀 있었습니다. 다른 제자들의 경우처럼 자리다툼에서 뒤지지 않을 계산을 하고 있었을 것입니다.

그러나 기대와는 달리 예수님은 정치권으로 진입하시는 것이 아니라 군중들의 지지를 피하시면서 십자가의 길을 가고 있었습니다. 제사장들을 압도하고 로마를 전복시키시고 왕권을 거머쥐셔야 할 순간에 예수님은 세상을 떠나신다는 선언을 거침없이 하십니다.

대세가 제사장 쪽으로 기울자 제사장 편으로 가는 것이 유리할 것이란 계산을 한 것으로 추측할 수 있습니다.

가룟 유다는 처음부터 세속적인 사람으로 주님을 따라다녔었습니다. 자신의 출세에 유리하다고 판단하여 제자가 된 것입니다. 그의 안목에는 진리니 생명이니 하는 것은 관심 밖의 문제였습니다. 오직 물질과 출세를 요구하며 따르는 제자였습니다. 유다는 천사의 모양을 한 이리와 같은 존재였습니다. 위선과 거짓이 습관이 된 사람이었습니다.

평소에 거짓과 위선에 익숙해진 체질로 살다가 기회가 왔을 때 사단의 공격을 받아 그 정체가 드러나게 되는 것입니다. 주님이 발을 씻기시고 빵을 찍으셔서 주시며 그의 거짓을 지적해주셨을 때 이 최후의 순간에 사단은 유다 속으로 들어가서 거짓의 자리를 굳게 확보하고 말았던 것입니다.

"육에 속한 사람은 하나님의 성령의 일을 받지 아니하나니 저희에게는 미련하게 보임이요 또 깨닫지도 못하나니 이런 일은 영적으로라야 분변함이니라" (고전 2 : 14).

우리 가운데 육에 속한 사람들이 얼마든지 있을 수 있습니다. 교회는 나오는 데 영적인 것을 따르지 않고 생각은 온통 육신에 사로 잡혀 있는 경우입니다. 신앙생활을 하는 목적이 하나님의 뜻을 따라 살고자 하지 아니하고 자신의 요구와 방식을 주장하며 세상의 욕심을 만족케 하려는 사람들을 가리켜 육적 사람이라고 합니다.

이런 종류의 신앙인은 주로 형식과 가식을 취합니다. 겉으로는 경건한데 속에는 온갖 욕된 것들이 작용하고 있습니다. 이렇게 잘 가꾸어진 위선과 거짓의 인습 속으로 쉽게 파고 들어오는 자는 언제나 사단입니다.

완벽한 위선으로 장식한 유다의 행위를 아무도 눈치 채질 못했습니다. 악은 이렇게 아름다운 천사와 같은 모양을 가지고 우리를 미혹하고 교회를 넘어지게 한다는 것을 각성케 하는 장면입니다. 우리의 생각으로는 예수님께서 유다의 위선을 다 알고 계셨다면 제자들 앞에서 공개적으로 이름을 밝히는 것이 공동체를 위하여 바른 선택이라고 할 것입니다.

그러나 거기에는 베드로와 같은 성급하고 정의에 불타는 사람도 있고 도마와 같이 성질이 까다로워서 따지고 들면서 다 같이 죽든지 살든지 할 결백한 자도 있다는 것을 생각한다면 주님은 유다 본인에게만 알도록 죄를 지적하신 것은 참으로 인격적이며 사랑의 관계에서 끝까지 지키시고 보호하시겠다는 의지가 돋보이는 광경입니다. 유다의 마음에 사단이 들어가자 말자 문을 박차고 나가버렸습니다.

31절, "저가 나간 후에 예수께서 가라사대 지금 인자가 영광을 얻었고 하나님도 인자를 인하여 영광을 얻으셨도다."

가룟 유다가 나간 것이 어찌 주님의 영광이며 하나님께 영광입니까? 가룟 유다가 문을 박차고 나갔다는 것은 이제 더 이상 돌이킬 수 없는 배신의 역사가 확실해지는 순간입니다. 가장 확실한 것은 십자가의 형벌이 분명해지는 결정적인 순간입니다. 예수님은 지금으로부터 몇 시간이 지나면 십자가의 쓴 잔을 마셔야 합니다.

13장의 시작은 십자가의 때를 거론하면서 세상에 있는 자기 사람들을 사랑하시되 끝까지 사랑하심을 선포하고 있습니다. 주님은 어떤 경우라도 제자들을 사랑하시겠다고 하는 약속을 굳게 맹세하신 것입니다.

만일 가룟 유다의 배신을 한 순간이라도 분노하시고 미워하셨다면 사랑의 약속에서 패배하셨을 것입니다. 아버지의 뜻은 산산조각이 났을 것이고 자신에게 돌아올 영광도 놓치고 말았을 것입니다. 그러나 주님은 끝까지 사랑하시는 일을 중단하신 적이 없으셨습니다. 유다의 배신을 알고 끝까지 그를 사랑하시는 일에 승리를 거두신 것입니다. 사랑의 승리입니다.

예수님은 유다를 대상으로 사랑한 승리로 영광을 선포하셨습니다. 인자로 인하여 아버지 하나님께 영광을 돌리셨습니다. 예수님께서 성육신하시고 초림하셨을 때에 양 치던 목자들에게 천군천사들이 나타나서 부른 찬송입니다.

"지극히 높은 곳에서는 하나님께 영광이요 땅에서는 기뻐하심을 입은 사람들 중에 평화로다"(눅 2 : 14).

육신을 입고 죄인이 살고 있는 죽음의 땅에 임하신 하나님의 모습을 천사들은 하나님께 영광이라고 선포하였습니다. 예수께서 우리를 구원하시기 위하여 동원하신 것은 사랑이었습니다. 사랑은 하나님으로서 하실 수 있는 모든 능력과 지혜의 결정체입니다. 더 이상 낮아질 수 없는 자리로 비하하신 곳에서 사람들로부터 오해와 조롱과 천대를 받으시면서 끝내 십자가를 지신 희생의 제물이 되신 것입니다.

그 십자가에서 나타난 하나님의 사랑이 우리를 영원한 사망의 심판에서 구출하는 능력이 된 것입니다. 십자가에서 나타난 사랑의 능력으로 사망의 권세와 싸워 이긴 결과 우리에게 구원이 이루어진 만큼 하나님께는 영광이요 우리에게는 사랑과 은혜가 아닐 수 없습니다.

가룟 유다가 나간 후 주님은 십자가를 바라보시면서 인자가 영광을 얻었다고 기뻐하셨고 인자를 인하여 아버지께 영광이라고 선포하신 것입니다. 이러한 승리의 영광을 확정지으신 후 제자들을 향하여 사랑할 것을 명령하셨습니다.

34, 35절, "새 계명을 너희에게 주노니 서로 사랑하라 내가 너희를 사랑한 것 같이 너희도 서로 사랑하라 너희가 서로 사랑하면 이로써 모

든 사람이 너희가 내 제자인 줄 알리라.”

새 계명은 ‘내가 너희를 사랑한 것 같이 서로 사랑하라’ 는 명령입니다. 예수님께서 보이신 사랑은 옛 계명인 율법을 완성하신 능력이었습니다. 살인하지 말라, 간음하지 말라, 도적질 하지 말라, 탐내지 말라 등의 옛 계명은 그 내용이 모두가 다 우리의 생명과 재산과 가정을 지키고 보호하시겠다는 목적으로 주어진 삶의 법칙들입니다.

계명의 본뜻은 결국 사랑의 표현입니다. 예수께서 이루신 사랑은 보다 적극적인 형태로 우리로 더 풍성한 행복의 삶을 누리게 하는 계명입니다.

“내가 너희를 사랑한 것 같이” 란 실제로 보여주신 모본입니다. 가룟 유다의 배신과 베드로의 변심을 미리 아시면서도 그들을 한결 같이 사랑하신 그리스도의 능력과 지혜는 결국 십자가를 통하여 하나님께 영광이 된 것입니다.

가룟 유다는 사단의 미혹에 넘어져 제 길을 가버렸습니다. 원수가 나간 후 주님은 제자들에게 사랑의 새 계명을 주셨습니다. 남아 있는 제자들은 주님의 뒤를 따라 그들이 할 일은 오직 사랑이라는 것입니다. 남아 있는 사이에는 더 이상 위선이나 거짓의 악령이 스며들 수 없는 성령의 역사만이 일게 될 것입니다. 이제부터 그들의 삶은 보다 풍성하고 넘치는 만족과 행복을 내용으로 채우시겠다는 약속입니다.

34절, “새 계명을 너희에게 주노니 서로 사랑하라 내가 너희를 사랑한 것 같이 너희도 서로 사랑하라.”

십자가의 사랑은 곧 하나님께 영광을 올려드리는 능력과 지혜입니다. 그 사랑으로 죄인이 회개하고 주께로 돌아오고 그 사랑으로 하나님의 나라는 굳게 세워지는 것입니다.

교회는 서로의 관계를 십자가의 사랑으로 연결하는 훈련이 있는 곳입니다. 주님은 우리에게 생명을 주시되 더욱 풍성히 누리도록 약속하셨습니다. 생명은 사랑이 내용으로 충만할 때 풍성한 삶을 누릴 수 있는 법입니다. 주님과 제자들과의 관계는 십자가의 사랑을 통하여 더 이상 떨어질 수 없는 생명적 관계로 완성된 것입니다. 생명은 제자들이 있는 곳에 주님도 항상 함께 거하시는 상태입니다. 고난에도 형통할 때도 언제나 어디서나 죽음의 자리까지 주님은 제자들을 떠나지 않으시고 항상 함께 거하실 것입니다. 이렇게 사랑은 생명을 더욱 풍성하게 하는 능력인 것입니다.

교회는 마땅히 생명을 풍성하게 하는 사랑의 능력을 배양하는 자리가 되어야 할 것입니다.

"새 계명을 주노니 서로 사랑하라 내가 너희를 사랑한 것 같이 너희도 서로 사랑하라."

베드로의 열심과 진심

(요 13:36-38)

> "시몬 베드로가 가로되 주여 어디로 가시나이까 예수께서 대답하시되 나의 가는 곳에
> 네가 지금은 따라올 수 없으나 후에는 따라 오리라 베드로가 가로되 주여 내가 지금은
> 어찌하여 따를 수 없나이까 주를 위하여 내 목숨을 버리겠나이다 예수께서 대답하시되 네가
> 나를 위하여 네 목숨을 버리겠느냐 내가 진실로 진실로 네게 이르노니 닭 울기 전에
> 네가 세 번 나를 부인하리라"

성만찬이 진행되는 동안 가룟 유다는 사단의 미혹을 따라 제갈 길을
가버렸고 그 순간 예수님은 인자와 아버지의 영광을 선포하시고 이어
사랑의 새 계명을 주셨습니다. 오늘은 곧 이어서 베드로가 등장하면서
또 다른 변심의 절망을 소개하고 있습니다.

36절, "시몬 베드로가 가로되 주여 어디로 가시나이까 예수께서 대답
하시되 나의 가는 곳에 네가 지금은 따라 올 수 없으나 후에는 따라 오
리라."

베드로의 궁금증은 예수님이 가시는 곳에 자신들은 따라올 수 없다

고 하신 말씀이었습니다. 유다가 떠난 후 인자가 영광을 얻었다고 하시더니 아직은 잠시 동안 너희와 함께 있겠으나 곧 어디론가 가신다고 하십니다. 그리고 너희들은 나를 따라 올 수 없다고 하시면서 새 계명을 주노니 서로 사랑하라고만 하십니다.

37절, "베드로가 가로되 주여 내가 지금은 어찌하여 따를 수 없나이까 주를 위하여 내 목숨이라도 버리겠나이다."

베드로의 생각은 아직도 주님께서 가시는 곳이 어딘가를 모르고 있었습니다. 그는 주님이 가시는 곳에는 언제나 함께 따라다녔던 수제자 격이었습니다. 지난 삼년 동안 주님 곁을 멀리 떠난 적이 없었습니다. 그러나 주님이 오늘 하신 말씀은 전혀 예상할 수 없는 발언입니다.

"주여 어찌하여 따를 수 없나이까? 내가 주를 위하여 목숨이라도 버리겠나이다." 이는 베드로의 주님을 향한 충심을 엿보게 하는 대목입니다. 인간적인 정감과 애정이 눈물겹도록 솟아나는 고백입니다.

38절, "예수께서 대답하시되 네가 나를 위하여 네 목숨을 버리겠느냐 내가 진실로 진실로 네게 이르노니 닭 울기 전에 네가 세 번 나를 부인하리라."

예수님의 지적에서 베드로의 충정의 고백은 아직도 주를 위한 희생이 아니라 자신의 유익을 따라 변질될 인간적인 애정이었음을 발견하게 됩니다.

나중에 십자가를 지신 후에 고기잡이로 돌아가 버린 일을 보면 베드로의 마음은 자신에게 돌아올 유익을 놓친데 대한 절망감에 빠진 상태임이 분명합니다. 주님 곁에서 섬기고 헌신함으로 얻을 세상의 유익을 상실한 것은 다른 제자들에게도 마찬가지였습니다. 나중에 부활하셔서 예루살렘을 떠나지 말고 아버지께서 약속하신 성령을 기다리라고 하셨을 때에도 제자들의 반응은 그때까지만 해도 자신들의 출세욕에 붙잡혀 있었던 것입니다.

십자가를 바로 앞에 두고 "서로 사랑하라 내가 너희를 사랑한 것 같이 너희도 서로 사랑하라"고 애절하게 부탁하신 주님의 심정을 읽을 수 있는 장면입니다. 제자들은 아직은 주님의 제자로서 마땅히 실천해야 할 아가페의 사랑을 감당할 수준에는 미달되는 상태입니다. 아직은 사랑을 하되 자기 유익을 따라 변질될 가능성이 있는 사랑밖에는 없습니다. 얼마든지 자신에게 불리하면 배신할 가능성이 있는 사랑입니다. 십자가를 지고 죄인을 구원하는 능력으로서 사랑은 힘에 지나친 상태입니다. "닭 울기 전 네가 나를 세 번 부인하리라"라고 말씀하십니다.

주님과 베드로와의 대화가 끝나고 곧 바로 겟세마네 동산으로 기도하러 가십니다. 그때 가룟 유다는 제사장들과 관원들에게 예수님을 팔고 군졸들을 데리고 와서 예수님을 확인시켜주고 드디어 주님은 폭도들에게 붙잡히시고 곧 바로 안나스와 가야바의 법정으로 압송되어 가게 됩니다.

베드로는 주님이 끌려가시는 모습을 멀리서 뒤따라가고 있었습니다. 다른 제자들은 어디론가 다 도망쳐버린 상태에서 베드로는 주님의 뒤를 따르고 있었습니다. 그렇게 제자로서 궁금증을 가지고 주님의 법정심문을 받는 자리까지 따라가고 있는 중에 자신의 신분이 발각되고 그때마다 목숨이 위태로워지자 급기야는 예수님과의 관계를 부인하는 좌절에 빠지게 됩니다. 이를 한두 번이 아니고 세 번이나 반복하게 됩니다.

이때가 만찬석상에서 내가 주님을 위하여 목숨을 버리겠다고 맹세한 후 지금은 새벽시간이니까 길어야 8시간이 지난 때입니다. 8시간도 채 못 되어 베드로의 맹세가 물거품이 되고 말았던 것입니다. 예수님은 이를 먼저 알고 예고하셨습니다.

베드로의 열심과 진심은 그때까지만 해도 그의 마음 그대로였습니다. 그는 정직하고 의분에 불타고 거짓과 가식을 싫어하고 동시에 정감이 넘치는 성격의 소유자로 인간다움이 돋보이는 사람이었습니다. 그러나 베드로의 이와 같은 정열과 진심으로 자신을 드러낼 때마다 주님께로부터 언제나 꾸중과 책망을 듣게 됩니다. 베드로가 칭찬 받는 경우는 한번, "주는 그리스도시요 살아 계신 하나님의 아들이니이다"(마 16:16)의 고백을 한 때입니다. 그것도 곧 바로 주님이 고난을 받게 될 것을 말씀하셨을 때 그럴 수 없다고 그의 독특한 정분을 가지고 만류하다가 주님께로부터 호되게 책망 받고 맙니다.

"사단아 내 뒤로 물러가라 너는 나를 넘어지게 하는 자로다 네가 하나님의 일을 생각지 아니하고 도리어 사람의 일을 생각하는도다" (마 16 : 23).

우리가 깊이 생각해야 할 것은 베드로의 신앙이 갖는 실수입니다. 대개의 경우 베드로의 신앙의 수준에서 교회생활을 하고 있는 듯한 모습을 보게 됩니다. 우리는 아주 열광적으로 찬양하고 기도하고 예배를 드립니다. 누구도 정의롭지 않는 사람 없고 의분義憤에 격한 감정을 품지 않는 사람도 없습니다. 그러나 우리의 순수함이나 정의감이나 진심과 열성 같은 것들은 언제나 예수님께로부터 꾸중을 듣는 경우라는 것을 명심해야 합니다.

신앙은 요약하면 우리의 진심과 열정을 바치는 행위가 아닙니다. 많은 사람들의 불만은 열성이 없고 뜨거운 기운이 나지 않아서 신앙생활이 무미건조하다고 호소합니다.

그렇다고 열광하는 분위기를 만들고 동시에 양심과 진심을 개발하는 계획을 세워 신앙훈련으로 도입하는 경우 주의할 것은 주님께로부터 책망을 받을 가능성이 있다는 것입니다. 문제는 그 열심과 진심이 누구의 것이냐 하는 것입니다. 참으로 중대한 질문 앞에 진중해져야 할 현실이라 여겨집니다.

교회 안에 육적 그리스도인들이 상당히 포진하고 있는 상황임을 부정할 수 없습니다. 하나님을 섬기고 열심을 다해 봉사하고 헌신하는데 그 기초가 다분히 자기에게서 나오는 정욕과 자존심인 경우가 허다합니다. 내가 잘 가꾸어온 세상의 전문가적 식견들과 그 가치들과 그 영향력들을 모아 하나님의 영광을 위하여 쓰겠다고 한다면 그 행위를 자기의 것으로 치부하고 자랑할 가능성이 있어서 성경은 이를 교만으로 간주하고 있습니다. 헌신과 봉사와 섬김도 그 근거가 어디서부터인가 하는 것은 교만과 겸손을 가르는 중대한 사안입니다. 우리는 흔히 교회나 하나님의 일에 나의 것을 보태면 하나님께서 힘을 받을 것이라는 생각을 품습니다. 헌신이란 보태주고 도와준다는 개념이 아닙니다. 성경의 요구는 나의 것을 송두리째 하나님께 바치는 것입니다.

신앙이란 하나님께서 나를 전혀 다른 존재로 만드시려는 것에 순응하는 싸움입니다. 주님께서 십자가를 지신 것도 결과적으로는 나를 십자가에 못 박고 예수님의 것으로 다시 살리는 것입니다. 나의 기존의 것이 없어지고 예수의 것, 주님의 인격과 성품과 삶의 방식들로 다시 채워지는 훈련입니다. 우리는 나에게 익숙해져 있던 것을 버리고 생소한 것으로 채워 넣는 것에는 발달된 성품을 기지고 있지 않습니다. 그래서 신앙은 갈등과 번민을 수반하는 싸움입니다.

• • • • • • • • • •

바울은 "내게 능력 주시는 자 안에서 내가 모든 것을 할 수 있느니라"(빌 4 : 13)고 신앙생활에 자신감을 피력했습니다. 얼마나 크고 놀라운 확신과 자신감으로 꽉 차 있습니까? 내 안에 전혀 다른 능력과 지혜가 들어와 있다는 것입니다. 그러나 베드로의 자신감에 대하여 주님께서 염려하신 말씀은 " 나의 가는 곳에 네가 지금은 따라 올 수 없으나 후에는 따라 오리라"는 것이었습니다. 아직은 미숙한 확신을 가지고 충성을 고백한 것입니다.

우리에게 가장 필요한 신앙의 첫경험은 자신에 대한 좌절과 절망입니다. 나의 것으로는 오히려 하나님의 일에 방해가 되고 손해가 된다는 것을 알고 상한 심령으로 통회하는 자백이 일어나야 합니다. 베드로는 이후 자신의 것으로 목숨까지라도 바치려고 했던 어리석음을 알고 통회하고 자백하고 난 후에 성령의 권능을 받음으로 전혀 새로운 사람이 되어 죽기까지 갈 수 있는 능력의 사도가 되었던 것입니다.

"네가 지금은 따라 올 수 없으나 후에는 따라 오리라."

제 14장
삶의 길이 되신 예수 그리스도

(요 14:1-2)

> "너희는 마음에 근심하지 말라 하나님을 믿으니 또 나를 믿으라
> 내 아버지 집에 거할 곳이 많도다 그렇지 않으면 너희에게 일렀으리라
> 내가 너희를 위하여 처소를 예비하러 가노니"

지금은 예수께서 제자들과 함께 유월절 식사를 나누고 있습니다. 예수님이 하신 말씀은 제자들을 몹시도 당혹케 하는 말씀이었습니다. 다름 아니라 주님이 제자들을 떠나시겠다는 것입니다. 주님이 떠나시면 제자들의 입장에서는 모든 꿈이 사라지게 되는 절망에 이르게 됩니다. 제자들은 언젠가 예수께서 이스라엘의 왕권을 장악하는 날, 자신들에게 돌아올 권력과 영화를 꿈꾸고 있었습니다.

그토록 고생하며 따라다녔던 보람이 눈앞에 훤히 보이는 시점에서 선생님이 자신들을 떠나시겠다는 발언은 제자들에게는 말할 수 없는 충격이 아닐 수 없습니다. 자신들의 세상 자체가 없어지는 절망에 이르

게 된 것입니다.

이를 안타까이 여기시면서 위로하시는 1절 말씀, "너희는 마음에 근심하지 말라 하나님을 믿으니 또 나를 믿으라" 입니다.

그리고 이어지는 말씀이 오늘의 주제입니다.

1절과 2절, "내 아버지 집에 거할 곳이 많도다", 세상문제로 근심에 쌓여 있는 제자들에게 "하나님을 믿어라 그리고 나를 믿으라", 그리고 덧붙여서 확증하시는 말씀으로 "내 아버지 집에 거할 곳이 많다" 는 것입니다.

신앙생활에서 가장 시험이 되는 문제는 의식주의 현실문제입니다. 우리의 세상문제가 풀려지지 않는 상태에서 하나님의 계명을 따른다는 것은 쉬운 일이 아닙니다. 흔히 우리는 나의 일이 급하지 하나님의 일이 급하지 않다고 생각하며 신앙생활을 하고 있습니다.

하나님으로부터 복을 받는 데는 발 빠르게 움직이는 데 하나님을 위하여 나를 희생하는 일에는 쉽게 뛰어들지 않습니다. 우리의 속성을 아시는 주님께서 세상의 문제로 근심에 쌓여 있는 제자들을 염려하시면서 격려하시는 말씀으로 "내 아버지 집에 거할 곳이 많도다" 고 하셨습니다. 이 말씀은 다음 몇 가지로 이해할 수 있습니다.

이 세상에서는 우리가 생각하듯이 평안히 거할 곳이 없다는 뜻입니다. 그렇다면 이 세상의 것에 운명을 걸고 싸울 내용이 없다는 얘기가 됩니다. 좀 더 나아가면 세상에서 부귀영화를 누리기보다는 하나님을 열심히 믿다가 괄시나 조롱을 받는 길을 택하라, 혹 비방과 손해가 따른다 할지라도 낙심하지 말라는 격려의 뜻이 담긴 말씀으로 이해가 됩니다.

이를 더욱 확실히 보증해주시는 말씀은 그 다음 구절입니다.

2, 3절, "그렇지 않으면 너희에게 일렀으리라 내가 너희를 위하여 처소를 예비하러 가노니 가서 너희를 위하여 처소를 예비하면 내가 다시 와서 너희를 내게로 영접하여 나 있는 곳에 너희도 있게 하리라."

예수님이 처소를 예비하러 가신다고 하십니다. 우리가 가서 영원토록 거할 처소를 준비하시기 위하여 십자가를 지실 것이며 죽으셨다가 다시 살아나실 것이며 승천하실 것입니다. 모두가 다 우리를 위하여 행하시는 고난의 역사입니다. 하나님이 이토록 우리를 위하여 죄인이 되셔서 죽으시기까지 하셨습니다. 그가 하실 수 있는 모든 것을 다 행하셨습니다.

무엇을 위하여 입니까? 우리에게 영생의 하늘나라를 예비하시기 위하여서입니다. 이는 사실이며 진리입니다. 우리의 인식으로는 잡히지 않는 신비이지만 하나님이 이루어 놓으신 사실입니다. 성경의 가장 핵심 되는 줄거리입니다.

예수님이 아버지의 집에 우리의 처소를 준비하셨다면 우리로서는 무엇이 삶의 주제이며 목표여야 할 것인가 하는 문제가 대두됩니다. 우리 또한 마땅히 그 준비된 나라에 들어 갈 것을 목표로 우리 자신을 준비시켜야 하지 않겠느냐?

이를 재촉하시는 말씀으로 "내 아버지 집에 거할 곳이 많도다"고 하신 것입니다. 이제 천국은 준비되었는데 우리가 거기에 들어갈 장본인들로서 준비되어 있지 않으면 하나님이 친히 고난을 감당하시면서 준비해놓으신 모든 축복과 영광을 놓치고 맙니다. 우리가 스스로 준비하지 않으면 하나님이 우리에게 뛰어드셔서 간섭하실 수밖에 없습니다. 우리가 아직 여기 남아 있다는 것은 천국수준에 맞도록 준비할 일이 남아 있다는 뜻이 됩니다.

우리는 어느 누구를 막론하고 하나님이 마련해주신 삶의 환경에서 살지 않으면 안 됩니다. 삶은 우리의 선택이 아닙니다. 주어지는 명령입니다. 에덴동산은 먹는 것을 비롯하여 사는 데에 필요한 최적의 환경이 준비된 곳이었습니다. 사람이 살기에 최고의 쾌적한 환경에서 살도록 하셨습니다. 인간이 해야 할 일은 하나님이 준비하신 곳에서 모든 피조물을 다스리며 정복하며 번성을 이루며 사는 일뿐이었습니다.

동시에 반드시 명심해야 할 것은 인간에게는 모든 피조물을 대신하여 하나님을 영화롭게 하는 책임이 지어졌다는 것입니다. 하나님은 인간 최대의 행복으로 위로 하나님을 섬기고 아래로 만물에 대해서는 다스리는 자존자로 사는 상태를 맡기신 것입니다. 이 상태를 유지하지 않으면 어떤 경우에라도 행복할 수 없습니다. 하나님 이외의 것들에 속박되어 있으면 어떤 경우라도 행복이라 할 수 없습니다.

돈이 많아도 그가 돈의 노예가 된 입장이라면 돈이 그에게 신이 되는 셈인데 돈이 그를 지키는 능력이 없습니다. 문화와 예술의 가치가 우리의 생명을 지킬 수 없습니다. 하나님의 자리에 다른 것이 자리 잡게 되는 현상을 성경은 우상숭배로 심각하게 정죄합니다.

우리가 예수를 믿고 죄와 사망의 형벌에서부터 풀려난다는 것은 삶을 힘 있게 살게 하는 근거가 됩니다. 그러나 풀려나는 자유가 소중한 가치이기는 하지만 이 자유와 함께 내가 누리는 풍성한 행복을 보장받기 위해서는 자유를 주신 자, 하나님의 권위 아래로 들어가야 함을 명심해야 합니다.

출애굽은 노예생활로부터의 자유입니다. 속박으로부터 풀려나는 해방입니다. 그러나 그 해방과 자유는 궁극적으로 젖과 꿀이 흐르는 가나안 땅에 들어가서 살기 위한 출발에 불과합니다. 우리를 죄와 사망에서 구출하신 것은 우리로 풍성한 삶을 누리게 하시고자 하는 목적이 있어서 구출해내신 것입니다.

"네 하나님 여호와께서 네 열조 아브라함과 이삭과 야곱을 향하여 네게 주리라 맹세하신 땅으로 너로 들어가게 하시고 네가 건축하지 아니한 크고 아름다운 성읍을 얻게 하시며 네가 채우지 아니한 아름다운 물건이 가득한 집을 얻게 하시며 네가 파지 아니한 우물을 얻게 하시며 네가 심지 아니한 포도원과 감람나무를 얻게 하사 너로 배불리 먹게 하실 때에 너는 조

심하여 너를 애굽 땅 종 되었던 집에서 인도하여 내신 여호와를 잊지 말고
네 하나님 여호와를 경외하며 섬기며 그 이름으로 맹세할 것이니라"(신 6 :
10 - 13).

우리가 놀라워해야 할 것은 애굽의 종 되었던 곳에서 구출해 내실 때
에 이미 내가 짓지 아니한 집이, 내가 모으지 아니한 재물이, 내가 파지
아니한 우물이, 내가 심지 아니한 포도원이 준비되어 있었다는 것입니
다. 이 모두가 하나님이 우리를 위하여 준비해 두신 것입니다. 마치 에
덴동산처럼 최적의 환경이 준비되어 있었습니다.

우리가 할 일은 하나님을 경외하고 섬기는 것입니다. 우리는 먹고사
는 문제 때문에 목숨을 다 하여 분주할 사람이 아닙니다. 먹고사는 현실
문제는 하나님이 친히 준비해 주시는 대상들입니다. 세상 사람들은 먹
고 마시는 것을 목표로 거기에 운명을 걸고 경쟁합니다. 왜 그렇습니
까? 오직 믿을 것이란 돈밖에 없기 때문입니다. 그들은 생존경쟁에서
이기는 방법을 터득하여 살 다른 방법이 없는 사람들입니다.

신앙생활에서 저지르기 쉬운 행동 중에 우리가 반드시 들어야 될 경
고의 말씀이 있습니다.

"너희가 맛사에서 시험한 것 같이 너희의 하나님 여호화를 시험하지 말
고 너희의 하나님 여호와께서 너희에게 명하신 명령과 증거하신 것과 규
례를 삼가 지키며"(신 6 : 16, 17).

이스라엘 백성들이 르비딤이라는 광야에 왔을 때 마실 물이 없어서
하나님을 원망하면서 모세와 다투었습니다. 하나님이 모세로 하여금
반석을 지팡이로 치게 하심으로 반석에서 물이 강물같이 흐르게 되는
기적을 맛보았습니다. 이 사건을 가리켜 이스라엘이 하나님을 시험하
였다고 합니다. 이를 므리바 사건 혹은 맛사 사건이라고 합니다. 하나님

이 우리 편인가, 아닌가? 하나님이 계신다면 우리가 왜 이 모양인가? 우리를 여기 광야에서 목이 말라죽을 지경인데 이렇게 고생시키려고 구원하셨는가? 하는 것이 불만이었습니다.

이와 동일한 맥락에서 연결되는 유명한 사건이 있습니다. 바로 만나 사건입니다. 이스라엘 백성이 광야에서 우리가 주려 죽게 되었다는 원성이 하늘에 닿았습니다. 차라리 종살이하던 때에는 배불리 먹고살았다는 것입니다. '우리가 여기서 주려 죽겠구나', '차라리 종살이하던 때가 그립구나' 하고 하나님을 원망하기 시작하였습니다. 여기서 또 하나님을 시험하고 말았습니다. 이번에는 배고파서 하나님을 섬길 수 없다는 것입니다. 그래서 배가 부르게 되면 하나님을 섬길 것인가 하고 내린 음식이 만나입니다.

이스라엘 백성의 편에서는 하나님이 정말 우리와 함께 계시는가? 우리 편에서 역사를 움직이시는가를 시험하였고 하나님 편에서는 백성들이 먹고사는 문제가 해결되면 하나님을 섬기겠다고 하여 하늘에서 만나를 내리시고 반석에서 물을 솟아나게 하심으로 백성들을 시험하셨습니다.

광야의 이스라엘 백성의 생활에 대한 결론은 이렇습니다.

> "…또 너도 알지 못하며 네 열조도 알지 못하던 만나를 네게 먹이신 것은 사람이 떡으로만 사는 것이 아니요 여호와의 입에서 나오는 모든 말씀으로 사는 줄을 너로 알게 하려 하심이니라 이 사십년 동안에 네 의복이 헤어지지 아니하였고 네 발이 부르트지 아니 하였느니라"(신 8:3, 4).

광야는 씨를 뿌릴 수도 없고 추수할 가능성도 없는 곳입니다. 먹고사는 문제에 관한 한 인간으로서는 어쩔 도리가 없는 절박한 상황입니다. 하나님이 무언가를 해주셔야 살 수 있는 곳이 광야입니다. 어떻게 하셨습니까? 하늘로부터 만나를 비가 오듯이 내려 주셨습니다. 먹을 양식이 땅에서 나는 법인데 하늘에서 내려왔습니다. 하나님이 아니면 안 된다는 것입니다. 마실 물이 보통 어디에서 납니까? 반석에서 나왔다면 하나님만이 하실 수 있는 일입니다.

광야에서 하나님이 베푸시는 기적으로 이스라엘 백성들은 어느 민족 못지않게 넉넉하게 살았습니다. 그렇다면 그들은 전폭적으로 하나님을 경외하며 섬기는 일 이외에는 다른 할 일이 없어야 할 것입니다. 하나님의 원하시는 뜻대로 살았어야 할 것입니다.

그런데 성경은 오히려 이스라엘이 배가 불러지자 하나님의 길을 걷지 아니하고 자기 정욕의 길을 가고 말았다는 것입니다. 이스라엘 백성은 하나님이 베푸시는 기적으로 비록 광야의 힘겨운 환경이었지만 어느 민족 못지않게 풍요와 평안을 누렸습니다. 배불리 먹어 힘을 내어 하나님의 뜻을 따라 살았느냐 하면 오히려 그 힘으로 세상의 쾌락을 좇아가더란 얘기입니다.

> "…너로 배불리 먹게 하실 때에 너는 조심하여 애굽 땅 종 되었던 집에서 인도하여 내신 여호와를 잊지 말고 네 하나님 여호와를 경외하며 섬기며 그의 이름으로 맹세할 것이니라" (신 6 : 11 13)

우리에게 들리는 경고의 말씀이 아닐 수 없습니다.

성경이 우리에게 요구하는 것은 일차적으로 먹고사는 문제가 아닙니다. 그토록 간절히, 애타게 요구하는 것은 "너는 마음을 다하고 성품을 다하고 힘을 다하여 네 하나님 여호와를 사랑하라" (신 6 : 5)는 것입니다.

신앙은 하나님을 경배하는 것, 하나님을 사랑하는 것, 사랑함으로 그의 좋아하시는 방향에서 그의 뜻을 따라 사는 것입니다. 무엇을 먹을까? 무엇을 마실까? 하는 것은 우리가 할 걱정이 아닙니다. 하나님이 예비해 놓으셨습니다. 우리가 우선해야 할 일은 하나님의 영광을 생각하는 것입니다.

우리가 살 삶의 환경은 하나님이 예비해두셨습니다. 우리는 예비하신 것을 거두어들일 뿐입니다. 거두어들이는 방편으로 이 사회가 있고 경제활동이 있고 직업이 있는 것입니다. 하나님이 허락지 아니하시면 거두어들일 것이 없습니다.

우리가 왜 광야의 길을 걸어야 합니까? 단 한 가지 사실을 알게 하고자 하는 것은 사람이 떡으로만 사는 것이 아니요 여호와의 입에서 나오는 말씀으로 사는 것입니다. 사람이 할 수 있는 한계는 비옥한 땅에서 살 때입니다. 그러나 풀 한포기 없는 광야에서는 모든 것이 불가능합니다. 아무리 몸부림쳐도 살아갈 방법이 없습니다. 근원적으로 씨를 뿌릴 수도 없고 물을 낼 방도가 없는 곳입니다. 인간의 힘이나 지혜가 아무 가치를 발휘할 수 없는 속수무책의 상황입니다. 하나님께서 이와 같이 불가능한 상황을 만들어 놓으시고 무엇을 보여 주셨습니까?

하늘에서 만나를, 바위에서 강물을 내셨습니다. 왜 이런 일을 하셨을까요? 하나님께서 이스라엘을 낮추시기 위해서라고 합니다. 그만큼 이스라엘은 먹고사는 문제에 관한 한 자신에 넘쳤고 힘이 있었고 재능이 있었다고 믿었습니다. 하나님 없이도 살 수 있는 것처럼 살았습니다. 하나님을 섬기는 것 정도는 뒤로하고 우선 삶의 힘을 먹고사는 데에 두고 싸우고 있었습니다.

결국 인간이 하나님을 시험한 것과 하나님이 인간을 시험하신 것과의 차이가 무엇입니까? 인간은 결심대로 안 된다는 이야기입니다. 배부르니까 딴 길로 가버렸다는 것이 결론입니다.

사람은 누구나 자신에 차 있습니다. 자신의 힘으로 다 할 수 있는 것처럼 살아갑니다. 그러나 광야에서만은 마음대로 안 됩니다. 여기 우리가 사는 곳은 광야와 같습니다. 이스라엘이 경험한 것을 보고 교훈을 얻으십시오. 예수 믿는 사람이 먹고사는 문제로 고민이고 괴로움이면 참으로 어리석고 불쌍한 자입니다. 하나님께서 복을 풍족히 주시면서 염려하사 경고하신 내용이 무엇입니까?

"또 두렵건대 네가 마음에 이르기를 내 능과 내 손의 힘으로 내가 이 재
물을 얻었다 할까 하노라"(신 8 : 17).

이 소리를 들으면 바보입니다. 이 재물이 누구의 손에 있습니까? 왜
세상 사람들처럼 물질의 힘에 운명을 맡기려 합니까? 생사화복이 하나
님께 있음을 안다면 우리의 할 일은 하나님을 섬기는 것 이외에는 다른
방도가 없음을 알게 될 것입니다.

● ● ● ● ● ● ● ● ●

본문 1절과 2절에서 "너희는 마음에 근심하지 말라 하나님을 믿으니
또 나를 믿으라 내 아버지 집에 거할 곳이 많도다"라 말씀하셨습니다.
주께서 피 흘리사 나를 위하여 예비해두신 천국을 준비하는 일에 우
리의 책임이 있음을 명심하십시오. 그 나라의 상급과 관련이 있는 일을
계획하십시오. 신앙세계의 깊은 곳에 들어가면 이 세상문제가 우리를
경악케 할 일이 없습니다. 먹고사는 현실문제가 우리를 절망하게 하지
않습니다. 잠시 고통스러울 수는 있겠으나 완전히 좌절하고 절망하여
자신을 포기하는 일은 없습니다.
우리의 현실은 모두 하나님과 관련이 있는 문제들이기 때문에 생사
화복이 하나님께 있음을 아시고 하나님의 뜻을 깊게 생각하는 각성이
있으시기를 바랍니다.

내가 다시 와서

> "가서 너희를 위하여 처소를 예비하면 내가 다시 와서
> 너희를 내게로 영접하여 나 있는 곳에 너희도 있게 하리라
> 내가 가는 곳에 그 길을 너희가 알리라"

제자들에게 있어서 예수님은 권력과 부를 가져다 줄 이스라엘의 지도자로 비쳤습니다. 제자들의 마음 한 구석에는 각 자마다 권력을 거머쥘 희망을 가지고 열심히 따라다녔습니다. 그러던 중 주님이 갑자기 자신들의 곁을 떠나신다는 것입니다. 제자들의 세상이 한 순간에 사라지는 절망이 아닐 수 없습니다. 이토록 세상 문제로 근심에 쌓여 절망하고 있는 제자들을 위로하시는 말씀이 14장의 내용입니다.

3절, "가서 너희를 위하여 처소를 예비하면 내가 다시 와서 너희를 내게로 영접하여 나 있는 곳에 너희도 있게 하리라."

우리가 눈여겨 보아야 할 부분은 "가서 너희를 위하여 처소를 예비하면"과 "내가 다시 와서 너희를 나 있는 곳에 영접하리라"는 두 가지 표현입니다.

"내가 가서"란 무슨 뜻입니까? 주님이 십자가를 지시고 죽음 아래로 내려 가셨다가 다시 살아나시고 그 다음 승천하셔서 최고의 높아지신 자리로 복귀하신다는 것입니다. 예수님이 인간의 죄를 담당하시려고 이 땅에 오셔서 사신 생애는 이루 형용할 수 없는 수난의 길이었습니다. 모두가 다 우리가 하나님 앞에서 지은 죄를 대속하시기 위해서였습니다.

주님의 대속사역이 끝이 나야만 이 땅에 하늘나라가 적극적으로 이루어지기로 되어 있습니다. 그리고 승천하시고 난 후 아버지와 아들의 이름으로 제자들에게 보혜사 성령을 보내시면 그제야 하늘나라의 권세가 주어집니다. 그때가 되어서야 제자들의 세상 근심이 사라지고 그동안 보이지 않았던 하나님의 나라가 훤히 보이는 환희와 기쁨이 흘러넘치게 될 것입니다. 이를 위해서는 예수님은 반드시 제자들을 떠나 십자가의 길을 가셔야만 합니다.

"내가 다시 와서" 이는 예수께서 하늘로 가셨다가 이 땅에 다시 오신다는 것입니다. 다시 오실 때에는 나 있는 곳에 너희를 영접하시겠다고 합니다. 기독교 신앙의 핵심 중에 가장 중요한 교리는 주님의 재림입니다. 한번 오셔서 이루신 주님의 대속사역이 사실이라면 두 번째 다시 오시겠다는 것도 틀림없는 사실입니다.

다시 오실 때에는 너희를 나 있는 곳에 영접한다는 것은 영광의 자리로 안내한다는 것입니다. 모든 사람들이 보는 가운데 자랑이 있고 영광이 빛나는 곳으로 맞아들인다는 것입니다. 처음 오실 때의 모습과는 사뭇 다릅니다. 공개적이며 누구도 피할 수 없는 심판권을 행사하는 때입니다. 우리를 죄와 사망에서부터 건져내실 때와는 달리 더 이상 사람들 보기에 초라하지 않습니다. 가난하지 않습니다. 다시 오실 때는 심판주의 권세와 영광을 가지고 오십니다.

구원에는 두 영역이 있습니다. 첫 번째 구원은 좁은 의미에서 우리를 죄와 사망에서 구출하시는 것입니다. 우리가 하나님께 범죄 함으로 말미암아 영원한 사망에 처하게 되었습니다. 성경에서 죽었다는 것은 하나님과의 관계가 영원히 단절된 상태를 말합니다. 우리는 태어나면서부터 죽어서 태어납니다. 하나님을 모른 채 살다가 끝에 가면 영원한 지옥에 던져지게 됩니다. 이 죄의 근원적인 문제로부터 우리를 구출하는 것입니다. 십자가를 지신 것은 구출의 첫 발자국입니다.

이와 같은 구원의 첫 번째 의미로서 예수께서 행하신 일은 우리의 협력이나 동의를 구하지 아니하신 단독사역이었습니다. 우리를 구원하시는데 있어서 하나님이 친히 이루시는 일방적인 역사였습니다. 이를 잘 설명하는 이야기가 출애굽 사건입니다.

출애굽의 역사를 살펴보면 우리의 구원이 더욱 분명해집니다.

> "여호와께서 가라사대 내가 애굽에 있는 내 백성의 고통을 정녕히 보고
> 그들이 그 간역자로 인하여 부르짖음을 듣고 그 우고를 알고 내가 내려와
> 서 그들을 애굽의 손에서 건져 내고…"(출 3:7, 8 상반절).

이스라엘을 건져 내셔야 할 조건이 무엇입니까? 내 백성이라는 것입니다. 구출하기 전에 이미 내 백성이라는 신분이 조건입니다.

> "하나님이 그 고통 소리를 들으시고 아브라함과 이삭과 야곱에게 세운
> 그 언약을 기억하사 이스라엘 자손을 권념하셨더라"(출 2:24, 25).

구원하기 전에 조건이 무엇입니까? '나의 언약을 기억하노라' 입니다.

구원은 전적으로 하나님의 영원한 계획에 따라 이루어집니다. 오늘 우리가 영원 전에 하나님이 계획하신 대로 이 시대, 이 지점에서 구원을

받은 것은 그 자체로 이미 놀라움이며 감격이 아닐 수 없습니다. 우리를 어떻게 구원하셨습니까? 구출의 구체적인 행동이 기록된 곳이 있습니다.

"… 내가 애굽 사람의 무거운 짐 밑에서 너희를 빼어 내며 그 고역에서 너희를 건지며 편 팔과 큰 재앙으로 너희를 구속하여"(출 6:6).

'빼어내다, 건지다, 구속하다' 는 것은 모두가 원수의 손에서부터 구출하는 방법입니다. 우리가 죄에게 붙잡혀 있었고 고통의 사슬에 매여 있었고 사망의 심판에 처해 있었던 자들이었습니다. 스스로는 살아나올 가능성이 전혀 없는 절대 절망의 존재들이었습니다. 죄와 죄책, 영원한 사망의 심판은 인간으로서는 어쩔 도리가 없는 속수무책의 절망입니다.

그러면서도 인간의 보다 심각한 절망은 자신이 죄인이라는 것을 모르고 있다는 데 있습니다. 죄가 무엇인지, 죄 사함의 길이 무엇인지, 지옥의 심판이 얼마나 비참한지를 모르고 있습니다. 이렇게 하나님에 대하여 시체와 같은 존재들을 하나님이 구원하리 오신 것입니다.

하나님께서 영원 전에 정하신 뜻을 따라 때가 이르매 우리가 이렇게 구원을 얻게 되었습니다. 우리를 영원 전에 구원의 대상으로 예정하셨다는 것이 성경에서 가장 굵직한 진리입니다. 하나님께서 하시고자 한 이상, 세상은 이를 방해할 수 없습니다. 출애굽의 과정은 열 가지 재앙으로 이루어졌습니다. 구원받은 백성들의 행진을 홍해가 가로막을 수 없었습니다. 세상을 한 손아귀에 쥐고 있던 최고의 권력자 바로 왕도 구원하시는 하나님의 간섭을 감당할 길이 없었습니다.

"나를 보내신 아버지께서 이끌지 아니하시면 아무라도 내게 올 수 없으니 오는 그를 내가 마지막 날에 다시 살리리라"(요 6:44).

우리는 하나님이 이끄셔서 데려다 놓으신 결과 이 자리에 앉아 있는 것입니다. '이끌다'는 것은 저항이 전제된 단어입니다. 고집과 아집의 존재와 더불어 싸워 이기신 결과 우리를 하나님 앞에 두 손을 들고 항복케 하신 것입니다.

구약식으로 말하면 우리를 원수의 손아귀에서부터 건져내고 빼어내신 것과 같습니다. 그 하나님의 끈질긴 사랑의 간섭으로 인하여 우리가 이처럼 하나님의 권속이 된 것입니다.

다음으로 구원의 넓은 의미는 구원을 받은 하나님의 백성들의 삶의 전 과정을 말합니다. 구원의 시작은 이끌어다 놓으시는 간섭이 주도하였다면 구원 이후에 진행되는 과정은 구원받은 당사자에게 맡겨져 있습니다. 하나님에 대하여 죽었던 자가 이제는 하나님에 대한 영적 감각이 살아난 자이기 때문에 스스로 하나님의 말씀대로 살아갈 눈과 귀를 가지고 살아갑니다. 이제는 간섭하거나 이끌거나 할 이유가 없습니다. 자발적으로 하나님의 뜻을 분별할 수 있는 자가 된 것입니다.

이로써 구원을 받은 자는 이제부터 장차 나타날 하나님의 영광을 바라고 즐거워할 근거를 가진 자들입니다. 하나님이 이루실 미래의 약속을 알고 있기 때문입니다. 약속된 내용들은 모두가 다 사랑이며 소망이며 풍요와 안식입니다. 이 땅의 것도 적어도 삼십 배의 열매를 거두어들이는 번성의 삶입니다.

그의 삶의 시작이 더 이상 절망이 아닙니다. 죽음이나 형벌이 아닙니다. 삶의 시작이 생명입니다. 아브라함은 부름 받을 때부터 복의 근원이었습니다. 시작이 복의 근원이기 때문에 과거를 돌아볼 겨를이 없습니다. 그에게는 오직 미래만이 살아 움직였습니다.

만일 우리의 시작이 죽음의 절망이라면 우리에게는 미래를 준비시킬 근거가 없게 됩니다. 미래가 없는데 오늘을 살아야 할 의미도 가치도 없는 법입니다. 미래가 분명할 때 비로소 오늘의 나의 잠재력을 쏟아 부을 근거를 가지게 됩니다. 거기서 삶을 힘 있게 살 의지를 갖게 됩니다.

만일 우리가 일생을 구원자체에만 매달려 있으면 초라해질 수밖에 없습니다. 구원의 영광을 아는 자들은 구원의 값을 발휘하는 일생을 살아야 합니다. 우리가 적극적으로 살아야 하는 이유는 우리가 하나님의 영광을 위한 유일한 존재이기 때문입니다. 우리를 세상에 대하여 빛이요 소금이라고 까지 하셨습니다. 우리가 아니면 하나님의 뜻이 이루어지지 않을 만큼 존귀한 존재들이라는 것입니다.

우리가 사는 세상의 가치는 다 병들고 썩어 가는 죽음의 길입니다. 모두가 서로 도적질하고 빼앗고 죽이고 멸망시키려는 것뿐입니다. 극단의 이기주의, 실용주의 가치관, 경제적 실리를 추구하는 기계적인 가치관과 그 문화의 여건 속에서 삽니다. 나만 잘 살면 그만입니다.

우리 식구들이 배부르면 이 세상이 다 좋습니다. 정치도 경제도 누구를 위해 필요합니까? 나의 출세, 내 편의 권력을 위한 도구에 지나지 않습니다. 이상이 없습니다. 명랑한 꿈이 사라지고 있습니다. 낭만이 없고 정이 없고 사랑이 식어가고 있습니다. 자유와 화평이 깨어지고 있습니다.

우리는 하나님의 영원하신 뜻을 아는 자로서 적어도 하나님의 뜻이 하늘에서 이루어진 것같이 이 땅에서도 이루어지기를 바라는 지식을 가진 자들입니다. 하늘나라를 특징짓는 것은 평강이며 은혜입니다. 더 이상 생존경재이나 약육강식의 저급한 도덕률에 묶여 있지 아니합니다. 하나님이 보시기에 기뻐하시는 나라를 건설하는 것입니다.

이토록 구원은 더 크고 영광스러운 하늘나라의 뜻을 이루기 위한 출발점입니다. 우리가 가만히 앉아 나의 자유와 평안만을 노래하고 있으면 하나님의 나라는 여기에 이루어지지 않습니다. 구원의 자리에서 안

주하고 있으면 약속의 하나님의 나라는 내가 살고 있는 가정과 공동체 안에서 이루어지지 않습니다.

우리에게 맡겨진 사명은 땅 끝을 향한 우리의 꿈, 하나님의 나라의 확장입니다. 하나님은 이를 위해서 우리에게 때로는 고난의 아픔도 허락하시고 현실과의 피나는 싸움으로 인하여 온갖 종류의 상처도 겪게 하십니다.

구원의 영광을 놓친 채 영적으로 잠들고 있는 자를 깨우는 방법 중에 하나가 환난입니다. 믿는 자에게 환난은 형벌이 아니라 장래에 이루실 하나님의 웅장한 계획에 대하여 꿈을 갖게 하는 간섭입니다. 하나님의 언약을 굳세게 붙드는 기회입니다.

하늘나라의 복음을 가지고 세계를 향하여 나가야 되겠다는 꿈이 있는 자가 역사를 변화시킬 수 있습니다. 성령이 임하시면 늙은이가 꿈을 꿀 것이며 젊은이가 예언을 할 것이라 했습니다. 심령이 가난한 자에게, 애통이 있는 자에게, 의에 주리고 목마른 자에게 성령 임하셔서 하나님을 만나게 됩니다. 언제 우리가 하나님을 부르짖습니까? 언제 우리의 심령이 가난을 호소하게 됩니까? 환난과 고난의 걸음을 걸을 때입니다.

우리도 다 그 복음이 핵심이 되어 하나님에 의하여 이 자리에 붙들려 온 자들입니다. 저절로 온 것이 아니라 이 나라의 독특한 역사의 과정이 있었습니다. 일제의 36년간의 압박과 서러움의 통한이 베어든 역사를 경험하면서 신앙의 연단을 쌓았고 6. 25의 전쟁은 민족분단의 아픔을 가르는 재난의 역사였지만 그로 인하여 신앙의 열정을 불타게 하는 계기가 되었던 것입니다.

우리가 평안해서 지옥의 역사를 그럭저럭 사는 것 보다 비록 고난과 아픔이 있었다 할지라도 지금 우리나라가 교회가 중심이 되는 나라가 되었다는 것은 감격이 아닐 수 없습니다.

우리나라가 이 지구상에 남아 있는 유일한 분단국가로서 갈등과 분열의 극한 긴장과 대립의 극한 상황이지만 이를 통하여 우리가 멸망한

국가가 아니라 번영하는 나라로 지목指目 받고 있습니다.

이스라엘의 해방은 민족적인 자유를 위한 구출이 아닙니다. 궁극적인 목적은 하나님의 거룩한 이름을 두시기 위하여 맹세한 가나안 땅에 살게 하는 것입니다. 우상을 버리고 하나님의 뜻을 받드는 나라로 세우고자 종살이로부터 해방시키신 것입니다.

잘 살 때를 조심해야 합니다. 미래를 준비하는 각성이 요청되는 때입니다. 우리에게 약속하신 풍요와 안식의 땅은 아직도 우리를 대상으로 살아 있는 약속입니다.

이 민족적인 해방과 자유, 경제적인 번영과 문명의 이기들 때문에 하나님이 언약하신 축복을 놓칠까 두렵습니다. 우리에게 허락하신 자유와 번영은 앞으로 임할 재림을 준비하는 일에 힘 있게 사용하라고 주신 하늘나라의 기업입니다. 이 배려하신 자유와 번영이 우리로 타락하게 하는 방종의 기회가 되는 것은 아닌지 두렵습니다.

우리는 지금 가장 불안한 때를 살고 있다고 합니다. 경제전망이 어둡다는 이야기가 무성합니다. 정치는 말할 것도 없습니다. 살기가 어렵고 사회가 무질서하고 범죄가 기승을 부리고 아이들이 마음을 붙일 곳이 없다고 야단입니다.

그러나 우리에게는 어떤 일도 다 구원을 위해 필요한 사건들이요 구원을 얻은 우리에게는 주의 다시 오심을 준비하게 하는 자명종과 같습니다. 우리는 이 나라의 자유를 그리고 번영과 안정을 지킬 책임이 있습니다. 오직 재림의 그 날을 알차게 준비하는 지혜와 열성으로 이 책임을 다 해야 할 것입니다.

우리는 새 시대의 새벽녘에 서 있습니다. 사회과학 분야는 황홀한 발전을 이룩하였습니다. 전 세계는 이제는 한 가족처럼 느껴지는 가족화 시대에 살고 있습니다. 빠르고 바쁜 시간들을 보냅니다. 국제사회의 질서도 정치적 기법들도 다양하고 새로운 도전들로 인하여 전혀 예기치 않던 새로운 문화의 모델들이 창출되고 있습니다.

비록 이 땅이 죄로 얼룩지고 마귀가 할퀴고 간 상처들로 인해 썩고 냄새나는 곳이긴 하지만 그래도 하나님의 나라를 세워야 할 땅이며 하나님께서 영광을 받으시기로 약속하신 땅입니다. 교회가 진리를 지키고 이를 확산하는 사역을 감당하는 노력을 쏟아야 할 때가 왔습니다. 급변하는 세상을 아무런 대책 없이 수수방관하는 입장이어서는 안 됩니다. 노래만 하고 기뻐할 시간이 없습니다. 과거의 것을 자랑만 하고 있을 수도 없습니다.

그러나 세상을 변화시키려고 불속에 뛰어 들어가는 것은 위험하기 짝이 없습니다. 성경은 세속화 현상을 심각하게 지적합니다. 그러나 섣불리 세상 속으로 뛰어들다가 세상의 밥이 될 가능성이 있음을 경고하고 있습니다. 먼저 성령께서 이미 이루신 것을 굳세게 지키라고 강권하고 있습니다. 우리의 살 길은 하나님의 말씀에 붙들리는 방법 이외에는 다른 길이 없습니다. 교회 안에서 신앙을 튼튼히 해나가야 합니다. 내가 부요할 때에야 비로소 남에게 전할 힘이 생기는 법입니다. 내가 근근이 사는 입장에서는 남에게 전할 것이 없습니다.

말씀의 권위를 높이는 작업이 제일 우선해야 할 과제입니다. 말씀이 창조를 이끌어낸 생명의 근원임을 알도록 가르쳐야 합니다. 하나님의 입에서 나오는 말씀이 인생의 길이요 지팡이며 피할 요새요 방패임을 뼈 속 깊이 새겨야 합니다. 하나님의 말씀대로 살면 복을 받고 거역하면 형벌을 면할 길이 없음을 유일한 지식으로 간직하도록 가르쳐야 합니다.

그러기 위해서는 말씀이 추상적인 경전이 아니라 그리고 고전적인 교훈이나 의미나 사상으로서가 아니라 역사자체를 이끌어가는 예언의 말씀으로 이해해야 합니다. 역사의 처음과 나중을 있게 하는 말씀입니다. 말씀대로 역사는 주의 오심을 종점으로 하여 그 방향으로 흐르고 있으며 그 주도하시는 손길이 하나님께 있음을 알려야 합니다.

내가 가서 처소를 예비하면 나 있는 곳에 너희를 영접하리라고 하셨습니다. 다시 이끌지 않고 이제는 있는 그대로의 모습으로 받아들이겠다는 것입니다. 성경상의 모든 신앙의 열조들을 비롯하여 하나님의 백성들은 다 하나님의 영원하신 뜻을 따라 은혜로 구원을 받았습니다. 하나님의 사랑의 간섭으로 이끌려 나온 자리입니다.

그러나 그 나라에 들어갈 때에는 다시 이끌지 않고 있는 모습 그대로 영접하시겠다고 합니다. 그 나라에서 받을 의와 생명의 면류관은 우리를 영접하시기 위하여 위로하시고 독려하시는 상급입니다.

구원의 감동과 함께 날마다 쌓아지는 상급이 있는 인생을 허락받았습니다. 신앙생활의 유익을 도모하고자 우리에게 예배공간과 교육과 연구를 위한 공간이 필요합니다. 세상의 지식체계까지도 뒤바뀌어지는 말씀의 신앙화 운동이 일어나야 할 것입니다. 열심과 진심을 다해 교회 생활에 힘을 기울이시기 바랍니다.

● ● ● ● ● ● ● ● ● ●

주의 다시 오심을 준비하라는 경고의 말씀 가운데 우리를 깨우는 대목입니다.

> "너희는 스스로 조심하라 그렇지 않으면 방탕과 술 취함과 생활의 염려
> 로 마음이 둔하여지고 뜻 밖에 그날이 덫과 같이 너희에게 임하리라 이날
> 은 온 지구상에 거하는 모든 사람에게 임하리라"(눅 21 : 34, 35).

생활의 염려가 방탕과 술 취함과 나란히 우둔한 죄로 열거되어 있음을 기억하시기 바랍니다. 지나치게 세상일을 염려하다가 그날을 준비하지 못할 때 방탕과 술 취함과 동일한 죄로 취급받아 심판을 면할 길이 없음을 깨우치는 경고로 귀담아 들어야 할 것입니다.

나는 길이요…

(요 14:4-6)

"내가 가는 곳에 그 길을 너희가 알리라 도마가 가로되 주여 어디로 가시는지
우리가 알지 못하거늘 그 길을 어찌 알겠삽나이까 예수께서 가라사대
내가 곧 길이요 진리요 생명이니 나로 말미암지 않고는 아버지께로 올 자가 없느니라"

예수님께서 제자들의 곁을 떠나신다고 하신 후에 제자들은 온통 근심에 싸여 있었습니다. 만일 떠나신다면 자신들의 앞날은 어떻게 될까, 걱정이 태산 같았습니다. 온 세상이 우리의 왕이 되어달라고 소리치며 주님을 따르고 있고 머지않아 이스라엘을 주권국가로 회복하실 날이 눈앞에 보이는데 주님은 떠나신다는 말씀만 하십니다. 제자들의 입장에서는 모든 기대와 소망이 물거품이 되는 순간이 아닐 수 없습니다. 제자로 따라다녔던 지난 삼 년 동안의 기대와 보람이 사라지는 판국입니다.

이때에 주님께서 "내가 가는 곳에 그 길을 너희가 알리라" 하셨더니

이에 도마가 묻습니다.

5절, "주여 어디로 가시는지 우리가 알지 못하거늘 그 길을 어찌 알겠삽나이까."

이는 자신들의 장래에 관한 궁금증과 함께 묻는 질문입니다.

제자들이 세상근심의 문제와 관련하여 물어오는 질문에 대하여 답변하신 말씀이 기독교 신앙의 핵심을 규명해줍니다. 성경을 한 마디로 압축시키는 말씀입니다.

6절, "내가 곧 길이요 진리요 생명이니 나로 말미암지 않고는 아버지께로 올 자가 없느니라."

"내가 곧 길이요 진리요 생명이다"라는 이 말씀은 다른 종교와 비교하여 기독교의 특성을 설명하는 근본이 됩니다. 길이 무엇입니까? 보통 길이라 할 때 어떤 도를 깨우치는 것으로 이해합니다. 정신수양이나 종교적인 희열이나 평화나 고요 같은 것을 추구하는 구도의 길 정도로 이해합니다. 아니면 도덕이나 교양을 높이는 가치를 추구하는 선행주의로 인식하기도 힙니다.

잘 아는 바와 같이 과학문명의 발달로 모두가 과학적 사고방식과 합리성을 기초로 하여 진리를 규명하려고 합니다. 그 결과 내려진 진리가 "이 세상에는 절대 진리나 가치는 없다"는 것입니다. 우리가 살고 있는 곳에서 만들어진 문화의 양식들은 다 각기 나름대로 인간의 진실과 성품과 본질에 일치하는 것들로서 순수한 것들이라는 것입니다.

그러므로 이미 형성된 기존의 문화양식들은 어느 것도 부정할 수 없는 그대로의 진리와 가치가 있다는 주장입니다. 어느 하나를 고집하거나 주장하면 그 것은 무지의 소치이며 유치한 발상으로 간주해버립니다. 이러한 생각으로 만들어진 학문의 성향이 소위 모든 것은 상대적이며 보편성을 갖는다는 이론의 근거가 된 것입니다. 현대사상의 특징입니다.

　과학적 사고를 하는 사람들은 자기의 것을 고집하지 않는 자, 모든 것을 수용하는 자에 한해서 지성인이며 문화적인 사람으로 평가합니다. 모든 종교가 그 추구하는 바가 결국은 같다고 주장하면 지성인답게 되고 기독교만이 진리라고 한다면 저급한 사람이 되어 무시해버립니다.

　천주교, 개신교, 불교 등의 종교 지도자들이 한 자리에 모여 나라의 화평과 화합을 모색하는 것을 바라보면 깊은 생각을 하게 됩니다. 절에 가서 찬송을 부르고 교회에서 찬불가를 부르고 하는 것이 얼마나 상대적이며 보편적입니까? 또 얼마나 관대하고 도량이 넓어 보입니까? 이들에게 세상은 아낌없이 박수와 갈채를 보내기도 합니다.

　성경은 일반적으로 세상이 생각하듯이 길이니 진리니 하는 것을 구도의 길이나 우리가 대오大悟 각성해서 터득하고 소유하는 것으로 이야기하지 않습니다. 우리가 기존으로 가지고 있는 것을 문지르고 닦아서 높이는 무슨 선이나 도덕성 같은 것들이 아닙니다.

　성경은 이 길과 진리와 생명은 인간이 만들어낼 수 없고 인간이 깨우쳐서 간직할 수 없는 것, 오직 예수님만이 간직하고 있는 것으로 설명하고 있습니다. 내가 아니면 아버지께로 갈 길이 없다고 못 박고 있습니다. 문제는 하나님 아버지께로 어떻게 가느냐 하는 것입니다. 이 세상의 어느 것이라도 하나님 아버지께 나아 갈 수 없다면 아무리 보기에 선하고 아름답고 의롭다 할지라도 그것은 진리일 수 없고 생명일 수 없습니다.

　우리가 믿고 있는 예수님은 우리로 하여금 아버지께로 나아갈 수 있는 길이 되시고자 죄와 사망의 땅에 오셔서 우리를 구원하여 주셨습니다. 하나님과 화평을 이루는 길을 열어 주신 것입니다.

　기독교 신앙은 한마디로 요약하면 하나님 아버지께로 나아가는 운동입니다. 우리가 살고 있는 이 땅의 문제는 하나님과의 문제이지 인간과의 문제가 아닙니다. 하나님께서 지금 우리를 보시고 어떤 상태에 계시느냐 하는 것이 문제이지 세상보기에 우리가 어떠냐 하는 것은 문제 되지 않습니다. 세상에 비취는 나의 모습은 윤리나 도덕성의 문제는 될지라도 생명과 진리의 문제는 될 수 없습니다. 우리를 지금 보실 때 하나님이 기쁘시냐 아니면 화를 내시고 계시느냐하는 것이 인간 문제의 근본인 것입니다.

예수를 믿는 자의 행복을 성경은 이렇게 설명합니다.

"그러므로 우리가 믿음으로 말미암아 의롭다하심을 얻었은즉 우리 주 예수 그리스도로 말미암아 하나님으로 더불어 화평을 누리자"(롬 5:1).

우리는 이미 예수 그리스도로 말미암아 하나님과 화평의 사이가 된 것이라고 선언하고 있습니다. 이제는 누리기만 하면 되는 입장입니다. 누리지 않더라도 화평의 상태는 이미 이루어진 은혜의 세계입니다. 적어도 하나님은 우리에게는 어떤 경우에라도 진노하시거나 형벌을 주시는 분이 아니십니다. 예수 그리스도 안에서 하나님은 우리의 아버지가 되시기 때문입니다. 아버지는 자녀들의 문제를 띠맡는 자리이지 외면하지 않습니다. 아버지와의 화평을 누리는 자가 행복하며 능력을 갖습니다.

예수님께서 십자가를 지신 것은 하나님과 화목케 하시려는 것이었습니다. 우리는 십자가를 지나온 자들이며 성령으로 거듭난 자들입니다. 문제는 인간의 모든 문제가 하나님과 결부되어 있는데 우리가 아직도 하나님과 더불어 화평을 누리지 못하고 있다면 신앙인으로서 특권을 다 놓치고 있는 가련한 자가 되는 격입니다.

"이는 저로 말미암아 우리 둘이 한 성령 안에서 아버지께 나아감을 얻게 하려 하심이라"(엡 2:18).

아버지께 나아감을 목적으로 예수께서 십자가를 지셨습니다. 뿐만 아니라 성령을 보내셔서 하나님께 나아가는 길을 활짝 열어 주셨습니다. 곧 기도의 길입니다. 하나님이 우리에게 찾아오시는 유일한 길이 되시는 예수의 이름으로 성령의 위로와 성원하시는 능력을 힘입어 아버지 앞으로 나아가는 자유가 주어진 것입니다. 우리가 어느 정도의 가능성을 가진 자들인지에 대해 성경은 놀랍게도 우리의 신분을 이렇게 묘사하고 있습니다.

> "그러므로 이제부터 너희가 외인도 아니요 손도 아니요 오직 성도들과 동일한 시민이요 하나님의 권속이라 너희는 사도들과 선지자들의 터 위에 세우심을 입은 자라…" (엡 2 : 19, 20 상반절).

우리는 하나님께 나아가는 길이 열림과 동시에 이제부터는 사도들과 선지자들처럼 그의 길과 진리와 생명을 증거하는 하나님 나라의 식구들이 된 것입니다. 예수님은 자신을 가리켜 길이요 진리요 생명이라고 못 박으심으로써 적어도 길과 진리와 생명은 우리 인간에게 맡겨져 있지 않음을 선언하셨습니다.

예수님은 길과 진리와 생명을 우리에게 나누어주시는 분이 아니라 예수님 자신이 길과 진리와 생명이시라고 하셨습니다. 이 길을 인간에게 맡기지 않으셨습니다. 이 길을, 이 진리를, 이 생명을 우리에게 양보하지 아니하셨습니다.

"나는 길이다"라고 하신 것은 예수님 자신이 길이라는 것입니다. 길이나 진리나 생명은 예수님과의 인격적인 관계에서만 얻을 수 있습니다. 예수님과의 만남과 관계에서 우리가 가질 수 있는 것으로 설명하고 있습니다. 우리는 예수님을 통해서만이 하나님께 나아갈 수 있고 진리와 생명을 소유할 수 있는 존재입니다. 우리 스스로가 길과 진리와 생명일 수가 없습니다. 타 종교와 비교하여 구별되는 독특한 대목입니다.

기존의 것은 다 하나님 보시기에 부패하고 냄새나는 저주와 멸망의 것들일 뿐 쓸 만한 것이 없는 상태입니다. 사람들은 결과적으로 예수님 밖에 있으니까 길도 진리도 생명도 아닌 상태에서 구도의 길을 연마하고 있습니다. 구도의 길은 마치 썩어져 가는 시체를 고급화장을 하여 보기에 살아 있는 것 같이 꾸미는 것과 같습니다.

기독교는 독선적이며 배타적일 수밖에 없습니다. 예수님 이외에는 길과 진리나 생명이 없다는 것을 유일한 근거로 살기 때문입니다. 세상이 볼 때는 당연히 타종교에 비해서 편협 되고 옹고집인 것같이 비추어 집니다. 그래서 외면당하기 쉽습니다.

그러나 진리는 권위를 본질로 합니다. 옹고집일 수밖에 없는 것은 그것만이 사실이기 때문입니다. 다른 것은 다 헛된 것이나 예수만이 길이요 진리요 생명인 것은 영원불변한 사실이기에 양보할 수 없는 것입니다. 순교를 하는 것도 예수 그리스도가 진리와 생명이며 분명한 사실이기 때문입니다. 그렇다고 하여 삶을 외면하지는 않습니다. 세상을 더욱 사랑하고 섬깁니다. 헌신과 봉사를 아끼지 아니힙니다.

우리가 길과 진리와 생명을 알고 있는 입장에서 이를 모르는 자들을 섬기는 일을 게을리 할 수 없습니다. 왜 그렇습니까? 우리에게는 모든 사람이 다 구원을 받아야 할 대상이요 하나님의 은혜가 아니면 희망이 없는 불쌍한 존재들이기 때문입니다. 이 나라가 아무리 민주화가 되고 문화의 일류 국가가 되고 경제대국이 되었다 하더라도 적어도 예수 믿는 우리의 눈에는 하나님의 은혜가 아니면 구원 받지 못할 가련한 자들입니다.

그러나 근간 기독교의 길과 진리가 하나님과 관련이 있는 방향으로 나아가지 않고 있다는 것은 안타까운 상황이 아닐 수 없습니다. 일반적으로 사회나 국가가 위기와 혼란에 처할 때마다 기독교는 사랑과 공의라는 구실로 불의를 척결하고 사회를 도덕적으로 정화하는 데에 앞장서 줄 것을 강요당하기 마련입니다.

세상은 사회의 혼란을 막는 일에 그 책임을 교회에다가 떠밀고 있습니다. 국가나 사회공동체는 성직자들의 종교적인 힘을 빌려 사회 안정을 기하려는 시도들이 연출되기도 합니다. 우리의 기도 제목도 다분히 국가와 사회의 안정과 번성입니다. 어떤 이유로입니까? 국가의 안정을 위해서입니다.

역사적으로 기독교가 전파된 나라들은 다 하나님의 말씀을 기초로 교육하고 계몽하여 훌륭한 인재들을 길러내었습니다. 복음의 자유와 평화를 아는 자들의 안목으로 국가와 사회의 지도력을 개발하여 살기 좋은 터를 만들어 부강을 누린 것은 부정할 수 없습니다. 민주화나 자유나 인권이나 평등과 같은 이념들은 기독교에 의해서 주도된 것들입니다.

그럼에도 불구하고 기독교의 길과 진리와 생명은 원래의 의도대로 한 영혼을 구원하는 데에는 적용되지 않다는 것이 역사의 증언입니다. 번영과 자유와 평화에는 공헌하였는데 하나님의 나라는 그 곳에 건설되지 않다는 말입니다.

사람들은 예수의 길과 진리와 생명을 가지고 자국의 번영과 안정을 위해서는 열심을 부렸는데 영혼을 불러내는 일에는 등한히 했다는 것입니다. 영국이 인도를, 화란이 인도네시아를 적어도 200년 이상을 각각 통치하였지만 지금 그 곳은 모두 모슬렘국가가 되고 말았습니다. 아프리카와 아시아대륙은 기독교 국가들이 선교를 명분으로 들어간 나라들이 대부분을 차지하고 있습니다. 복음의 길과 진리와 생명을 가지고 들어간 곳에서 이 복음이 사람들에 의하여 그들의 탐욕의 수단으로 응용되는 악순환이 되풀이된 결과 지금은 다 모슬렘국가로 전락하고 말았습니다.

우리가 세상에 대하여 빛과 소금으로 부름을 받았지만 그 자리는 단순히 사회적 기준으로 도덕성이나 아름다움으로만 존재하는 것이 아니라 한 영혼이 구원함에 이르는 영광이 하나님께 드러지고 그 선행이 교회의 덕이 될 때에 비로소 빛과 소금으로서 가치가 있는 것입니다.

오늘의 현실도 안타깝습니다. 기독교가 민주화나 민중 운동 같은 일에는 목소리를 높이고 있는데 영적인 일은 그들로부터 도외시되고 있다는 데에 심각성이 있습니다.

우리는 이 세상이 가는 길로 가지 아니하고 이 나라의 민주화를 위해 살지 아니하고 나라의 국익을 위해서 살지도 않습니다. 하나님은 여기 이 땅에 하나님의 나라를 세우시고 그 나라로 멸망 받을 사람들을 불러오게 하시려고 교회를 허락하셨습니다.

주님은 세상을 고쳐서 하나님의 나라를 세우려고 오시지 않으셨습니다. 이곳은 언젠가는 하나님의 심판을 받아 멸망할 곳임을 경고하고 예수를 구주로 영접하는 길만이 하나님께로 갈 수 있는 유일한 길임을 설명하러 오셨습니다.

기독교의 사상을 이루는 두 물줄기가 있습니다. 정신병환자를 퇴원시키는 기준은 수도꼭지를 틀어 놓고 거기에 큰 대야와 물수건을 놓아둔 다음 반응을 본다고 합니다. 흐르는 물을 계속 수건으로 훔쳐서 대야에 짜서 넣는 자가 있고 수도꼭지를 잠그는 자가 있다고 합니다. 이것이 퇴원수속인데 누가 퇴원할 자격이 있을까요?

사회의 악순환의 원인을 법이나 제도나 기타 사회 환경이라고 생각하는 사람들은 물을 대야에 수건으로 짜서 넣는 사람과 같을 것입니다. 제도나 법률이나 환경을 고친다고 죄의 악순환이 없어질까요?

계몽주의가 한창일 때 사람들을 가르쳐 놓았더니 더욱 악랄한 인간으로 발전해가더란 것이 지난 역사에서 배운 진리입니다. 하나님을 섬기지 않는 한 그 사람에게서 길과 진리와 생명을 기대할 수 없다는 것의 반증입니다.

예수님께서 "내가 길이요 진리요 생명"이라고 하신 것은 우리가 길과 진리를 맡으면 우리의 유익을 위하여 응용할 가능성을 아셨기 때문입니다. 우리의 속성이 영혼의 문제를 풀기 위하여 사용하지 않고 탐욕의 재료로 쓸 수 있음을 아신 것입니다. 부활하신 후 이 세상을 제자들에게 맡기실 때에도 너희는 아버지께서 약속하신 성령을 기다려라 하시고 떠나셨습니다. 제자들이 홀로 전하면 복음이 또 자신들의 탐심의 수단으로 변질될 가능성이 있기 때문입니다. 오늘 우리가 예수의 복음을 빙자하여 교회를 세우고 선교를 하고 선한 사업을 할 때에 반드시 기억해야 할 것은 우리 자신이 길과 진리와 생명이 아니라는 것을 뼈 속 깊게 간직해야 할 것입니다.

신앙은 예수님과의 인격적인 관계이지 내용적이지 않습니다. 예수 믿고 얼마나 복을 받았느냐? 얼마나 많은 것을 아느냐? 좋은 사회로의 변화가 있었느냐? 하는 것은 복음의 내용이 아닙니다. 신앙은 하나님 앞에 얼마나 진심으로 항복하느냐?의 싸움입니다. 예수님이 나의 길이요 나의 진리요 나의 생명임을 고백하는 삶입니다. 하나님 앞에 엎드리는 것입니다.

우리나라가 돈이 많아지고 살기가 편리해지자 교회 안에서도 예수의 길과 진리와 생명이 묽어지기 시작했습니다. 교회는 그리스도의 길과 진리와 생명이 필요한 것이지 돈이나 물리적인 힘이 그리고 숫자가 필요치 않습니다. 이 나라가 대통령이 예수 믿지 않아서 멸망하지 않고 어느 정당이 집권하든지 거기에 우리의 운명이 달려 있지 않습니다.

그러나 반드시 기억해야 할 것은 교회가 말씀의 권위를 잃어버리고 길과 진리와 생명이 사람들의 탐욕의 수단으로 응용되는 세속화 현상이 일어나면 멸망합니다. 소돔과 고모라성이 하나님을 믿지 않아서 멸망한 것이 아니라 하나님을 자신의 편리한 대로 고쳐 믿다가 결국 의인 열 명도 없는 도시가 된 것입니다.

예수님은 이 길과 진리와 생명이 되시고자 십자가를 지셨습니다. 우리가 길일 수는 없지만 그리스도의 인격으로의 적극적인 변화를 입기로 결심해야 합니다. 이 결심들이 합해져서 우리도 십자가를 지는 길을 감내할 수 있게 됩니다. 우리 자신이 길이나 진리나 생명이 될 수는 없지만 내가 없어지고 오직 예수께서 사는 자로 존재하는 삶이 따를 때에 그 길을 안내하는 역할을 감당할 수 있습니다. 이것이 제자의 길입니다.

● ● ● ● ● ● ● ● ● ●

예수님은 길이요 진리요 생명이십니다. 주님을 통하지 않고는 아버지께 갈 자가 아무도 없습니다. 이것은 확고부동한 영원한 사실입니다. 그러나 주님은 그분의 길과 진리와 생명이심을 증명하고 설명하고 전파하는 일은 우리가 지체로 만나는 교회에 맡기셨습니다. 우리가 그리스도의 복음을 대변하고 배역하는 인격과 삶을 완성해야 할 장본인들임을 명심해야 할 것입니다.

교회는 진리와 생명을 만들어내는 장소가 아닙니다. 동시에 하늘나라일 수 없습니다. 하나님의 나라를 훈련하고 경험하는 유일한 기관입니다. 주님의 평소에 행하시며 가르치시던 길과 진리와 생명의 말씀을 우리의 삶에 활용하며 경험하는 배역들이 모인 자리입니다. 우리가 주님을 온 천하에 증명하는 유일한 존재들입니다.

그렇다면 예수님의 길과 진리와 생명을 나의 것으로 증거하며 외치기 위해서 우리 자신이 먼저 주님과 깊고 풍성하게 교제하며 함께 활동하는 열정으로 가다듬어야 할 것입니다.

(요 14:7–11)

> "너희가 나를 알았더면 내 아버지도 알았으리로다 이제부터는 너희가 그를 알았고
> 또 보았느니라 빌립이 가로되 주여 아버지를 우리에게 보여 주옵소서 그리하면 족하겠나이다
> 예수께서 가라사대 빌립아 내가 이렇게 오래 너희와 함께 있으되 네가 나를 알지 못하느냐
> 나를 본 자는 아버지를 보았거늘 어찌하여 아버지를 보이라 하느냐 나는 아버지 안에 있고
> 아버지는 내 안에 계신 것을 네가 믿지 아니하느냐 내가 너희에게 이르는 말이 스스로 하는
> 것이 아니라 아버지께서 내 안에 계셔 그의 일을 하시는 것이라 내가 아버지 안에 있고
> 아버지께서 내 안에 계심을 믿으라 그렇지 못하겠거든 행하는 그 일을 인하여 나를 믿으라"

예수님이 떠나신다는 말씀에 제자들은 당혹함을 억제할 수 없었습니
다. 예수께서 "내가 가는 길을 너희가 알리라" 하셨더니 도마가 하는 말
"우리가 어디로 가시는지 어찌 알겠삽나이까?" 자신의 세상문제가 걱
정이 되어 호기심을 가지고 묻고 있는데 주님은 전혀 다른 대답을 들려
주십니다.

6절, "내가 곧 길이요 진리요 생명이니 나로 말미암지 않고는 아버지
께로 올 자가 없느니라."

제자들이 바라는 대로 세상의 권력이나 부귀영화를 향하여 가지 아

니하시고 아버지께로 가신다고 하십니다.

이어서 덧붙여 설명하시는 말씀 7절, "너희가 나를 알았더면 내 아버지도 알았으리로다 이제부터는 너희가 그를 알았고 또 보았느니라"

이번에는 빌립이 나와서 이런 반응을 보입니다.

8절, "주여 아버지를 우리에게 보여 주시옵소서 그러면 족하겠나이다."

제자들의 입장에서는 하늘에 계신 아버지를 직접 눈으로 확인할 수만 있다면 모든 문제가 다 풀려집니다.

예수님의 응답은 9절과 10절 상반절, "나를 본 자는 아버지를 보았거늘 어찌하여 아버지를 보이라 하느냐 나는 아버지 안에 있고 아버지는 내 안에 계신 것을 네가 믿지 아니하느냐"라고 하십니다.

예수께서 하신 말씀의 요지는 이것입니다. '너희가 이미 보았는데 또 무엇을 보여 달라 하느냐?' 는 것입니다. "나를 본 자는 아버지를 보았느니라"라고 말씀하십니다. 우리는 여기에서 대단히 중요한 신학적인 주제를 만나게 됩니다. 다시 말하면 예수님은 하나님 아버지를 계시하시는 인격체라는 것입니다.

"나는 길이요 진리요 생명이니 나로 말미암지 않고는 아버지께로 올 자가 없느니라"고 하셨을 때에 예수님은 이미 그 자신만이 아버지께로 나아가는 유일한 길임을 선포하셨습니다. 그와 마찬가지로 지금은 내가 아니면 하나님 아버지를 볼 수도 없고 알 수도 없다는 것을 선포하십니다.

예수님은 하나님 아버지께로 가는 유일한 길이며 하나님을 보고 알 수 있게 하는 단 하나의 설명체입니다. 다시 말하면 예수님은 보이지 않는 하나님을 우리에게 보여주시는 계시자입니다. 예수님의 말씀이나 행동은 모두가 다 하나님을 우리에게 보이시는 장면입니다. 그가 가는 곳마다 일으켜지는 기적과 권능의 기사들은 물론이거니와 주님의 눈물한 방울과 피 한 방울까지도 다 하나님을 우리게 설명하시는 내용들입니다.

기독교의 특징은 계시입니다. 어떤 이들은 기독교만이 살아 있는 종교라 하여 기적이나 표적을 들어 다른 종교와 구별하고자 합니다. 초월한 사건은 각 종교들마다 갖고 있는 특성입니다. 원시종교일수록 초월을 더욱 많이 신봉합니다. 단풍잎을 타고 하늘을 나는 것, 손바닥에서 바람을 일으키는 것과 같은 초월한 것에 관한 이야기는 다른 종교에서 더욱 흥미진진하게 진열되어 있습니다. 실제로 무당들이 신접하여 굿을 하는 곳에 가면 날카로운 작두 위를 맨발로 걷는 모습을 볼 수 있습니다. 악령의 세계에도 기적은 일어나고 있습니다. 기적을 중심으로 기독교를 증명하려는 시도는 기독교 신앙을 오해한 데서 비롯된 것입니다.

기독교 신앙의 핵심은 하나님 아버지를 아는 것입니다. 하나님의 성품을 알고 그와 더불어 살고 그 뜻을 받드는 것입니다. 문제는 우리가 하나님을 어떻게 아느냐 하는 것입니다. 우리의 가능성을 다 동원한다 하여도 불가능한 일입니다. 우리가 감각할 수 있는 유일한 기능은 이성입니다. 이성이란 합리성입니다. 이치에 맞지 않으면 어떤 것이라도 설득되지 않습니다.

하늘에 계시는 하나님을 아무리 논리적으로 설명하여도 이해가 되지 않습니다. 왜 그렇습니까? 이 땅에 관한 이야기가 아니라 하늘에 계신 하나님에 관한 것이기 때문에 합리성이라는 벽에 부딪히게 됩니다. 우리로서는 설득시킬 방법이 없습니다. 초월자를 유한한 존재 안으로 집어넣어야 하는 데 불가능합니다. 눈으로 보고 귀로 듣는다면 설득이 될 것 같은데 보았다고 하여 다 믿습니까? 그렇지 않다는 것입니다.

하나님을 왜 안 믿습니까? 눈으로 보지 않았기 때문입니까? 직접 듣지 못했기 때문입니까?

아무리 보았어도 합리적이지 않으면 시간이 지남에 따라 머리에서 가슴에서 사라지고 맙니다. 우리의 경우에도 마찬가지입니다. 우리가 영적으로 초월한 것을 경험하였다 해도 그것이 우리의 합리성을 통과시키지 않고는 머리에 분명하게 인식되지 않습니다. 시간이 지남에 따라 점점 사라집니다.

지금 제자들은 예수님을 통하여 하나님만이 하실 수 있는 기적과 권능의 기사들을 직접 눈으로 보고 말씀을 들었습니다.

오병이어로 남자만 헤아려 오천 명을 먹이실 때에도 하나님이 베푸시는 기적을 거기 앉아 있는 사람들보다 가장 가까이, 구체적으로 직접 눈으로 보고 가슴으로 벅차오르는 감동과 함께 예수님이 하나님의 아들임을 경험했었습니다. 그럼에도 불구하고 불과 하루가 가기 전에 갈릴리 호수 한 가운데서 풍랑을 만나 목숨이 위험에 빠졌을 때 비명을 지르며 아우성이었습니다. 주님이 거기 함께 계시는 데도 말입니다. 주님이 일어나서서 하신 말씀, "왜 의심하였느냐? 믿음이 적은 자들아"라고 꾸짖으셨습니다.

믿음이란 무엇입니까? 그 대상이 하나님이십니다. 우리의 합리성을 훨씬 뛰어 넘는 대상을 수용하는 것입니다. 이성으로는 이해가 안 되는 것을 설득시키는 방법은 믿음을 동원하는 것입니다. 자연인들은 하나님을 이해할 방법이 없는 것은 저들에게 있는 것은 이성 밖에 없기 때문입니다. 그들에게는 믿음이 없습니다.

믿음은 하나님께서 이루어 놓으신 것을 어떻게 나의 것으로 소유하느냐? 어떻게 나의 삶에 활용하느냐? 이를 얼마나 확실하게 나의 감동과 기쁨으로 외치며 증거하느냐? 에 대한 싸움입니다. 우리의 이성으로는 불가능합니다.

기독교 신앙의 원리는 계시입니다. 우리를 항복하게 하는 계시의 사건이 일어나야만 납득이 됩니다. 계시의 영으로 하지 않고는 하나님을 알 수 없습니다. 계시는 그 주체자가 하나님이심을 놓쳐서는 안 됩니다. 계시는 하나님이 친히 자신을 우리에게 나타내시는 간섭인데 하나님 자신을 우리에게 보여주시는 것으로 끝이 아닙니다. 하나님이 자신을 드러내신다 하여도 가만히 진열해 놓은 상태에서는 구경거리일 수밖에 없습니다.

계시의 특성은 하나님이 자신을 나타내실 때에는 반드시 이루시고야 만다는 강렬한 의지와 함께 계시하십니다. 하나님이 어떤 뜻이 없으시 면 계시하실 이유가 없으시다는 것이 계시의 특성입니다. 창조하실 때 에는 그 전에 이미 하나님이 갖고 계시는 목적이 있어서 만드셨습니다. 오늘 우리가 이 땅에 태어나서 사는 것은 우리의 계획으로가 아니라 하 나님의 뜻이 있어 이렇게 사는 것입니다.

십자가는 하나님의 사랑을 인간들에게 보여주시는 사랑의 진열이 아 닙니다. 상품진열장처럼 우리의 선택을 기다리는 전시장이 아닙니다. 감동 해달라는 전시효과용으로 십자가를 세우신 것이 아닙니다. 이처 럼 사랑하사 반드시 영생을 얻게 하고야 말겠다고 하는 강렬하신 의지 를 선언하시는 장면입니다.

신앙의 특징은 하나님이 모든 것의 주도권을 가지시는 분이심을 핵 심으로 합니다. 다른 종교는 모두 신들이 왜 존재하는가 하면 내가 하고 싶은 일이 있고 내가 계획한 일이 있어서 그 일에 동원되는 초월자의 간 섭이 필요해서입니다. 내가 하고 싶은 일에 혹 그 신이 화를 내실까 하 여 진사陳謝를 드려서 화를 진정시키는 종교의 형태를 취하기도 합니 다. 그래서 범신론이라 합니다. 이는 결국 내가 주인이라는 것입니다.

그러나 기독교 신앙은 하나님이 시작하시고 하나님이 마치시는 분으 로서 하나님이 주권을 가지시고 일하심을 주제로 하여 거기에 나를 항 복하게 하는 것입니다. 하나님의 뜻이 먼저 있고 내가 그 뜻에 순종하여 사는 삶이 따릅니다. 그래서 기독교 신앙의 아름다움은 자기부정이며 순종입니다.

성경의 내용은 하나님이 어떤 분이신가를 설명하는 것이 주제입니다. 성경의 인물들이 그렇게도 충성하며 살 수 있었던 것을 내용으로 우리도 그와 같이 살자는 것을 교훈으로 하자는 것이 아닙니다. 그렇게 우리도 본받아 살자는 것을 내용으로 하면 그 사람이 주인공이 됩니다. 성경은 하나님이 주인공이시면 하나님에 관한 비밀을 우리에게 알리시는 것을 주제로 거기에 등장되는 인물이 동원될 뿐입니다.

아브라함이 백세에 낳은 아들을 어떻게 한마디 변명 없이 바칠 수 있었던가? 아브라함에게 있어서 하나님은 어떤 분이신가? 사도들과 선지자들의 생애를 어떻게 설명하고 있는가? 세상이 감당치 못할 사람들로 이야기 하고 있습니다. 그토록 감동적이고 기뻤고 행복했다는 것입니다. 누가 누구를 위하여 그들의 생애를 감동케 하셨습니까? 하나님은 우리의 것을 요구하시는 분이 아니라 우리를 감동케 하실 분이시며 더욱 만족하게 하실 분이십니다.

인간 스스로의 힘으로는 하나님을 알 수 있는 방법이 없는데 어떻게 이런 일이 일어났을까요? 아브라함에게 사도들과 선지자들에게 오늘 가장 미천한 나에게 까지 말입니다. 놀랍습니다. 생각해보면 기적이 아닐 수가 없습니다. 아직도 사람들은 그들이 가지고 있는 합리성이란 조건에 갇혀서 하나님을 안 믿습니다. 안 믿는 것이 아니라 못 믿습니다. 하나님을 포착할 근거가 없기 때문입니다. 하나님을 우리가 붙잡으려면 두 가지 조건이 맞아야 합니다. 시간과 공간이라는 조건입니다.

유명한 '칸트(Kant, I.)'라는 철학자가 논증한 이론입니다. 이성이란 시간과 공간이라는 한계 안에서만 인식하지 초월하는 경우에는 인식이 불가능하다는 것입니다.

예를 들면 여기 피아노가 있습니다. 그러나 우리가 있다는 것을 인식하기 위해서는 우리의 눈에 들어와야 합니다. 눈에 들어오기 위해서는 빛이 있어야 하는 공간적인 조건이 맞아야 합니다. 또 시간적으로 지금 계속되는 연속적인 사건이라야 합니다. 내가 이천 년 전의 것을 어떻게 볼 수 있는가? 하는 문제가 있습니다.

또 하나는 감각기관의 기능이 같지 않다는 것입니다. 환경과 여건에 따라 수시로 변합니다.

식당에 걸려 있는 벽화의 경우, 처음 며칠 동안 보고 감상할 때마다 감동이 올라오지 한두 달이 지나가면 처음 흥미를 유지할 수 없습니다. 감각이 퇴색됩니다.

우리는 관심이 무엇이냐에 따라 눈으로 보는 폭이 제한됩니다. 아기를 키우는 엄마는 요란한 기차소리에도 잠을 잘 수 있어도 젖꼭지를 물리고 자는 아기의 작은 움직임에도 잠을 깹니다. 구두를 사러 가는 사람은 다른 사람이 신고 있는 구두 밖에는 눈에 들어오지 않습니다.

성경은 참으로 초월한 내용들로 흥미진진한 일들로 가득합니다. 하나님은 어떻게 우리를 설득하셨습니까? 초월하신 하나님을 우리에게 알리시는 방법으로 우리가 알 수 있는 시간과 공간의 형식을 빌리셨다는 것입니다. 시간과 공간의 제한을 받고 있는 우리에게 오셔서 하나님의 일을 보이시는 방법을 쓰셨습니다.

예수 그리스도는 우리에게 오셔서 이성으로는 도저히 포착이 안 되는 초월하신 하나님을 우리가 듣고 볼 수 있도록 우리와 같은 육체를 입고 오셨습니다. 문제는 우리와 사는 모양은 같은데 하시는 일은 하나님만이 하실 수 있는 일을 하시더란 말입니다. 물로 포도주를 만들면서부터 그가 가시는 곳마다 온갖 기이한 일들이 나타나는데 사람들이 감당할 수가 없었습니다.

여기 우리가 인식할 수 있는 방법을 가지고 일하시는데 시간과 공간을 초월하는 사건들을 보이십니다. 인간의 이해를 초월하는 기적들을 펼쳐 보이신 것입니다. 여기에 주님에 대한 오해가 시작된 것입니다. 하나님이 일으키시는 기적과 표적 속에는 보이지 않는 하나님을 보여주시는 내용들인데 인간들이 포착할 수 있는 것은 그 권능으로 세상의 문제를 해결하는데 사용하면 될 것이란 생각뿐이었습니다. 가장 합리적인 생각입니다. 하나님이 오셔서 자신의 뜻을 계시하고 계시는데 영의 나라에 대해서는 장님들이었습니다.

우리가 얼마나 하나님을 믿을 수 없는 존재들이냐 하면 보여 주어도 모르더란 것입니다. 본다고 다 믿습니까? 나사로가 살아나는 장면을 본 자들이 예수를 죽일 음모를 꾸미는 일에 더욱 악랄해지더란 것이 성경의 지적입니다. 우리가 얼마나 이성적 존재인가 하면 이치에 맞지 않으면 잠을 못 자는 자들입니다. 예를 들어 돈 만 원을 가지고 시장엘 갔습니다. 2천 원 주고 콩나물 사고 3천 원 주고 자장면을 사먹었습니다. 집에 와서 보니 남은 돈 5천 원이 없습니다. 오천 원이 없어진 것 때문에 잠을 이루지 못합니다. 그냥 못 넘어갑니다. 어떻게 넘어갑니까? 결국 '잃었구나' 라는 결론이 내려져야 잠을 자는 존재들입니다.

하나님을 보았습니까? 천국에 가봤습니까? 확인도 안 하고 어떻게 믿습니까? 이러한 의심이 어떻게 깨어져 나갑니까? 보이지 않는 초월에 대하여는 이토록 폐쇄적인 이성을 가진 존재가 어떻게 하나님을 나의 창조주로 구속주로 믿을 수 있었던가요? 닫혀 있는 마음이 열린 체계로의 전환이 있어야 가능한데 우리 스스로의 힘으로는 불가능합니다.

"믿음으로 모든 세계가 하나님의 말씀으로 지어진 줄을 우리가 아나니…"(히 11 : 2).

성경에서 믿음은 어떤 경우에 사용하십니까? 이성으로 파악이 안 되는 것을 아는 방법으로 동원되는 단어가 믿음입니다. 초월하시는 하나님을 아는 길은 믿음이 외에는 다른 길이 없습니다. 그래서 믿음은 우리의 것이 아니라 하나님이 주시는 은혜의 선물이라고 한 것입니다.

하나님이 찾아 오셔서 하나님 자신을 볼 수 있도록 영혼의 눈을 뜨게 하시고 영혼의 귀를 열어주시지 아니하시면 하나님의 하시는 일을 깨달을 수가 없습니다. 하나님은 예수 그리스도를 통하여 자신을 나타내시고 자신의 뜻을 설명하고 있습니다. 아직 사람들은 그리스도를 알지 못했습니다. 영안이 열려 있지 않았습니다.

● ● ● ● ● ● ● ● ●

본문 10절, "나는 아버지 안에 있고 아버지는 내 안에 계신 것을 네가 믿지 아니하느냐 내가 너희에게 이르는 말이 스스로 하는 것이 아니라 아버지께서 내 안에 계셔 그의 일을 하시는 것이라."

주님의 최종적인 결론이 무엇입니까? 그리스도 나를 보았다면 곧 아버지를 본 것이라는 것입니다. 빌립을 위시하여 제자들은 아직까지 예수님을 보고 하나님의 경륜經綸을 본 것이 아니라 자신들의 세상을 어떻게 호전시킬 것인가에 골몰하고 있었습니다.

하나님이 이루시는 뜻이 있는 일들로서 우리가 지금 이런 일 저런 일을 만나고 있는데 아직도 하나님을 보여 달라고 할 것입니까? 우리는 지금 예수 그리스도 안에서 나타낸 하나님의 사랑이 성령으로 말미암아 심령으로부터 넘쳐흐르는 감동을 감사하고 찬송하며 살고 있습니다. 우리는 이미 예수 안에서 이루신 구원의 경이로운 영광과 함께 순간마다 하나님과 연결하여 생각지 않으면 안 되는 곳, 하나님의 나라에 초대되어 있는 것입니다.

하나님을 대행하는 자

"나는 아버지 안에 있고 아버지는 내 안에 계신 것을 네가 믿지 아니하느냐 내가 너희에게 이르는 말이 스스로 하는 것이 아니라 아버지께서 내 안에 계셔 그의 일을 하시는 것이라 내가 아버지 안에 있고 아버지께서 내 안에 계심을 믿으라 그렇지 못하겠거든 행하는 그 일을 인하여 나를 믿으라 내가 진실로 진실로 너희에게 이르노니 나를 믿는 자는 나의 하는 일을 저도 할 것이요 또한 이보다 큰 것도 하리니 이는 내가 아버지께로 감이니라"

6절, "내가 곧 길이요 진리요 생명이니 나로 말미암지 않고는 아버지께로 올 자가 없느니라."

예수님만이 아버지께로 가는 유일한 길이라는 것을 선포하셨습니다.

9절, "나를 본 자는 아버지를 보았느니라." 라고 하십니다. 주님은 아버지를 볼 수 있는 유일한 설명체이시며 계시자임을 말씀하셨습니다.

그 다음으로 선포되는 말씀, 10, 11절, "스스로 하는 것이 아니라 아버지께서 내 안에 계셔 그의 일을 하시는 것이라 내가 아버지 안에 있고 아버지께서 내 안에 계심을 믿으라 그렇지 못하겠거든 행하는 그 일을 인하여 나를 믿으라."

주님의 말씀은 그의 행위가 다 하나님의 일로 연결하고 있습니다. 더욱 놀라운 것은 주님 자신 뿐 아니라 우리에게도 이러한 일이 일어날 것임을 예언하고 있다는 것입니다.

12절, "내가 진실로 진실로 너희에게 이르노니 나를 믿는 자는 나의 하는 일을 저도 할 것이요 또한 이보다 더 큰 것도 하리니 이는 내가 아버지께로 감이니라."

예수님이 하시는 일은 곧 아버지께서 행하시는 것이라고 하시고 곧이어서 우리가 하는 일을 보면 그 안에 예수님 자신이 행하시는 일이나 마찬가지라고 하십니다. 더욱 우리를 놀랍게 하는 것은 우리가 예수님이 행하시는 것보다 더 큰 일을 할 것이라는 것입니다.

즉, 예수님의 하시는 일을 보면 보이지 않는 아버지를 보는 것과 같고 우리가 행하는 일을 보면 예수님을 본 것과 마찬가지일 뿐 아니라 이보다 더 큰일을 한다 하였으니 우리를 보면 하늘에 계신 아버지를 보는 것과 같다는 것입니다.

이에 대한 바울의 증거 갈라디아서 2장 20절, "내가 그리스도와 함께 십자가에 못 박혔나니 그런즉 이제는 내가 산 것이 아니요 오직 내 안에 그리스도께서 사신 것이라 이제 내가 육체 가운데 사는 것은 나를 사랑하사 나를 위하여 자기 몸을 버리신 하나님의 아들을 믿는 믿음 안에서 사는 것이라"

예수 안에 있기 때문에 나는 없어지고 내게 예수 그리스도가 살아서 움직이신다는 것입니다. 아들이 믿던 믿음으로 살기 때문입니다.

> "그리스도 안에서 일만 스승이 있으되 아비는 많지 않나니 그리스도
> 예수 안에서 복음으로서 내가 너희를 낳았음이라 그러므로 내가 너희에게
> 권하노니 너희는 나를 본받는 자 되라" (고전 4 : 15, 16).

바울은 그리스도를 설명하는 데 자기 자신을 본으로 하고 있습니다.

어떻게 이러한 일이 가능할 수 있습니까? 인간이 어떻게 지음을 받았기에 우리가 하나님의 일을 할 수가 있습니까?

"여호와 하나님이 흙으로 사람을 지으시고 생기를 그 코에 불어 넣으시니 사람이 생령이 된지라"(창 2 : 7).

생령이란 말의 뜻은 살아있는 영이라는 것입니다. "생령Living soul", 이는 하나님의 생기가 들어옴으로 하나님과 교제가 가능한 존재라는 뜻입니다. 다른 동물에게는 허락되지 않은 인간에게만 주신 독특한 생명의 원리입니다. 하나님을 아는 생명을 주신 것입니다. 생기는 하나님의 영입니다. 하나님의 것을 통달하는 영입니다. 하나님의 지식을 아는 영입니다. 이것이 다른 동물과 구별되는 기준입니다. 사람만이 가지고 있는 생명의 자리입니다.

사람이 처음 지음을 받을 때 성경은 인간의 구조를 이렇게 설명하고 있습니다.

"하나님이 가라사대 우리의 형상을 따라 우리의 모양대로 우리가 사람을 만들고…" 형상은 모양이란 말과 함께 쓰여집니다. 아담이 아들들을 낳았을 때에 "자기모양 곧 자기의 형상과 같은 아들을 낳아…"(창 5:3)라고 하였습니다.

형상은 '본' 혹은 '그림' 이란 뜻으로도 사용하는 단어입니다. 형상이란 실제가 아닌 모양 또는 본입니다. 실체가 아니라 그림자입니다. 하나님의 형상대로 지음을 받았다는 것은 하나님을 반영하는 존재라는 것, 인간을 보면 하나님을 보는 것과 같다는 뜻으로 하나님의 형상이 다른 동물과는 구별되는 조건이 됩니다. 또 다른 의미는 사람이 하나님이 아니며 하나님을 의존하여 사는 존재란 것을 규정짓는 대목이 기도 합니다.

하나님은 창조하시면서 인간에게 하나님 자신에 대한 설명서를 붙여 주셨는데 그것이 하나님의 형상입니다. 인간은 조물주 하나님을 설명하는 유한한 형상입니다. 흙으로 지음 받은 몸을 가진 존재입니다. 하나님은 인간을 다이아몬드로, 진주로 금이나 은으로 만드시지 않았습니다. 흙으로 지으셨습니다. 흙으로 빚어졌기 때문에 한계가 있습니다. 병이 들면 티끌로 돌아가고 맙니다. 흙으로 만들어졌다는 뜻에서 보면 누가 누구를 향하여 큰소리 칠 근거가 없는 존재들입니다.

우리 인간이 가지고 있는 신화는 죽음이 오면 물거품이 됩니다. 모든 것이 산산조각이 납니다. 당신이 죽을 때 사람들이 당황하리라 생각합니까? 아닙니다. 몇 사람들이 당신의 시신을 땅속에 묻기 위해 장례식에 참여할 것이고 당신을 사랑하던 가족들이 이별의 눈물을 흘릴 것이고 거기 통곡하는 자식이 있다면 그는 평소에 당신을 괴롭혔던 불효에 대하여 원통함에 가슴 칠 것입니다. 당신이 없어도 가족들은 잘 살 것이고 교회도 부흥하게 될 것이고 사회도, 자연도, 그대로 잘 이루어져 갈 것입니다. 그렇게 우리는 사람들의 기억에서 서서히 사라질 것입니다.

우리는 소박한 진흙에 지나지 않습니다. 내가 다른 사람보다 더 위대하고 잘났다고 생각하는 사람은 자신의 티끌임을 깊게 생각하고 겸손해야 할 것입니다.

그러나 동시에 사람에게 죄가 들어오기 전까지 인간은 하나님의 형상이라는 독특한 존재로 그 고귀한 가치를 지니고 있었습니다. 다른 피조물과는 비교가 안 될 정도로 하나님의 모든 것을 아는 자들이었습니다. 하나님을 영화롭게 할 유일한 존재로서 그 고귀함이 하나님과 교제하는 기쁨 속에서 살았다는 것입니다.

죄는 무엇입니까? 하나님의 형상이 떨어져 나간 상태입니다. 하나님과의 관계가 깨어진 상태입니다. 성경은 이를 죽었다고 표현합니다. 영이 사라진 상태에서 인간이 가지고 있는 것은 육체 밖에 없습니다.

육체의 기능 중에 정신 혹은 마음이 있는데 철학은 이 정신이 육체를 다스린다고 합니다. 정신 세계에 관한 학문으로 철학이 주도하고 철학에서 빠져나온 것 중에 심리학이 있습니다. 육체가 정신에 의하여 지배된다는 논리입니다. 정신을 개발하는 운동 중에 종교적으로는 마음을 연마하는 구도의 길이 있고 대표적으로 불교가 그렇습니다. 심리학은 인간의 가능성을 계발하는 것으로 잠재력을 의식화하는 기술을 연구합니다.

그러나 성경은 정신이 육체를 지배하는 것이 아니라 정신이나 육체거나 모두 죄에게 지배되고 있다는 것을 지적하고 있습니다. 영이 끊어진 상태에서는 하나님의 뜻이 전달될 수 있는 길이 없고 그 사람이 행하는 모든 것은 다 하나님의 뜻에 반대되는 것들이며 결과적으로는 그 사람의 것은 모두 사망의 길이며 지옥의 심판이라는 것입니다.

죄와 사탄의 악령들의 명령 아래 있는 자들일 뿐입니다. 사탄의 활동 무대로 제공되고 있는 곳이 어디입니까? 육체로 사는 사람들의 삶의 영역입니다. 세상은 온통 그들에게 적합한 환경입니다.

하나님의 말씀에 대하여 불이 꺼져 있던 때가 있었습니다. 홍수사건입니다. 하나님에 대하여 아무 반응이 없는 인간들을 육체로만 살고 있는 상태로서 하나님 보시기에 아무 쓸모없는 고깃덩이로 평가하셨습니다.

예수를 믿는 자는 어떤 사람입니까? 하나님의 뜻이 명령이 하달되고 있는 생령의 상태입니다. 하나님의 생기가 활동하고 있는 장소로서 하나님의 진리의 빛이 발하고 있는 존재입니다.

이제 우리 안에 하나님의 생기를 소생케 하셔서 우리의 모습 속에서 하나님의 살아 계심을 증거 하는 존재임을 약속하고 있습니다. "나를 본 자는 아버지를 보았다"고 하신 것처럼 우리를 본 자가 그리스도를 본 것처럼 요구하고 있습니다. 오늘 우리가 그리스도와 동일한 가치로 평가되고 있다는 것은 기독교의 대 역설입니다. 우리가 그리스도의 증거를 보일 수 있습니다. 그런데 문제는 그리스도와 우리와의 차이가 무엇이냐 하는 대목에서 심각성이 있습니다.

예수님과 우리와 다른 점은 우리는 아직 완전한 구속을 받지 못한 상태라는 것입니다. 구원의 완성을 놓고 싸우고 있는 중에 있습니다. 그래서 우리에게는 순종과 충성이 강요되는 어려움이 따릅니다. 끊임없이 이루어나가야 할 도전이 있는 존재로 삽니다. 자신의 미완성을 놓고 안타까워하면서 갈등하고 싸웁니다. 무엇을 위하여서입니까? 그 나라와 그 의를 위해서입니다.

우리는 하나님에게 자신을 바칠 수 있는 기회가 주어져 있는 상태에서 우리의 씨름은 혈과 육에 대한 것이 아니요 하나님의 뜻과 그 의와 영광입니다. 우리는 나를 누구에게 바치느냐에 따라 우리 자신으로부터 누가 나타나느냐 하는 시험을 치릅니다.

> "내가 이르노니 너희는 성령을 좇아 행하라 그리하면 육체의 욕심을 이루지 아니하리라 육체의 소욕은 성령을 거스리고 성령의 소욕은 육체를 거스리나니 이 둘이 서로 대적함으로 너희의 원하는 것을 하지 못하게 하려 함이니라"(갈 5 : 16, 17).

우리가 하나님의 명령 아래 있으면서도 아직도 우리에게는 죄의 유혹이 있는 상태입니다. 우리가 어느 편을 들고 있습니까? 성령의 소욕입니까? 육체의 소욕입니까? 하나님의 명령입니까? 세상의 욕심입니까?

이 두 가지의 요구로 인하여 끊임없는 갈등과 긴장이 연속되는 삶이 전개됩니다. 이는 믿느냐 안 믿느냐의 싸움이 아닙니다. 예수를 믿었기 때문에 이제는 나를 누구에게 바치느냐의 싸움이 일어난 것입니다.

불신자는 싸울 대상이 없습니다. 다 함께 마귀의 아들들이요 세상이 그들의 활동무대이기 때문에 괴로워할 일이 없습니다. 죄가 꽃피고 열매 맺는 장소에서 죄의 종들이 살고 있으니까 서로 잘 어울리는 관계입니다. 한 씨앗입니다. 한 통속입니다. 자존심과 이기심의 존재와 존재 사이에서 생존전략이 다양하고 변화무쌍한 재치와 기술이 능란합니다.

우리는 열심을 내어 죄의 수렁에서 빠져 나와야 합니다. 하나님의 말씀에 붙들리는 길 이외에는 다른 방법이 없습니다. 성령의 역사에 끊임없는 복종과 순종의 아름다움을 추구해야 합니다.

> "…이방인이 그 마음의 허망한 것으로 행함같이 너희는 행하지 말라 저희 총명이 어두워지고 마음이 굳어짐으로 말미암아 하나님의 생명에서 떠나 있도다"(엡 4 : 17, 18).

감각이 없는 자, 영의 생명력을 상실한 자를 깨우치는 권고의 말씀입니다.

"너희가 나보다 더 큰일을 하리라" 이는 예수님이 행하신 기적과 권능의 기사들을 가리켜 하신 말씀이 아닙니다. 기적과 표적이 전부라면 예수님은 왜 십자가를 지시고 죽음의 아래로 내려가셨습니까?

그 기적과 권능을 사용하여 그를 믿는 자들에게 부를 주고 건강을 주고 권력을 주고 자유와 평화를 주어서 믿는 자의 권위를 높일 것이지 그 크고 놀라운 표적에도 불구하고 십자가에 달리사 대속물로 초라하게 죽으실 이유가 없습니다.

여기에 관련하여 두 가지 진리가 있습니다.

하나, 물리적인 힘을 과시하기 위한 기적이나 표적을 구하지 말라는 것입니다. 제자들이 돌아와서 보고하였을 때 "칠십 인이 기뻐 돌아와 가로되 주여 주의 이름으로 귀신들도 우리에게 항복하더이다"(눅 10:17)라 하여 굉장한 긍지와 자랑이 있었습니다.

"귀신들이 너희에게 항복하는 것으로 기뻐하지 말고 너희 이름이 하늘에 기록된 것으로 기뻐하라"(눅 10:20) 하였습니다. 물리적인 이적의 가치보다 영혼 구원함에 이르는 은혜의 하나님으로 인하여 기뻐하라고, 영적 가치로서의 이적을 높이 설명하셨습니다.

예수님이 베푸시는 기적으로 인하여 군중들이 수를 헤아릴 수 없을 정도로 따라 다녔지만 마지막에 승천하실 때에는 불과 500여 명이 보는 가운데 오르셨습니다. 성령의 약속을 기다리는 사람들은 120명 뿐이었습니다. 공생애를 통틀어 120명의 제자들이었습니다.

그러나 성령의 권능이 임하신 결과 제자들은 한 번 설교에 3천 명이 회개하고 하나님께로 돌아오는 대 부흥의 역사를 일으켰습니다. 이후 3백 년이 못 되어 로마가 기독교를 국교화 하기에 이를 정도로 복음은 여러 가지 형태로 확산되기에 이르렀습니다.

우리의 인격과 삶의 양식이 하나님의 일을 대신하는 형태로 변화를 입어야 할 것입니다. 주일성수와 십일조와 교회의 모임은 기본입니다. 그러나 이러한 기초단계의 소극적인 신앙의 틀에서 벗어나서 나의 인격과 성품과 삶이 하나님의 일에 대한 안타까움과 애절한 소원으로 가득한 표현들이 일어나야 할 것입니다. 우리의 행복은 하나님의 일이 왕성하게 일어나는 것에 있습니다.

모세의 기도에서 힌트를 얻을 수 있습니다. 모세가 십계명을 받기 위해 시내산에 올라갔을 때에 백성들은 산 밑에서 금송아지를 만들어 이것이 애굽에서 인도하여 준 하나님이라고 섬기고 있었습니다. 우상숭배입니다. 하나님이 진노하사 내리신 결론이 이것입니다.

> "…내가 이 백성을 보니 목이 곧은 백성이로다 그런즉 나대로 하게 하라 내가 그들에게 진노하여 그들을 진멸하고 너로 큰 나라가 되게 하리라"(출 32:9, 10).

모세의 반론입니다.

"…여호와여 어찌하여 그 큰 권능과 강한 손으로 애굽 땅에서 인도하여 내신 주의 백성에게 진노하시나이까… 주의 백성에게 이 화를 내리지 마옵소서 주의 종 아브라함과 이삭과 이스라엘을 기억하소서… 그들에게 맹세하시기를 내가 너희 자손을 하늘의 별처럼 많게 하고 나의 허락한 이 온 땅을 너희 자손에게 주어 영영한 기업이 되게 하리라 하셨나이다"(출 32:11-13).

무슨 뜻입니까? 하나님이 백성들은 진멸하시고 큰 나라가 되게 하시리라 하셨습니다만 싫다는 것입니다. 이 부귀와 영화가 내게 있다 한들 하나님의 백성이 형벌을 받아 멸망한다면 그것이 내게 무슨 행복이겠으며 무슨 가치가 있겠습니까? 하는 것입니다. 하늘의 별과 같이 바다의 모래알처럼 흥하게 하시리라 하신 때가 언제이옵니까? 열 가지 재앙들은 무엇 때문이며 홍해를 갈라 건너게 하시고 여기 광야까지 와서 하나님이 멸하신다면 애굽 사람들은 뭐라고 하겠나이까?

모세는 하나님의 말씀하신 대로 주의 백성들이 부흥하는 것이 최대의 관심사였습니다. 거기서 그의 행복이 있었습니다. 모세는 하나님의 영광을 놓고 떼를 쓰고 있습니다. 이스라엘의 일은 모두 하나님의 영광과 관련이 있는 역사로서 변호하고 있습니다.

오늘 교회도 결국 하나님의 교회입니다. 교회의 일은 곧 하나님의 역사입니다. 어둠에서 불러내신 하나님의 거룩한 백성입니다. 이를 위하여 행하신 하나님의 일 곧 십자가를 생각하신다면 이 백성을 멸하실 수가 없습니다.

"그런즉 나대로 하게 하라 내가 그들에게 진노하여 그들을 진멸하고 너로 큰 나라가 되게 하리라"(출 32:10).

"그러나 합의하시면 이제 그들의 죄를 사하시옵소서 그렇지 않사오면
원컨대 주의 기록하신 책에서 내 이름을 지워버려 주옵소서"(출 32 : 32).

이 백성이 없으면 나도 없습니다. 이 백성이 안 가면 나도 가고 싶지
않다는 것입니다.

신구약의 모든 사도들과 선지자들은 자신들을 위한 기도가 없었습
니다.

"주여 이제도 저희의 위협함을 하감하옵시고 또 종들로 하여금 하나님
의 말씀을 담대히 전하게 하여 주옵시며"(행 4 : 29).

사도들이 옥에서 풀려 나와서 함께 기도하는 내용입니다. 하나님의
영광을 위한 열정으로 기도하였습니다.

하나님의 영광이 달려 있는 교회의 역사를 위하여 우리의 가슴에 품
어야 할 기도는 어떠해야 합니까? 주여, 교회의 화평이 없다는 나의 형
통함이 무슨 가치가 있겠습니까? 교회의 부흥이 없고 여기 기도의 증거
로서 약속하신 대로 축복이 없다면 나 홀로 가지는 왕성한 형통이 무슨
소용이 있겠습니까? 주께서 우리와 함께 하심으로 주의 백성을 만민
중에 구별하심이 아니옵니까?

부흥은 하나님이 함께 행하시는 표적이 따를 때에야 가능합니다. 세
상 사람들이 볼 때 '아, 그들이 옳았다' 고 감탄할 만한 표적이 있을 때
에 일어납니다.

이방 사람들이 볼 때 하나님이 거기 없는 것 같이 보이면 멸시합니
다. 경멸의 대상이 됩니다. 병고치고 형통하고 하는 세상의 복이 그들을
감동케 하지 않습니다. 기적이 없어 부흥이 안 되는 것이 아닙니다. 여
기가 하늘나라임을 특징짓는 표적이 나타나야 합니다. 사랑, 화평, 희
락, 위로와 기쁨, 삶을 힘 있게 하는 관계와 즐거움이 샘솟듯 해야 합니

다. 성령의 열매가 달리는 장소로서 우리의 인격과 품성이 하늘나라를
엿볼 수 있어야 합니다.

●●●●●●●●●

　누가 우리를 보고 하나님에 대한 호기심과 관심을 가질 수 있습니까?
우리가 각성할 대목입니다. 군중들이 몰려오는 것으로 교회를 자랑할
것이 아니라 한 사람이 어떻게 예수의 정신과 인격과 믿음으로 사느냐
하는 것, 종교행사의 화려함으로가 아니라 우리의 삶에서 어떻게 하나
님을 나타내는 자로 존재하며 사느냐를 반성해야 할 것입니다.

내 이름으로 기도하라

(요 14:13-14)

"너희가 내 이름으로 무엇을 구하든지 내가 시행하리니 이는 아버지로 하여금 아들을 인하여
영광을 얻으시게 하려 함이라 내 이름으로 무엇이든지 내게 구하면 내가 시행하리라"

제자들은 주님이 떠나신다는 말씀에 온통 근심에 싸여 있습니다. 세상근심을 해결하는 방안으로 기도를 약속해 주셨습니다. 신앙에 있어 기도만큼 중요한 무기가 없습니다. 기도로 모든 문제를 풀어갑니다. 기도 이외에는 하나님의 일을 나타낼 수가 없습니다. 동시에 기도만큼 오해되어 우리의 신앙을 약하게 하는 것도 없습니다. 예수님께서 약속하신 기도의 원리를 파악하여 신앙생활을 활력 있게 하는 계기가 되어야 할 것입니다.

"너희가 내 이름으로 무엇을 구하든지 내가 시행하리니 이는 아버지로 하여금 아들을 인하여 영광을 얻으시게 하려 함이라 내 이름으로 무

엇이든지 구하면 내가 시행하리라.”

주님이 떠나시면 제자들에게 남는 것은 예수의 이름뿐입니다. 이름이 험한 세상을 살아가는 데에 무슨 소용이 있습니까? 그런데 예수의 이름으로 하나님께 기도할 수 있는 법과 길을 약속하셨습니다. 추상적으로 이름을 기념하는 가치나 교훈으로서가 아니라 그 이름으로 하나님께 구하면 무엇이든지 들으시고 이루시는 역사가 따를 것이라는 것입니다.

오늘 우리에게 허락된 기도의 특권입니다. 예수의 이름으로 무엇이든지 구하면 들으시는 관계가 이루어진 것입니다. 내 이름으로 구하면 다 된다는 것이 아닙니다. 하나님께 기도하는 한, 내 이름이 아니면 안 된다는 것이 강조점입니다. 다시 말하면 기도는 내가 하지만 하나님이 보시기에는 예수의 이름으로 기도하고 있으므로 예수님이 드리는 기도로 받으신다는 것입니다. 무엇이든지 구하는 것은 우리의 요구가 아니라 예수님의 요구입니다.

아버지의 심부름으로 은행에 가는 경우 은행장은 아들을 보고 잔고를 인출하는 것이 아니라 아버지의 이름으로 온 것임을 확인한 후에 결제하는 법입니다.

우리가 하나님 앞에 나아갈 때 나의 요구라면 거절당할 것입니다. 그러나 예수의 이름으로 나아가면 하나님은 거절하실 수가 없으십니다. 나의 요구가 아니라 예수님의 요구사항이기 때문입니다.

“내가 시행하리라…” 기도의 응답은 예수님이 이루신 결과입니다. 우리가 기도하여 병이 나았다 하더라도 내가 기도한 결과가 아니라 예수님이 나를 통하여 이루신 하나님의 역사입니다. 우리 주변에는 기도에 능한 자들이 많이 있습니다. 기도하여 자기가 하늘의 문을 여는 것처럼 큰소리치는 경우를 봅니다. 그러나 주님의 이름으로 병을 고치거나 문제가 풀려졌다면 내가 기도하여 이룬 결과 고친 것이 아니라 주님이 이루신 것입니다. 주님의 이름으로 귀신을 쫓아냈으면 주님이 쫓아내신 것입니다. 우리는 다만 주의 이루시는 일에 등용되는 기도의 일꾼일 뿐입니다. "너희가 내 이름으로 무엇을 구하던지 내가 시행하리라"는 것은 우리를 기도의 종들로 삼아 하나님의 역사를 이루어 가시겠다는 것입니다. '너희'는 제자 공동체를 말합니다. 교회는 하나님의 일을 나타내기 위한 기도 공동체입니다.

우리에게는 우리의 문제를 해결하기 위한 방법으로서 기도의 기술이 많이 소개되고 있습니다. 응답이 잘 터지는 기도, 하늘을 여는 기도, 축복을 받아내는 기도, 능력 받는 기도, 많은 기도의 방법론이 소개되고 있습니다. 그래서 기도할 때 부딪히는 것은 기도의 성의가 문제로 대두됩니다.

기도에 필수적으로 요구되는 것 중에 우리에게 시험이 되는 것은 기도에 있어 성의나 열정이나 진심의 문제입니다. 그러나 성경은 기도의 방법 이전에 더 근원적으로 관계나 신분을 기도의 원리로 설명하고 있습니다. 성경은 기도에서 성의를 강조하는 것과 같은 말씀도 있습니다. 상당히 오해되는 부분입니다.

"또 기도할 때에 이방인과 같이 중언부언하지 말라 저희는 말을 많이 하여야 들으실 줄 생각하느니라"(마 6:7).

중언부언이란 말을 길게 한다는 것입니다. 이방인들은 자신의 진심이나 열성을 중언부언이라는 형식으로 표현합니다. 지성을 드린다는 것입니다. 지성이면 감천이라는 식입니다. 우리에게 있어서도 하나님을 감동케 해야 한다는 생각이 지배적입니다. 응답의 조건이 성의나 열성입니다. 방법론에 익숙해 있습니다. 무속신앙의 특징은 지성이면 감천이라는 것입니다. 대상이 없습니다. 감동을 시켜야 되는 대상이 누구든지 간에 나의 정성을 헤아려 달라는 것입니다. 하늘을 감동시켜야 하니까 그 방법이 처절합니다. 비를 맞아가며 바위틈에서 촛불을 켜 놓고 비는 모습이 애처롭습니다.

기독교가 다른 종교와 크게 다른 것 중에 하나가 신앙의 대상에 관한 지식이 분명하다는 것입니다. 하나님에 관한 지식이 우리의 열정이나 진심보다 앞선다는 것입니다. 우리는 너무나 우리의 것을 풀기 위하여 내 것을 갖추는데 앞서가고 있습니다. 하나님의 사정은 생각하지 않고 우리의 상태를 치장하는 데에 더 많은 기준을 두고 있습니다. 그래서 기도만큼 시험에 드는 것도 없습니다.

누가복음 11장에는 이런 비유가 있습니다. 기도의 원리에 대한 것입니다. 밤중에 찾아와서 먹을 것을 내놓으라고 소란을 피우는 친구의 경우입니다.

> "…비록 벗 됨을 인하여서는 일어나 주지 아니할지라도 그 강청함을 인하여 일어나 그 소용대로 주리라"(눅 11 : 8).

하나님께 강청하면 무엇이든지 되는 것처럼 우리의 지성을 기도의 요건으로 강요하는 것과 같습니다.

친구가 와서 빵을 달라고 합니다. 지금은 안 됩니다, 아이들도 자고 우리가 다 옷을 벗고 자고 있다고 사정을 설명해도 안 됩니다. 그러나 친구는 문을 부수고라도 들어올 기색입니다. 이것을 강청이라고 합니다. 친구라는 이름으로 지금 구걸하는 것이 아니라 마땅하다는 태도입니다. 지금 도와 달라고 사정하고 설득하는 것이 아닙니다. 한번 봐 달라 이 은혜를 잊지 않겠노라고 친구를 설득하는 입장이 아닙니다. 당연한 요구입니다. 마치 빚을 받으러 온 자처럼 당당하게 달라고 합니다. 이것이 기도입니다.

우리가 주님의 이름으로 누구에게 나아가서 우리의 문제를 꺼내놓느냐 하면 하나님 아버지이십니다. 아버지를 상대로 구하는 자식의 자리입니다. 자식들은 아버지를 상대로 자기의 요구를 강청합니다. 고집을 부립니다. 아버지의 뜻과는 상관없이 자기 생각대로 떼를 씁니다. 말도 안 되는 것을 고집부리는 것은 근거가 무엇입니까? 아버지이기 때문입니다. 이것이 기도입니다.

만일 아버지를 상대로 강청이라는 차원을 떠나면 기도에서 우리는 상거래나 토론이나 회의를 하는 수밖에 없습니다. 강청이 아니고 기도를 거래형식으로 들어가면 거기에는 기쁨이나 평안이 없습니다. 무엇이나 떼를 써도 좋으신 아버지가 계시다는 것 자체가 행복입니다.

기도에 있어 강청의 입장을 취하지 않으면 응답이 없는 경우에는 타협을 하게 됩니다. "내가 무슨 잘못이 없는가? 하나님이 내게 화를 내시는가? 나는 아직 응답을 이룰 만큼 신령하지 않구나." 온갖 불안과 두려움에 휩싸이게 됩니다.

그 다음으로 취할 수 있는 자세가 지성입니다. 성의를 보이는 것입니다. 이는 회개하는 입장이 아니라 아부하는 경우입니다. 하나님을 설득하는 수단으로 동원하는 최선의 방법이 열성입니다. 진사陳謝의 형식도 동원하게 됩니다. 하나님을 상대로 물질을 바침으로 하나님을 감동케 하고자 여러 가지 방법을 동원합니다. 오직 나를 채우기 위한 수단입니다.

우리가 기도해야 할 근거는 하나님이 나의 아버지가 되시기 때문입니다. 우리에게 무슨 일이 일어나서 도움을 필요로 할 때에만 기도한다면 나를 만족하게 하는 데에 필요한 용도로 아버지의 것을 요구하는 격이 됩니다. 다만 우리의 요구를 관철시키기 위한 방법으로 아버지를 부르면 누가 보아도 불효입니다. 범절이 없습니다. 얌체입니다. 그래도 좋으신 분이 하나님 아버지이십니다.

우리의 허물과 잘못에도 불구하고 내가 예수의 이름으로 나아가면 아버지로서 하나님은 나를 받으십니다. 나의 어려움을 귀담아 들으십니다. 나를 격려하십니다. 나의 장래를 염려하사 나를 위로하시고 담력을 갖도록 말씀하십니다.

기도는 처음에 내가 나의 문제를 가지고 고집을 부리다가 결과적으로 내가 아버지의 설득하시는 말씀에 항복함으로 응답을 얻습니다. 내가 나의 문제를 꺼내 놓고 아버지를 설득하는 열심을 부리다가 끝에 가서 내가 하나님의 말씀으로 감동을 받습니다.

우리가 기도를 쉴 수 없는 것은 하나님을 아버지로 부르고 있는 영광 때문입니다. 기도는 하나님을 나의 아버지라고 부르는 것만으로도 항상 쉬지 말아야 할 이유가 됩니다. 이는 관계요 신분이 나의 삶을 힘 있게 하기 때문입니다. 하나님과의 사귐이요 함께 동거하는 즐거움이 기도 속에 일어나기 때문입니다. 아버지는 나의 문제를 떠맡는 자리입니다. 나를 염려하는 상담의 자리입니다. 나를 내어 놓는 보호자입니다. 이러한 뜻에서 성경은 기도의 도전을 이렇게 말하고 있습니다.

"구하라 그리하면 너희에게 주실 것이요 찾으라 그러면 찾을 것이요 두드리라 그러면 너희에게 열릴 것이니"(마 7 : 7).

예수님은 그의 모든 권한을 우리에게 맡기신 것입니다. 백지수표와 인감도장과 함께 위임징을 맡기신 깃과 같습니다. 우리의 요구대로 다 들어준다는 것이 아닙니다. 얼마든지 써 넣어도 되는 분이 누구냐 하면 창조주 하나님이십니다. 결재는 아버지가 하실 것입니다. 얼마든지 써 넣을 수 있는 자격이 있다는 것만으로도 행복합니다. 그러나 고아는 서럽습니다. 자신의 문제를 꺼내놓을 대상이 없습니다.

기도의 결론입니다.

"너희가 악할지라도 좋은 것을 자식에게 줄 줄 알거든 하물며 천부께서 구하는 자에게 성령을 주시지 않겠느냐" (눅 11 : 13).

기도의 응답은 나의 소원대로가 아닙니다. 나의 환난을 면하게 해 주겠다는 것은 없습니다. 고통을 비켜가도록 조치해 주시겠다는 것도 없습니다. 우리가 생각하지 못했던 것, 성령을 주시겠다는 것입니다. 기도를 강청하십시오. 성령을 받을 것입니다.

• • • • • • • • • •

오늘 우리에게는 신앙의 싸움이 없다는 것이 약점입니다. 모험적이지 않고 현상 유지하는 수준입니다. 우리의 소원은 항상 먹고 사는 현실 문제 밖에 없습니다. 우리가 겪는 삶의 고통의 문제를 풀기 위한 수단으로서 동원되는 기도뿐입니다. '해결해 주시옵소서.', '악령을 나가게 하라' 그래서 결국 내가 세상에서 힘을 얻어 하나님의 일을 멋있게 할 것이라는 생각으로 기도합니다.

그러나 보다 적극적인 기도가 일어나야 할 것입니다. 내가 왜 여기 이 시대에 삽니까? 지금 내가 살고 있는 이곳은 내게 무슨 의미가 있습니까? 철든 자식의 고백은 적어도 아버지, 내가 어떻게 살아드릴까요? 하고 아버지의 뜻을 받들겠다는 충성스러운 고백을 드리는 것입니다. 돌아온 탕자는 떠날 때에는 "나의 것을 주시옵소서" 였다가 돌아올 때에는 "아버지여, 나를 품군의 하나로 써 주십시오"(눅 15:19) 라는 고백이었습니다. 결국 철이 든 것입니다.

성령을 받으면 나에게 하나님에 대한 꿈이 생깁니다. 묵시가 나타나고 예언의 말씀을 힘 있게 선포하게 됩니다. 기도에 지성을 들고 나아갈 것이 아니라 하나님이 나의 아버지이심을 확인하고 그 기도의 친밀함이 주님의 이름으로 이루어진 것임을 놓치지 마십시오. 강청함으로 하나님을 아버지라 부르며 사십시오. 천부께서 성령을 주시지 않겠습니까?

(요 14:13-14)

"너희가 내 이름으로 무엇을 구하든지 내가 시행하리니 이는 아버지로 하여금 아들을 인하여
영광을 얻으시게 하려 함이라 내 이름으로 무엇이든지 내게 구하면 내가 시행하리라"

앞에서 기도는 하나님을 아버지라고 부르는 관계로부터 시작되는 하나님과의 사귐이요 동거의 풍성한 자리임을 배웠습니다. 그것은 우리의 소원에 대한 응답 이전에 우리의 신앙생활에서 마땅히 누리고 차지해야 할 축복임을 놓쳐서는 안 됩니다.

예수님은 제자들을 험악한 세상에 남겨 두시고 떠나시면서 이 세상을 이길 힘과 지혜의 방편으로 기도의 특권을 약속하셨습니다. 그렇다면 기도는 우리에게 있어 세상을 상대로 싸우는 데 있어 반드시 소유해야 할 무기임에는 틀림이 없습니다. 그럼에도 불구하고 우리가 왜 기도하기를 게을리할까요? 신앙생활에서 기도를 쉬지 않고 하는 것과 기도

를 하지 않는 것과의 차이는 무엇일까요?

마가복음 9장에는 기도에 관하여 도전을 던지는 사건이 나옵니다. 사건의 전말은 이렇습니다. 예수님께서 베드로와 요한과 야고보 세 제자들을 데리고 변화산에 올라 하나님의 나라가 임하는 황홀한 모습을 보여 주셨습니다. 그 동안 산 아래에서는 어떤 사람이 벙어리 귀신들린 아이를 데리고 와서 제자들에게 고쳐달라고 애원하는데 고쳐주지 못하여 안절부절못하고 있었습니다. 이 때 예수님께서 오셔서 아이에게 붙은 귀신을 내어 쫓으심으로 병을 고쳐 주셨습니다. 이 모습을 본 제자들이 주님께 묻습니다.

"우리는 어찌하여 능히 귀신을 내어 쫓지 못하였나이까"(막 9 : 28).

"기도 외에 다른 것으로는 이런 유가 나갈 수 없느니라"(막 9:29)고 예수께서 대답하셨습니다.

본 사건에 기록된 대로라면 기도하면 모든 것이 이루어진다는 것으로 이해될 수 있습니다. 더구나 아이의 아버지가 주님이 오셨을 때 이런 청을 드렸습니다.

"선생이여 당신의 제자들에게 귀신을 내어 쫓아 달라"고 하였으나 "저희가 능히 하지 못하더라" 하였습니다. 그러나 무엇을 할 수 있거든 우리를 불쌍히 여기사 도와주소서."

이에 대한 주님의 대답, 기도에 있어서 누구나 다 잘 아는 말씀입니다.

"할 수 있거든이 무슨 말이냐 믿는 자에게는 능치 못할 일이 없느니라"

(막 9 : 23).

이 말씀을 그대로 적용하면 기도하여 이루어지지 않았으면 믿음에 문제가 있는 것이고 건전한 믿음이 바탕이 되면 기도만 하면 무엇이든지 이루어진다는 것으로 결론을 내릴 수 있습니다. 이것은 귀에 걸면 귀 걸이가 되고 코에 걸면 코걸이가 되는 것과 같습니다. 시험의 소지가 대단히 많은 기도의 공식입니다.

만일 우리가 확신이 있어 기도할 때 하나님이 우리의 요구에 무엇이든지 들어주셔야 하는 입장이라면 하나님은 우리의 심부름꾼이 되고 우리는 하나님을 내 소원대로 부리는 주인이 되는 격이 됩니다. 하나님은 우리가 신호를 보내면 곧장 우리를 도우려고 출동해야 되는 충성스러운 병사가 되는 것입니다. 이런 종류의 신앙에 익숙한 사람들은 기도를 마치 만병통치약처럼 응용하려는 시도에 사람들을 끌어들입니다.

주님께서 의도하신 내용이 무엇입니까? 기도하면 된다는 것이 아닙니다. 기도 이외에는 이런 유가 나올 수 없다는 것입니다. 기도와 이런 유와의 관계를 이해해야 합니다. 이런 유는 일반적으로 사람들이 이해하고 있는 일이 아닙니다.

이런 유는 벙어리 귀신들려 불에도 넘어지고 물에도 넘어지는 병에 걸려 날마다 파리하게 죽어 가는 아이를 고치는 것입니다. 의사가 약으로 고칠 수 없는 병입니다. 하나님만이 어떻게 해 주셔야 낫는 병입니다. 제자들은 못했지만 예수님은 말씀으로 귀신을 꾸짖으시고 병이 낫도록 해 주셨습니다. 이런 유는 바로 하나님의 행하시는 권능의 역사입니다.

우리는 하나님이 일으키시는 일을 깨닫고 하나님만이 생사화복을 주관하시는 역사의 주인이심을 감사하고 찬양하는 사람들입니다. 교회는 이런 유의 일이 일어나는 데 대한 증거를 갖고 있는 곳이어야 마땅합니다.

오늘 우리가 믿고 있는 현실은 어떻습니까? 우리 신앙의 난제는 무엇입니까? 오늘날 교회의 문제는 성도들의 교회에 대한 무관심입니까? 열정이나 진실이 없어서입니까? 가장 심각한 문제는 교회에 대한 관심이나 호기심이 없어서가 아니라 영적인 일에 대하여 철저하게도 모르고 있다는 것입니다. 심지어 영적인 것을 부인하고 있기까지 합니다.

하나님을 상대로 신앙생활을 하면서 하나님을 우리의 사고방식과 편견에 가두어 버리기를 서슴지 않습니다. 신앙생활을 우리가 가지고 있는 것으로 다 치장해버렸습니다. 누구보기에 좋게 하였습니까? 우리 보기에 선하고 좋게 꾸며 버렸습니다.

아프면 의사에게 가는 것이 상식입니다. 합리적이고 지혜로운 처사입니다. 그러나 예수를 믿는 우리의 입장에서는 반드시 이런 유의 기적성을 경험하는 계기가 되어야 합니다. 교회가 합당한 선에서 예산이나 교세의 규모나 조직력이나 성도들의 성향과 수준 등을 감안하여 예배당 건축을 진행하는 것이 가장 타당합니다. 시험에 들 이유도 없고 물의가 일어날 가능성도 없으며, 교회가 세상 속에서도 실력이 있어 보임으로 사회 도덕적으로 건전하다는 평가를 받게 될 것입니다.

그러나 교회를 건축하는 대 역사에 하나님이 행하시는 이런 유의 기적성을 경험할 기회를 놓친다면 하나님의 은혜를 증거 할 근거마저 사라지게 되며 하나님에 대한 경외심도 없어지고 남는 것은 우리의 경쟁력뿐입니다. 신앙은 우리의 행한 일의 내용이 하나님을 증거 할 수 있을 때에 신앙생활이 튼튼하게 터 잡을 수 있습니다. 신앙생활에 있어 가장 핵심 되는 부분은 하나님이 이루신 이런 유의 일입니다.

이런 유의 일을 우리의 행사에 일어나도록 하기 위해서는 기도 이외에는 다른 방법이 없습니다. 기도란 언제 동원되는 것입니까? 기도의 가장 근원적인 원리는 "도와주시옵소서" 입니다. 우리가 하나님의 이름을 언제 부르게 됩니까? 삶의 난관에 부딪힐 때입니다. 절망의 길에서, 고독한 광야의 두려움에서, 온 사방으로 적병들에게 포위되어 도저히 살아날 가망이 없을 때, 난치의 병으로 죽음을 선고받았을 때 우리는 처절하게 하나님 아버지의 이름을 부르게 됩니다. 구원해 달라고 호소합니다. "살려 주옵소서", "나를 구원 하소서"의 기도가 애절하게 터져 나오게 됩니다.

　여기 어느 누구라도 기도가 필요치 않을 만큼 형통하거나 평안한 자 아무도 없습니다. 우리는 세상의 힘에 나를 맡기지 않는 자로 부름을 받았습니다. 세상의 힘으로 살지 않고 하나님의 입에서 나오는 말씀으로 살도록 지음을 받았습니다. 우리는 이 험난한 세상을 나의 세상 실력 하나만으로 이길 수 없기 때문에 하나님 자신을 요구할 수밖에 없습니다. 세상일이 단순히 물질 문제인 것 같으면 기도할 필요가 없습니다.

　우리는 매사가 다 영적인 싸움으로 결부된 삶을 살아야 하기 때문에 기도의 도전을 받지 않을 수 없습니다. 우리는 나로서는 도저히 이길 수 없는 이 환난을, 이 고통을 오직 하나님께 의지해야 함을 아는 사람들입니다. 이를 아는 자가 기도를 동원합니다.

　우리의 약점은 하나님 앞에서마저 나 자신이 세상을 굳세게 살아가는 모습을 보이고 싶은 생각을 가지고 있다는 것입니다. 무엇이든지 기도하면 되는 사람이라는 것을 자랑하고 싶어 합니다. 나는 무엇이든지 할 수 있다는 것을 자랑으로 하여 기도를 동원하고 있습니다. 그러나 기도는 내가 휘두르는 무기가 아닙니다. 하나님 앞에 엎드리는 절규이며 호소입니다. "하나님, 큰일 났습니다. 도와주옵소서, 살려 주옵소서" 이것이 기도입니다. 그런데 기도가 얼마나 잘난 사람들의 무기가 되어버렸는지 돌이켜 보는 각성이 있어야 할 것입니다.

　기도 이외에는 이런 유가 나올 수 없다고 하셨습니다. 기도를 안 하면 아무 것도 일어나지 않는다는 것입니까? 아닙니다. "하나님만이 하시는 일이다"는 것에 강조점이 있습니다. 기도를 한다는 것은 하나님만이 하실 수 있다는 것을 인정하고 하나님께 무릎을 꿇는 것입니다.

　제자들은 왜 이런 유의 일을 할 수 없었을까요? 그들은 이미 주님께로부터 권능을 받아 귀신을 내어 쫓는 기적을 행사한 적이 있었습니다. 병마를 물리치는 이적도 행하였습니다. 저들이 돌아와서 "주여, 주의 이름으로 귀신들도 항복하고 떠나갔나이다"고 외쳤습니다. 제자들의 착각은 귀신을 항복하게 하는 능력이 자신들에게 주어진 것이라고 믿고 있었던 것입니다. 내가 능력을 가지고 있는 것처럼 착각하고 있었습니다.

우리가 기도하여 병마가 떠나갔다 할지라도 우리에게 있어 능력은 하나님 자신이지 우리 자신이 아닙니다. 하나님이 도와 주셔야 될 일이 지 내가 능력이 있어서 일어난 기적이 아닙니다. 그러므로 한시라도 잊 어서는 안 될 것은 하나님이 내게 주시는 능력으로 기도를 동원하여 이 런 유의 사건을 일으켜야지 내가 사용하는 무기로서 기도를 동원해서 는 안 된다는 것입니다.

본문에서는 기도 이외에는 이런 유가 나올 수 없다고 하였지만 다른 복음서에서는 하나 덧붙여서 금식 이외에는 이런 유가 나올 수 없다고 하였습니다. 금식 기도하여 어떤 일이 성취되었다면 그 일은 누가 한 것 이라고 결론을 내리게 됩니까? 우리는 밥을 먹어야 살 수 있는 존재입 니다. 그런데 금식하면서 기도하는 것은 무슨 뜻입니까? 나는 밥의 힘 으로 살지 않고 하나님의 말씀으로 산다는 것을 적극적으로 고백하는 모습입니다.

나는 세상의 물질 이전에 지금도 내게 절실히 필요한 것은 하나님이 베푸시는 은혜임을 표현하는 기도의 형식이 금식입니다. 이 일은 하나 님만이 하실 수 있다는 것의 적극적인 고백이 금식이고 철야입니다. 나 는 하나님이 아니시면 한시라도 살 수 없는 존재라는 것을 고백하는 신 앙의 모습이 기도생활입니다. 그러므로 기도는 어떤 경우에라도 우리 의 신앙을 자랑하는 무기로 사용해서는 안 됩니다.

결론으로 기도를 쉬지 않아야 할 이유로 에스겔서 36장 37절 말씀을 소개합니다.

"나 주 여호와가 말하노라 그래도 이스라엘 족속이 이와 같이 자기들에 게 이루어 주기를 내게 구하여야 할지라 내가 그들의 인수로 양 떼 같이 많아지게 하되 제사드릴 양 떼 곧 예루살렘 정한 절기의 양 떼 같이 황폐한 성읍에 사람의 떼로 채우리라 그러한즉 그들이 나를 여호와인 줄 알리라 하셨느니라"(겔 36:37).

지금 이스라엘 백성들이 바벨론에 잡혀가서 노예생활을 하고 있습니다. 하나님을 섬기되 하나님의 뜻을 따르지 아니하고 자기 자신들의 방식과 요구를 따라 섬기다가 하나님께서 바벨론의 손을 일으켜 이스라엘 백성으로 잘못을 깨닫고 뉘우치라고 채찍을 드신 것입니다. 사랑하는 자녀들이 회개하고 돌아올 것을 목표로 가슴 아프게도 남의 나라의 포로로 잡혀가게 하셨지만 좀처럼 돌아오지 않습니다. 그토록 미련하고 우둔한 백성들입니다.

그렇다고 하나님께서 그들의 잘못을 방치하실 수가 없습니다. 포로생활에서부터 풀려 나와 본토로 돌아오게 하실 것이라는 것을 약속해 주셨습니다. 그 이유가 이스라엘이 회개했기 때문이 아닙니다. 놀랍게도 이렇게 표현하고 있습니다.

"그러므로 너는 이스라엘 족속에게 이르기를 주 여호와의 말씀에 이스라엘 족속아 내가 이렇게 행함은 너희를 위함이 아니요 너희가 들어간 그 열국에서 더럽힌 나의 거룩한 이름을 위함이라 열국 가운데서 더럽힘을 받은 이름 곧 너희가 그들 중에서 더럽힌 나의 큰 이름을 내가 거룩하게 할지라 내가 그들의 목전에서 너희로 인하여 나의 거룩함을 나타내리니 열국 사람이 나를 여호와인 줄 알리라 나 주 여호와의 말이니라"(겔 36:22, 23).

하나님은 회개치 아니하는 백성들을 해방시켜 예루살렘 본토로 돌아오게 하여 이전보다 더욱 윤택하게 할 것이라고 약속하십니다. 단 하나의 이유, 나의 거룩한 이름을 위하여서입니다. 우리가 회개했기 때문이 아닙니다. 잘났기 때문이 아닙니다. 다만 하나님의 이름이 거룩하게 보존되어야 하는 하나님 자신의 영광이 달려 있는 문제이기 때문입니다.

우리는 교회 생활을 하면서도 교회가 요구하는 일에 적극적으로 뛰어들기보다는 오히려 돌이켜 보면 우리의 방식을 요구하며 이끌려온 때가 대부분인 경우가 많습니다. 그럼에도 불구하고 우리는 하나님께로부터 복을 받아 영육 간에 평강을 누리고 있습니다. 우리는 아직도 하나님 앞에서 마땅히 채찍을 맞아야 할 입장이지만 하나님은 복을 내리십니다. 단 하나의 이유, 우리가 십자가를 통과하여 하나님의 나라를 들어온 자로서 이 세상에서 하나님의 영광을 위한 유일한 존재이기 때문입니다.

하나님은 우리가 기도하지 않아도 우리의 필요한 것을 다 알고 계시는 전지전능하신 분이십니다. 우리의 구하지 않는 것까지도 다 이루어 주신다고 하셨습니다. 우리의 잘못에도 불구하고 하나님은 우리에게 복을 내리십니다. 우리가 이미 그리스도 안에서 유일하게도 하나님의 이름을 거룩하게 보존할 하나님의 왕 같은 제사장들이기 때문입니다.

하나님께서 우리에게 복을 주신다 하여도 우리는 항상 기도를 쉴 수 없습니다. 하나님의 이루신 역사에 대하여 눈을 감고 있을 가능성이 있기 때문입니다. 기도하지 않는 자에게는 하나님께서 행하시는 일도 나타나지 않습니다. 기도가 멈추면 하나님도 함께 일을 멈추게 됩니다. 그를 위하여 이루신 일임을 보여주어도 하나님께 감사하지도 아니하고 하나님을 영화롭게도 아니합니다.

●●●●●●●●●●

기도하는 자는 매사에 하나님의 놀라운 일로서 갖게 되는 감동을 고백하게 됩니다. 기도하는 자만이 하나님이 이루시는 신비롭고 놀라운 역사를 찬양합니다. 기도하는 자가 원수의 손을 잡고 사랑을 전합니다. 기도하는 자가 하나님의 영광을 선포합니다. 범사에 감사하게 됩니다. 삶의 기쁨을 이웃들에게 전달합니다. 영안이 열려져 있는 자의 행복을 놓치지 말기를 바랍니다.

> "너희가 나를 사랑하면 나의 계명을 지키리라 내가 아버지께 구하겠으니
> 그가 또 다른 보혜사를 너희에게 주사 영원토록 너희와 함께 있게 하시리니 저는 진리의
> 영이라 세상은 능히 저를 받지 못하나니 이는 저를 보지도 못하고 알지도 못함이라
> 그러나 너희는 저를 아나니 저는 너희와 함께 거하심이요 또 너희 속에 계시겠음이라
> 내가 너희를 고아와 같이 버려두지 아니하고 너희에게로 오리라 조금 있으면 세상은 다시
> 나를 보지 못할 터이로되 너희는 나를 보리니 이는 내가 살았고 너희도 살겠음이라
> 그날에는 내가 아버지 안에, 너희가 내 안에, 내가 너희 안에 있는 것을 너희가 알리라
> 나의 계명을 가지고 지키는 자라야 나를 사랑하는 자니 나를 사랑하는 자는
> 내 아버지께 사랑을 받을 것이요 나도 그를 사랑하여 그에게 나를 나타내리라"

예수님은 사랑하는 제자들을 남겨두고 떠나려 하십니다. 예수님이 떠나가시면 제자들은 이 세상에서 버림받은 존재들이 됩니다. 주님은 근심에 쌓여 있는 제자들에게 자신이 떠나는 것이 더욱 유익할 것이라는 몇 가지 약속을 하셨습니다. 제자들에게는 아버지의 나라가 준비되어 있음을 상기시키시고 주님 자신보다 더욱 큰일을 할 것에 대한 꿈을 갖게 하시고 실제로 기도의 특권을 약속해주셨습니다. "너희가 내 이름으로 무엇을 구하던지 내가 시행하리라."

그리고 이어서 15절, "너희가 나를 사랑하면 나의 계명을 지키리라"고 말씀하셨습니다.

제자들에게 있어 가장 심각한 문제는 주님이 안 계시는 경우에 평소
에 보고 듣고 배운 바를 어떻게 지키며 증거 할 것인가 하는 것입니다.
다른 사람들은 몰라도 제자들은 알고 있습니다. 보고들은 바를 부정할
수가 없습니다. 평소에 분부하신 대로 어떻게 살 것입니까? 이는 숙제
입니다.

기독교 신앙은 어떻게 하나님의 계명 아래 있는가에 대한 싸움입니
다. 어떤 경우에라도 하나님의 명령 아래 있기로 결심하고 그 방향으로
살아가는 것입니다. 죄성을 가진 우리가 어떻게 예수 그리스도와 같이
하나님의 뜻에 그토록 죽기까지 복종할 수 있을까요? 사랑으로 가능하
다고 합니다. 사랑을 어떻게 합니까? 15절, " 너희가 나를 사랑하면 나
의 계명을 지킬 것이라"고 합니다.

사랑이란 무엇입니까? 사랑은 나 자신을 요구하지 않습니다. 나의 기
쁨, 자존심이나 쾌락을 중심으로 상대를 요구하지 않습니다. 상대에게
다만 나를 사랑해달라고 요구할 뿐이지 강요하거나 횡포를 부리지 않
습니다.

사랑은 즐겨 신하가 되는 것입니다. 사랑하는 자의 요구에 나를 기꺼
이 충성스러운 신하로 바치는 것을 서슴지 않습니다. 그가 원하는 것을
다 이루어 주고 싶은 열망으로 가득합니다. 당신을 사랑하기에 당신의
모든 것을 함께 사랑한다는 것입니다. 사랑하는 자의 고통과 약점까지
도 함께 걸머지고 그와 나란히 같이 걸어가는 것입니다.

사랑은 상대를 귀히 여기며 무례히 행치 아니하며 열심을 다하여 그
를 아름답게 보호하며 지키고자 합니다.

사랑하면 모든 것이 다 좋아 보입니다. 키가 작아서 좋고 눈이 작아
서 좋습니다. 사랑은 삶의 눈을 어둡게 만듭니다. 이론을 초월합니다.
사랑은 폭발적인 힘을 가지고 있습니다. 무한한 잠재력입니다. 사랑의
감정이 이끄는 대로 가면 동반 자살까지 합니다. 사랑은 분명히 힘을 가
지고 있기는 하지만 삶을 올바로 살도록 이끌지는 못합니다. 젊은이들

은 힘은 있지만 분별력이 없어서 장래를 그르치는 경우가 많습니다. 사랑의 힘대로 살면 낭패를 만나게 됩니다.

사랑에는 반드시 계명이 따라야 합니다. 상대방이 원하는 법을 존중히 여기는 일정한 질서가 있어야 합니다. 자기를 채우려는 정욕의 대상으로 상대를 요구하게 되면 사랑하는 열심 때문에 파멸에 이르게 됩니다.

자동차를 이끄는 힘은 엔진에서 나오지만 핸들을 누가 잡느냐에 따라 목표지점을 향할 수 있습니다. 엔진은 사랑이라면 핸들은 계명입니다.

제자들은 그리스도의 본을 따라 사랑의 능력을 훈련해야 합니다. 그러기 위해서는 주님처럼 하나님을 사랑하여 아버지의 요구대로 십자가에 오르셨던 순종을 배워야 합니다.

> "네 마음을 다하고 목숨을 다하고 뜻을 다하여 주 너의 하나님을 사랑하라 하셨으니 이것이 크고 첫째 되는 계명이요 둘째는 그와 같으니 네 이웃을 네 몸과 같이 사랑하라 하셨으니 이 두 계명이 온 율법과 선지자의 강령이니라" (마 22 : 37 - 40).

하나님을 사랑하는 것과 이웃을 사랑하는 것을 나란히 열거하고 있습니다. 우리가 하나님을 사랑하는지 무엇을 보고 알 수 있습니까? 이웃을 사랑하는가 하는 것을 보면 알 수 있습니다. 우선 하나님을 사랑한다면 하나님의 법을 지켜야 됩니다. 하나님을 사랑한다하면서 주일성수와 우상숭배 배격뿐만 아니라 기도와 전도를 하지 않는다면 사랑이라 할 수 없습니다.

하나님을 대상으로 법을 지키는 것은 종교적인 행위입니다. 신앙의 교리적 행위이며 모든 행동원리입니다. 그러나 그것으로 끝나면 하나님을 사랑하는 것을 증명할 삶의 아름다움을 놓치고 맙니다. 하나님을 사랑하는 것 같지 않게 보입니다. 외식과 겉 치례가 되어 회칠한 무덤과 같이 보입니다. 하나님을 사랑한다면 율법의 강령인 네 이웃을 자신의 몸과 같이 여기며 사랑해야 합니다.

네 이웃은 누굽니까? 이방인이 아닙니다. 우리와 함께 하나님을 섬기고 있는 교회의 지체들입니다. 우리 사이에서 사랑의 아름다운 가치를 생산하지 못한다면 세상을 사랑할 자격이 없습니다.

교회란 이름으로 불러 모아 주신 하나님의 백성이란 인식이 있는 자들끼리 서로 위로하고 격려하고 힘이 되어 주지 않는다면 그가 세상에서 실천하는 사랑은 어떤 사랑일까요? 우리는 세상 사람들이 가는 길을 가지 않는 자들로서 우리의 번민과 갈등을 우리는 서로 잘 압니다. 우리가 서로 외면하면 세상에서 갈 곳이 없는 자들이 여기에 모였습니다.

교회는 자기를 위하여 살지 않고 하나님을 위하여 사는 자들이 모인 곳입니다. 하나님의 뜻이 하늘에서 이루어진 것같이 이곳에서도 이루어지기를 열망하는 심령들이 만나는 것입니다. 우리가 하나님을 사랑한다는 것을 무엇으로 증명할 수 있습니까? 서로 내 몸처럼 사랑함으로써 하나님을 사랑한다는 것을 나타낼 수 있습니다.

그 방법이 서로가 적극적으로 만나 함께 주의 뜻을 이루어가는 열심을 불태워야 합니다. 누구와 함께입니까? 나와 뜻이 맞지 않는 사람과 함께입니다. 내가 도와주어야 할 상처 받은 심령들입니다.

여기 교회는 나의 마음에 드는 사람을 골라서 만날 수 없습니다. 좋은 사람, 사회적으로 이름이 있는 고상한 사람들이 오는 곳이 아닙니다. 사회, 지위, 학력, 재력에 있어서 천차만별의 사람들이 모이는 곳입니다. 직장에서 별로 이름이 없는 데 여기서 장로하고 사회적으로는 평판이 안 좋음에도 교회에 와서는 직분도 맡겨져서 믿음에 있어 능력이 인정이 되고 있습니다. 그래도 그 자리를 저런 사람들로 세우신 이가 지혜와 명철에 뛰어나신 하나님이시라는 것을 고백하는 것입니다.

교회는 결국 나를 어떻게 하나님의 요구 앞에 신실한 종으로 바치느냐 하는 것을 훈련하는 곳입니다. 나의 뜻을 접고 하나님의 뜻을 높이느냐에 대한 싸움을 해야 하는 곳입니다. 신앙의 열조들의 이야기를 들으면서 우리도 저토록 감동과 기쁨으로 우리 자신을 바쳐야 하는 일에 도전 받는 관계가 되어야 하며 또한, 그러한 역할들도 주어지게 됩니다.

우리는 지금도 여기 교회에서만은 하나님의 말씀을 최고의 권위로, 가장 아름답고 풍성한 삶의 이정표로 삼아야 할 말씀으로 들어야 합니다. 나의 요구 이전에 하나님께서 원하시는 것이 무엇인가에 대한 깨침이 있어야 합니다. 하나님이 살라고 허락하신 소중한 인생인데 이래도 좋은가에 대한 문제에 부딪치면서 아파하고 고민하는 장소입니다. 좋은 설교, 아름다운 성가, 교회의 거룩한 행사에 대한 긍지와 자랑, 거기에 동원된 훌륭한 사람들을 만나러 오는 곳이 아닙니다. 단순히 평온과 화평함으로 심도 있으면서 재치도 있는 이야기인 잔잔한 설교를 들으러 오는 곳이 아닙니다.

여기는 하나님을 만나러 온 곳입니다. 나를 버리고 어떻게 하나님께 붙잡힐까? 어떻게 나도 하나님의 뜻을 이루는 역사에 보다 웅장하고 풍성한 꿈을 가질 수 있을까? 나의 나태함과 자존심으로 인해 속물인 모습을 벗어버리고 고통의 십자가를 달게 지고 하나님의 나라를 위하여 힘 있게 살아갈 수 있을까? 나의 지난날의 불충과 나태함을 지적받고 가슴에 회개의 눈물을 담아 하나님의 도움을 부르짖는 영적 각성의 기회로 주어진 곳입니다.

여러분들이 교회에서 갖는 기대와 소망은 무엇입니까? 세상에서 갖지 않는 꿈이 무엇입니까? 예수를 믿고 있으면서 하나님에 대해 기대하지 않는 악습에 젖어 있는 한 우리는 일평생 주를 위하여 나를 드리는 영광을 놓친 채 지루한 행진을 할 수밖에 없습니다. 어쩌면 대부분의 사람들은 하나님께서 자신에게 주님보다 더 큰일을 맡기시리라는 생각을 한 번도 해보지 않고 이미 세월을 5,60년을 흘러 보낸 경우도 있을 것입니다. 아직까지도 자기방식대로 살아가는 자들입니다. 교회 안에 젊은

이들은 대부분 교회와 세상 사이에서 오는 갈등에서 헤어나지 못하고 있습니다. 어른들은 신앙의 형식과 관습에 젖어 있습니다.

우리는 예수 믿는다는 것 때문에 괄목할 만한 변화를 시도해야 합니다. 하나님의 말씀을 펴놓고 나의 갈 길과 사명에 대하여 장래를 열어놓고 깊게 기도하고 응답을 기다려 보아야 할 것입니다. 갑자기 내가 오늘 나의 계획을 중단하고 하직해야 할지도 모릅니다. 불확실한 장래를 나의 소견과 주장대로 이 소중한 삶을 맡길 수 있습니까? 어떻게 하면 가장 값진 인생을 살까요? 두 말할 것도 없이 하나님의 계명에 뜻을 정하고 거기에 모든 것을 고정시켜 살기로 결심해야 합니다. 하나님의 목적하심을 분별하는 의식구조로의 변환이 있어야 합니다.

● ● ● ● ● ● ● ● ● ●

하나님의 계명은 이중적 목적이 있습니다. **첫째**, 하나님을 영화롭게 합니다. 하나님은 자신의 영광이 아니면 역사를 허락지 아니하십니다. 창조, 구속, 모든 역사는 하나님 자신이 취하실 영광을 목표로 하십니다.

둘째, 하나님의 계명은 인간의 형통과 번성과 깊은 관련이 있습니다. 믿음의 조상들이 이루어 간 길은 하나님의 법과 규례의 아름다움을 지켰던 신앙의 걸음이었습니다. 지킬 때에 따르는 고난은 이루 말할 수 없는 아픔이었지만 결과적으로 그들은 세상을 다스리고 번성케 하는 자랑과 영광을 누렸던 것입니다.

하나님을 사랑한다면 그의 분부하신 계명을 따르기로 결심하시기 바랍니다.

(요 14:16-21)

"내가 아버지께 구하겠으니 그가 또 다른 보혜사를 너희에게 주사 영원토록 너희와 함께 있게 하시리니 저는 진리의 영이라 세상은 능히 저를 받지 못하나니 이는 저를 보지도 못하고 알지도 못함이라 그러나 너희는 저를 아나니 저는 너희와 함께 거하심이요 또 너희 속에 계시겠음이라 내가 너희를 고아와 같이 버려두지 아니하고 너희에게로 오리라 조금 있으면 세상은 다시 나를 보지 못할 터이로되 너희는 나를 보리니 이는 내가 살았고 너희도 살겠음이라 그날에는 내가 아버지 안에, 너희가 내 안에, 내가 너희 안에 있는 것을 너희가 알리라 나의 계명을 가지고 지키는 자라야 나를 사랑하는 자니 나를 사랑하는 자는 내 아버지께 사랑을 받을 것이요 나도 그를 사랑하여 그에게 나를 나타내리라"

제자들은 지금 온통 불안과 근심으로 가득합니다. 주님이 떠나신다는 것입니다. 주님이 사랑하신다고 몇 번이나 말씀하셨지만 여전히 근심에 싸여 있습니다. 예수님은 근심하는 제자들에게 결정적인 위로의 약속을 해주십니다.

16, 17절, "내가 아버지께 구하겠으니 그가 또 다른 보혜사를 너희에게 주사 영원토록 너희와 함께 있게 하시리니 저는 진리의 영이라 세상은 능히 저를 받지 못하나니 이는 저를 보지도 못하고 알지도 못함이라 그러나 너희는 저를 아나니 저는 너희와 함께 거하심이요 또 너희 속에 계시겠음이라."

하나님이 끝까지 우리를 사랑하신다는 증거는 주님이 우리와 함께 계시겠다는 것으로 입증이 됩니다. 지금 주님은 제자들의 곁을 떠나시는 순간인데 어떻게 제자들과 함께 계신다는 말입니까? 다른 보혜사를 통해서입니다. 다른 보혜사란 예수 그리스도와 같은 분이라는 뜻입니다.

보혜사란 프라크레토스, 라틴어로 'Comfortis'인데 'Com(나란히)'과 'Fortis(강한)'의 합성어입니다. 그가 필요한 자와 함께 그 곁에서 나란히 서서 그 사람을 강하게 해주는 자입니다.

하나님이 사랑하시는 자와 함께 거하시면서 그가 당하는 모든 고난과 함께 나란히 걸으시면서 그를 강하게, 힘있게 살도록 변호하고 격려하고 위로해주십니다. 그리스도를 통하여, 그리고 이제는 성령을 통하여 보혜사의 일을 계속하십니다. 우리가 감히 하나님을 믿는다고 차마 말 못할 입장이지만 하나님은 보혜사를 통하여 우리의 하나님을 향한 사랑을 격려하시고 위로하시면서 우리를 도우십니다.

내가 나를 보면 실망할 일이 한이 없고 곧바로 도망치고 싶은 심정이지만 그러나 그러한 나의 입장과는 상관없이 하나님은 오늘도 나를 사랑하시는 증거로 여기 성도라는 이름으로 예배하러 오도록 힘을 주신 것입니다. 주님이 우리를 떠나지 아니하시고 나와 함께 거하시는 증거입니다. 하나님께서 나를 사랑하시되 참으로 끝까지 사랑하신다는 것의 징표입니다. 보혜사 성령의 역사입니다.

성경의 핵심은 하나님의 사랑입니다. 하나님의 사랑에 관한 내용을 이야기 형식으로 펼치신 것입니다. 사랑이란 무엇입니까? 또 사랑을 왜 하는 걸까요?

인격과 인격 사이를 하나 되게 하고 함께 있고 싶은 열망을 갖게 하고 이를 이루기 위해 동원하는 능력과 지혜를 사랑이라고 합니다. 사랑은 함께 있지 아니하면 미완성된 사랑으로 두 사이는 고독하고 외롭고 근심과 슬픔으로 가득해집니다. 사랑은 함께 있기를 갈망하게 합니다.

한시라도 안 보면 못살겠다는 마음입니다. 같이 있을 때에야 기쁨이 있고 평안이 있고 행복이 있습니다. 함께 있다는 확신이 있을 때에 삶에 힘이 생깁니다.

하나님은 내가 아직도 죄인 되어 원수 사이로 있을 때에 이미 예수 그리스도를 나 있는 곳까지 보내셔서 나의 죽음의 자리까지 오게 하셨습니다. 오셔서 나의 죄인 됨과 같이 취급당하시면서 마지막에는 십자가에서 나를 대신하여 심판을 받으셨습니다. 성경은 그리스도의 죽으심을 홀로 죽으신 것이 아니라 우리와 함께 죽으시고 우리와 함께 살아나셨다고 표현하고 있습니다. 우리는 그리스도의 행하신 일과 관련하여 그와 연합되었다고 선포하고 있습니다. 기독교를 이해하는 가장 굵직한 교리입니다.

"그런즉 우리가 무슨 말하리요 은혜를 더하게 하려고 죄에 거하겠느뇨 그럴 수 없느니라 죄에 대하여 죽은 우리가 어찌 그 가운데 더 살리요 무릇 그리스도 예수와 합하여 세례를 받은 우리는 그의 죽으심과 합하여 세례받은 줄을 알지 못하느뇨 … 만일 우리가 그의 죽으심을 본받아 연합한 지기 되었으면 또한 그의 부활을 본받아 연합한 자가 되리라" (롬 6:1-5).

그리스도의 십자가의 죽으심은 우리를 죄와 사망에서 구원하시는 것만을 목적으로 하지 않습니다. 성경은 십자가를 우리와 관련하여 연합 혹은 세례로 설명하고 있습니다. 연합한 자와 세례를 받은 자는 동일한 뜻입니다. 세례는 동질화라는 개념입니다. 그리스도의 사역이 단독으로 이루어진 것이 아니라 나를 그 속으로 용해시킨 결과 나와 하나가 된 사건으로 설명하고 있습니다.

질적으로 하나가 된 것입니다. 왜 나를 연합하여 십자가를 지셨을까요? 나를 십자가의 죽으심과 함께 통과시켜 어디론가 가고 싶으신 데가 있다는 뜻입니다. 나를 이끌어 가신 곳은 하나님과 함께 사는 영광의 자리입니다. 내가 가고 싶어 애타던 곳이 아닙니다. 하나님이 나와 함께 있고 싶으셔서 준비하신 곳입니다. 하나님이 그리스도 안에서 이미 이루신 하나님의 나라입니다. 하나님이 갖고 계시는 사랑과 인자와 긍휼과 자비와 모든 능력을 총 동원하셔서 이루신 영광의 역사입니다.

그리고 이제는 보혜사 성령을 보내셔서 나를 위로하시고 강하게 하시고 나의 잘못에도 불구하고 나를 변호하시고 옹호하시면서 이 신앙의 길을 힘 있게 걷도록 역사하십니다. 성령은 영원토록 나와 동행하시면서 나를 도우십니다. 내가 범죄 할 때에도 함께 계시고 내가 현실 문제로 아파하고 고통하고 있을 때에도 함께 하십니다. 나를 떠나지 아니하시고 이미 이루신 사랑의 역사를 증거 하시면서 나로 확신케 하십니다. 나와 함께 거하신다는 가장 확실한 증거로 내가 지금 하나님에 관한 지식을 삶의 근거로 삼아 그 뜻을 따르고 있는 것입니다.

하나님의 지식은 나를 향하신 하나님의 사랑이 줄거리입니다. 성령은 없는 것을 새롭게 창조하시는 분이 아니라 이미 성취하신 하나님의 사랑을 나의 전 인격과 삶에 적용하고 활용하여 준비하신 하나님의 나라가 이루어지도록 신령한 능력과 지혜를 공급하시는 역할을 수행하십니다.

20절, "그날에는 내가 아버지 안에 너희가 내 안에, 내가 너희 안에 있는 것을 너희가 알리라."

너희가 내 안에, 내가 너희 안에 있다는 것의 뜻이 무엇입니까? 안에 함께 있다는 것 정도가 아닙니다. 우리의 상태와 관계없이 어떤 경우에라도 다시는 원수의 손에게 빼앗기지 않겠다는 의지입니다. 십자가의 고난을 통과시키면서 이끌어다 놓은 영광의 자리를 결단코 빼앗기지 않으리라는 약속입니다. 사랑을 완성하시겠다는 사랑의 고백입니다.

그날이 언제입니까? 성령이 오실 때입니다. 사랑은 함께 있고 싶은 열망이 어느 정도냐 하는 것으로 평가됩니다. 하나님이 십자가만큼의 용량으로 나를 사랑하셔서 보혜사 성령을 보내시고 우리의 생각과 전

인격을 간섭하시고 이끄셔서 나로 하나님의 사랑에 항복하게 하심으로
지금 하나님과 함께 살도록 하신 것입니다. 여기에 악한 자가 끼어들 틈
이 없습니다.

오순절 성령강림은 하나님이 우리와 함께 있고 싶으신 열망을 이루
시는 장면입니다. 두려워 떨고 있는 제자들에게 약속하신 말씀대로 이
루신 것입니다.

18, 19절, ": 내가 너희를 고아와 같이 버려두지 아니하고 너희에게로
오리라 조금 있으면 세상은 다시 나를 보지 못할 터이로되 너희는 나를
보리니 이는 내가 살았고 너희도 살겠음이라."

20절, "그날에는 내가 아버지 안에, 너희가 내 안에, 내가 너희 안에
있는 것을 너희가 알리라."

그날은 성령께서 오시는 날입니다. 주님은 십자가에 못 박혀 이 땅을
떠나 가셨습니다. 세상은 다시 그를 보지 못할 것입니다. 그러나 주님이
다시 살아 나셨으며 약속대로 가장 존귀하신 자리인 보좌 우편에 계시
다는 확실한 증거로 성령을 보내시겠다는 것입니다. 실로 그날 이후로
세상에 남아 있는 제자들에게서 더 이상 세상 문제로 근심에 싸인 흔적
을 찾아 볼 수 없습니다.

오순절 성령강림 이후에 그들은 더 이상 겁쟁이들이 아니었습니다.
목숨을 지키기 위하여 비굴하지 않았습니다. 담대히 하나님의 말씀을
전파하는 일에 열정을 품고 주의 다시 사심을 거리에 나가 외치기 시작
하였습니다.

성경의 일관된 증거는 하나님이 함께 하시는 결과 비록 갈릴리 촌사
람들이었지만 당시 권력층에 있던 사람들이 제자들에게서 분출되어 나
오는 능력과 지혜와 감동과 영광이 분명한 것을 보고 오히려 두려워했
다는 것입니다. 두려워해야 할 사람들은 연약한 제자들이어야 하는데
세상의 권력과 부귀를 가진 자들이 그들을 보고 두려워하였다는 것을

증거하고 있습니다. 제자들은 옥에 갇히고 매를 맞고 하는 고난을 당연히 여기면서 오히려 담대하여 복음을 전하는 일을 가장 큰 행복과 영광으로 알고 수행하였다는 것이 사도행전의 골자입니다.

제자들은 이미 구원을 받은 자들로서 성령이 내주하시는 자들이었습니다. 성령으로 그리스도를 하나님의 아들로 고백한 자들입니다. 그러나 아직은 세상을 이길 힘이 없는 상태에서 이대로 주의 뜻을 따라 살기에는 연약과 무능한 자신을 놓고 세상일로 온갖 근심에 사로 잡혀 있었습니다. 제자들은 그때까지 만해도 위급하면 얼마든지 배신할 수도 있는 연약한 가운데 있었습니다. 하나님이 함께 거하시는 확신이 있기까지는 근심으로 살아야 할 무능하고 연약한 신앙생활을 할 수밖에 없습니다. 그러므로 성령강림은 모든 성도들에게 반드시 성취되어야 하는 주님의 약속입니다.

성령의 증거를 받은 자들에게서 나타나는 뚜렷한 현상들은 다음 몇 가지로 요약할 수 있습니다.

첫째, 기독교 신앙은 하나님을 경외하고 영화롭게 하는 것을 삶의 제일이 되는 목적으로 삼습니다. 이러한 목적을 이루기 위한 출발로서 먼저 하나님의 지극히 높으심에 비하여 나 자신의 비천함을 아는 자각이 반드시 일어나야 합니다. 도저히 한 자리에 함께 앉아 있을 수 없는 두 인격체의 만남 즉, 창조주 하나님과 사망의 형벌아래 있는 나 자신과의 친교가 이루어진데 대한 경이와 감격과 환희가 눈물로 이어지는 행복감이 흘러넘치는 경험을 시작으로 하나님을 경외하는 믿음을 굳히는 것입니다. 나는 이 고난의 세월을 나 홀로가 아니라 하나님과 함께 지나감에 대한 깊은 감동을 가지고 살게 됩니다.

둘째, 오순절 성령강림이후에 나타난 대표적인 현상은 예루살렘교회에서 일어난 것과 같습니다.

"날마다 마음을 같이하여 성전에 모이기를 힘쓰고 집에서 떡을 떼며 기쁨과 순전한 마음으로 음식을 먹고 하나님을 찬미하며 또 온 백성에게 칭송을 받으니 주께서 구원받는 사람을 날마다 더하게 하시니라"(행 2 : 46, 47).

모이기를 힘쓰고 기쁨으로 서로를 환영하였습니다. 모이는 열심과 애정이 넘쳤습니다. 기쁨으로 교회를 섬겼습니다. 불과 30년 전만 해도 한국의 교회들도 그랬습니다. 말할 수 없는 영광 중에 서로가 힘이 되어주며 서로의 것을 함께 나누는 행복이 있었습니다. 오늘에 힘을 많이 잃어버린 우리의 모습과는 판이하게 다른 현상들입니다.

셋째, 초대교회는 하나님을 찬미하는 것을 제일로 삼았고 예수 그리스도의 하나님의 아들이심을 전파하는 일을 열심히 이루었습니다. 그들에게는 하나님의 말씀에 대한 비범하고도 명쾌한 이해와 영적인 통찰력이 있었습니다. 분명한 이해와 통찰력이 있음으로 예수를 전파하는 일에도 명료한 확신을 가지고 전하였습니다.

그리고 믿는 자에게 나타난 외형은 이전의 것과는 분명히 다른 현상들이 있었습니다. 모세가 하나님의 영광을 보고 난 후에 얼굴에 광채가 나타났습니다. 성령이 강림하시면 그 사람의 얼굴에서 성화의 빛이 나타납니다. 화난 얼굴이 아니라 화평하고 겸손한 빛이 납니다.

다음으로 말이 달라집니다. 말에 힘이 있습니다. 그 사람에게는 삶에 대한 긍지와 확신이 넘칩니다. 부정적이지 않습니다. 삶이 하나님이 허락하신 가장 아름답고 존귀한 시간들임을 알고 증인의 자랑과 기쁨으로 넘칩니다.

사도행전의 역사는 그때의 그 사람들에게 일어났던 사건이 아닙니다. 지금도 계속되는 성령의 역사입니다. 성령은 지금도 말씀을 깨닫게 하시며 말씀대로 살도록 힘이 되시며 지혜를 주시고 위로하시며 권능

을 베푸십니다. 힘이 없는 우리를 힘 있게 살도록 나의 행위를 변호하시
며 나의 삶을 옹호해주십니다.

● ● ● ● ● ● ● ● ●

　주님이 제자들을 향하여 고아와 같이 버려두지 아니하시겠다고 약속
해주셨습니다. 다시 오시겠는 것입니다. 이제 육신으로가 아니라 영으
로 오셔서 우리와 영원토록 함께 계실 것이라 하셨습니다. 우리를 사랑
하시되 끝까지 사랑하시는 약속으로 보혜사 성령을 보내셔서 평소에
제자들 곁에 계셨던 것과 같이 위로하시고 힘을 주시며 하나님의 나라
의 표적을 나타내시리라 하셨습니다. 주님의 사랑이 성령을 통하여 우
리 내면에서부터 흘러넘치도록 은혜의 날들을 준비하시면서 사랑의 계
명을 주셨습니다.

　하나님의 계명을 지키는 자에게 하나님이 친히 자신을 나타내시리라
하셨습니다. 하나님을 사랑하는 자는 그의 계명을 즐거워하는 것은 당
연한 규범입니다. 계명을 지킴으로써 약속하신 하나님의 사랑을 한 몸
에 듬뿍 담아내는 풍성한 복이 임하기를 바랍니다.

나 보다 크신 이에게로 가노라

"내가 아직 너희와 함께 있어서 이 말을 너희에게 하였거니와 보혜사
곧 아버지께서 내 이름으로 보내실 성령 그가 너희에게 모든 것을 가르치시고 내가 너희에게
말한 모든 것을 생각나게 하시리라 평안을 너희에게 끼치노니 곧 나의 평안을 너희에게
주노라 내가 너희에게 주는 것은 세상이 주는 것 같지 아니하니라 너희는 마음에 근심도
말고 두려워하지도 말라 내가 갔다가 너희에게로 온다 하는 말을 너희가 들었나니
나를 사랑하였더면 나의 아버지께로 감을 기뻐하였으리라 아버지는 나보다 크심이니라
이제 일이 이루기 전에 너희에게 말한 것은 일이 이룰 때에 너희로 믿게 하려 함이라
이후에는 내가 너희와 말을 많이 하지 아니하리니 이 세상 임금이 오겠음이라
그러나 저는 내게 관계할 것이 없으니 오직 내가 아버지를 사랑하는 것과 아버지의
명하신 대로 행하는 것을 세상으로 알게 하려 함이로라 일어나라 여기를 떠나자 하시니라"

인간은 눈에 보이는 현상만을 알뿐 그 본질은 파악할 수 없습니다.
우리는 시간과 공간이라는 한계 안에서만 활동하는 폐쇄된 합리성의
존재입니다. 우리 눈으로 들어오는 현상들과 우리의 이해력으로 납득
하는 것만이 전부가 아님은 누구라도 다 인정하는 사실이지만 우리는
우리 자신의 관심만큼 보고 듣습니다.

나와 상관이 없으면 바로 앞에 있는데도 못 봅니다. 인간에게는 합리
성이라는 한계뿐 아니라 극히 개인적인 관심이라는 한계가 있습니다.

우리는 사물을 파악할 뿐이지 그 안에 깊이 내재된 본질은 모릅니다.
본질을 모르니까 비뚤어진 의미와 가치를 덧붙여서 그럴 듯하게 사물

을 파악합니다. 본질을 모른 채 자연 그대로 있으면 불안과 무서움과 공포가 밀려옵니다. 불안과 두려움의 원인은 모르기 때문입니다.

제자들은 주님이 떠나신다는 말씀 때문에 온갖 걱정과 근심에 싸여 있었습니다. 주님께서 제자들을 위로하시고 달래시면서 약속하신 것은 내가 다시 너희에게로 올 것이라는 것입니다. 그리고 이어서 28절, "너희가 들었나니 나를 사랑하였더면 나의 아버지께로 감을 기뻐하였으리라"고 질책까지 하십니다. 제자들의 입장에서는 도무지 이해가 되지 않는 말씀입니다.

그리고 더욱 충격적인 말씀은 27절, "나의 평안을 너희에게 주노라 내가 너희에게 주는 것은 세상이 주는 것 같지 아니하니라"는 것입니다. 제자들의 생각 속에는 주님이 곁에 계셔서 세상을 평정하고 왕권을 가지셔야 평안하다고 믿고 있는데 그런데 주님은 자신이 떠나는 것이 오히려 유익하고 떠나야 만 평소에 주님이 가지셨던 평안을 누리게 될 것이라 하십니다. 그 해답이 26절입니다. "보혜사 곧 아버지께서 내 이름으로 보내실 성령 그가 너희에게 모든 것을 가르치시고 내가 너희에게 말한 모든 것을 생각나게 하시리라"하셨습니다.

이를 역으로 말하면 이때까지 제자들은 주님의 행하신 일들과 말씀을 제대로 알아듣지 못했다는 것을 지적하는 대목이기도 합니다. 만일 제자들이 평소에 주님께서 행하시고 가르치신 것을 제대로 알아들었다면 아버지께로 가신다는 말씀으로 인하여 그토록 불안하여 근심에 쌓이지는 않았을 것입니다. 세상일로 근심하거나 두려워하거나 안절부절하고 있는 가련한 모습을 보이지도 않았을 것입니다. 주님께서 가지셨던 평안을 이미 누리고 있었을 것입니다. 왜일까요? 바로 다 알고 있기 때문입니다.

문제는 무엇입니까? 예수께서 오셔서 행하신 일들의 내용을 제대로 파악하지 못했다는 것입니다. 예수께서 행하신 일은 모두 보이지 않는 하나님을 사람들에게 설명하는 계시적 사건들입니다. 예수님은 시간과 공간을 초월하십니다. 죽은 자를 살리시고 바람과 파도를 잠잠케 하십니다. 오병이어를 일으키십니다.

제자들은 아직까지도 예수 그리스도의 사역을 이해할 만한 충만한 상태에 있지 않았습니다. 떠나신다는 말씀에 모두가 세상일로 근심에 싸여 있었습니다. 제자들은 성부 하나님의 뜻에 대해서는 영안이 열려 있지 않았습니다. 예수를 하나님의 아들이요 그리스도로 고백을 하였지만 인간의 죄를 대속하기 위해서는 그가 십자가에 못 박혀 죽으시고 다시 살아나야 할 것에 대해서는 알아들을 만한 지혜나 능력이 없었습니다.

그들이 바라고 기대하였던 것은 오직 세상의 것들이었습니다. 그 증거가 사도행전에서 더욱 뚜렷해집니다.

부활하신 후 승천하시면서 아버지께서 약속하신 성령을 기다리라고 분부하셨을 때에도 이런 반응을 보였습니다.

"주께서 이스라엘을 회복하심이 이 때입니까?"(행 1:6)라고 하였습니다. 성령이 오시면 이스라엘을 로마의 압제에서 해방시키시고 국권을 회복하시는 것입니까? 제자들의 요구는 주님이 갖고 계시는 그 신 권능으로 자신들의 세상을 권력과 부와 명예로 치장해달라는 것이었습니다. 그렇게 자신의 세상을 기대하고 요구하던 입장에서 주님이 자신들의 곁을 떠나신다는 것은 자신들의 꿈이 물거품이 되고 마는 절망이 아닐 수 없습니다. 온통 슬픔과 근심뿐입니다. 평안을 기대할 수가 없습니다.

그런데 주님은 성령이 오시면 평안을 끼칠 것이니 "나의 평안을 너희에게 주노라"고 위로하십니다. 주님의 평안이 어떻게 주어집니까? 성령께서 가르쳐주시기 때문입니다. 성령은 진리의 영이십니다. 진리에 대해서 완전하십니다. 아버지와 아들을 완전히 아시고 그 깊으신 뜻을 통달하십니다. 하나님의 행하신 일들을 깨닫게 하시고 우리에게 활용할 지혜와 능력과 권능을 주십니다.

인간의 아름다움은 사물을 있는 그대로 보지 않고 그 내면의 가치와 의미를 각색하여 본다는 데 있습니다. 물질이 물질로만 있으면 저급하게 됩니다. 물질은 있는데 속이 텅 비어 있는 사람을 보면 마치 짐승같이 느껴집니다. 동물들과 인간이 비슷한 데가 많습니다. 생존본능, 생식본능, 귀소본능이 비슷합니다. 그렇다고 하여 사람을 동물과 같이 취급할 수 없습니다. 내면의 세계가 다르기 때문입니다.

동물은 즉각적인 반응을 가지고 살아갑니다. 배가 고프면 먹기 위한 즉각적인 반응을 일으킵니다. 육식동물은 잡아먹을 짐승을 찾아 나섭니다. 초식동물들은 물이 넉넉히 흐르고 초목이 우거진 곳을 찾습니다.

그러나 사람에게는 의식주, 생존본능만으로는 만족할 수 없습니다. 배고프다는 단순 반응으로 살지 않습니다. 가치와 의미를 놓고 싸웁니다. 소유 보다 존재가치를 추구합니다.

반응과 응답은 개념이 다릅니다. 'Reaction and Response' 의 차이입니다. 사람은 깊이 생각하고 분석하고 음미하고 도전하면서 사물에 대하여 응답합니다. 인간은 돈이 생겨서 좋아하고 떨어져서 슬프고 하는 단순 반응으로만 살 수 없습니다. 어려울 때 영혼의 문제를 깊이 생각하는 기회로 삼습니다. 일이 잘 될 때에 할 일을 찾습니다. 사명이나 회개나 의미나 보람 같은 것을 새깁니다.

인간이 사물을 보려면 눈이 있어야 합니다. 어두움 속에 있으면 아무리 눈이 밝아도 보이지 않습니다. 성경에서 어두움은 하나님을 모르는 상태를 가리킵니다. 성령께서 오셔서 나의 영의 눈을 뜨게 해주셔야 하나님을 알게 됩니다.

주님이 오셔서 행하신 일은 하나님에 대하여 눈을 뜨게 하는 수단으로 자연 속에 초자연을 일으키셨습니다. 바다 위를 걷습니다. 죽었던 자가 살아납니다. 죽음을 깨뜨리고 생명을 일으키는 장면입니다. 어둠을 물리치기 위하여 빛을 비취시는 장면입니다.

어둠 자체로 어둠을 분간할 수 없습니다. 빛이 있어야 어둠을 분간할 수 있습니다. 인간의 약점은 죄를 모른다는 것입니다. 죄가 몸에 붙어 다닙니다. 어릴 때의 것이 늙을 때까지 따라 다닙니다. 그냥 묻어두고 사는 방법을 고안한 것이 우상숭배입니다. 죄인 됨이 정상인 상태에서 삽니다. 어두움이 정상인 사람에게는 빛이 들어올 때에야 어두움이 얼마나 비참한가를 알 수 있는 것입니다.

하나님은 이 세상을 충족하게 하고 육체의 때를 번성케 하시려고 기적을 베푸시지 아니하셨습니다. 여기는 우리가 영원히 살 곳이 아니며 조만간에 멸망할 곳이며 죄와 마귀의 활동 무대로서 하나님의 영광이 떠난 곳이라는 것을 깨닫게 하여 회개하고 하나님께로 돌아오게 하려고 기적을 보이신 것입니다. 하나님을 믿게 하려는 것입니다. 생명의 빛을 비추신 것입니다.

영혼이 죽어 있는 상태에서 우리의 일생이 아무리 권력을 손에 쥔다 한 들 무슨 소용이 있는가 하는 것입니다. 하나님과의 관계가 화평하지 않는 상태에서 우리가 누리는 행복이 진실일 수 있을까요? 하나님이 안 계시는 상태를 성경은 본질상 진노 아래에 있다고 선언합니다.

하나님이 정죄하시는 인생은 본질상 어두움의 자녀라고 합니다. 어두움이 본질이니까 불안과 두려움을 호소한 나머지 찾아간 곳이 우상숭배입니다. 공포와 무서움, 불안과 두려움은 하나님과의 문제 때문에 일어나는 죄의 결과입니다. 저주와 형벌 의식은 죄인의 속성입니다.

갈릴리 바다 가운에서 풍랑을 만났습니다. 제자들은 바다에 익숙한 어부들이 대부분입니다. 풍랑이 전례 없이 거세게 일고 있었습니다. 죽음을 각오해야 하는 지경입니다. 이때 예수님이 물 위를 걸어서 가까이 오고 계셨습니다. 제자들이 괴로이 노 젓는 것을 보시고 오고 있었습니다. 사력을 다해 살려고 발버둥치는 제자들을 불쌍히 여기시고 그 위태로운 상황을 응시하고 계시다가 위험에 닥치자 가까이 오셨습니다.

파도와 싸우다가 지친 제자들의 눈에는 물 위를 걷고 계시는 예수님이 유령으로 보였습니다. 현상만을 보고 자기 생존만을 위하여 싸우느라 탈진상태에 있는 제자들은 구원하러 오신 예수님을 재앙을 가지고 오는 유령으로 보고 있었습니다. 재앙의 신, 악령의 형상으로 보았습니다. 더 이상 소망이 없다고 판단한 나머지 소리를 질렀습니다. 유령인가 하여 소리를 질렀다고 묘사하고 있습니다. 공포에 떨고 인간의 발악하는 광경입니다.

방금 전 낮에만 하여도 예수께서 베푸신 오병이어의 기적을 가장 가까이 감동하고 놀라워하던 사람들입니다. 잠시 주님이 없는 사이에 일어난 풍랑에 대하여 이토록 두려워할 수 없습니다.

우리는 십자가를 지나온 자들입니다. 부활의 생명에 참여한 자들입니다. 이 믿음의 지식을 가진 자들이라면 적어도 세상 문제에 대하여 불안하거나 두려워 떨어야 할 일이 아님을 알아야 할 것입니다. 왜일까요? 우리에게는 더 이상 재앙을 가지고 올 악령이 활동하지 못하는 성령의 전들이기 때문입니다.

우리가 당하는 환난과 어려움은 더 이상 재앙이 아니라 장래에 소망을 주시려는 하나님의 뜻입니다. 그러나 성령의 충만을 받지 않으면 인생의 환난을 재앙으로 볼 수밖에 없습니다.

우리는 버려진 존재가 아닙니다. 우리의 당하는 삶의 피곤과 지친 모습을 하나님은 응시하고 계십니다. 그리고 가까이 찾아오십니다. "내니 두려워 말라"(마 14:27 하반절)하신 말씀에 "만일 주시어든 명하사 나로 오라 하소서"(마 14:28)라고 베드로가 응답합니다.

베드로는 주님이 계신 곳을 향하여 몸을 바다로 던졌습니다..주님과 함께 바다 위를 걷는 환희와 기쁨을 누렸습니다. 바다 위를 걷고 있을 때에 베드로의 마음은 어떠했을까요? 오병이어로 오천 명을 배불리 먹이시던 기적을 본 자로서 갖는 놀라움과 기쁨 보다 이제는 본인이 직접 주님이 행하시는 기적을 실행하고 있다는 경이로움에 가슴이 터질 듯 기뻐했을 것입니다.

무엇이 이토록 바다로 뛰어들도록 용기를 갖게 하였을까요? 하나님의 신성에 대한 믿음입니다. 오병이어의 기적을 초자연으로만 이해한 것이 아니라 역사 자체로 믿었습니다. 기적으로만 안 것이 아니라 하나님의 보편적인 역사로 하나님에 대하여 하나의 상식으로 알고 있었습니다. 자연은 인간의 것, 초자연은 하나님의 것이라는 생각을 버리십시오. 자연이거나 초자연이거나, 악령이나, 재앙이나 다 하나님의 손 안에 있는 역사임을 믿는 믿음을 가지십시오.

베드로는 파선하는 배를 탈출하는 믿음을 가졌습니다. 희망이 없는 곳에서 더 이상 머물러 있을 이유가 없었습니다. 주님이 가까이 와 계심을 보았기 때문입니다. 비록 풍랑이 일고 있는 곳이긴 하지만 주님이 거기에 계심을 확인한 순간, 주님께 살길이 있음을 믿었습니다.

우리 중에 아직까지도 나의 건강이, 나의 쌓아 올린 삶의 터전이 한 순간에 침몰하기 전 까지 거기서 탈출하지 못하는 미련한 자들이 수다합니다. 위기의 순간은 하나님이 가까이 와 계심을 믿으십시오. 지금은 하나님을 의지할 때이지 나의 궁색한 생존법칙을 따라 살 때가 아닙니다.

"너희는 여호와를 만날 만한 때에 찾으라 가까이 계실 때에 그를 부르라 악인은 그 길을, 불의 한 자는 그 생각을 버리고 여호와께로 돌아오라 그리하면 그가 긍휼히 여기시리라 … 여호와의 말씀에 내 생각은 너희 생각과 다르며 내 길은 너희 길과 달라서 하늘이 땅보다 높음같이 내 길은 너희 길 보다 높으며 내 생각은 너희 생각 보다 높으니라"(사 55:6-9).

영의 눈을 감고 있는 동안에는 남는 것은 물질 밖에 없습니다. 예수님이 일으키시는 권능의 기적들이 다 자기의 세상을 위한 수단으로 밖에는 보이지 않습니다. 주님이 눈에 보일 때에만 드디어 안정이 되고 곁에 안 계시면 곧장 불안과 두려움, 절망을 호소하게 됩니다. 제자들의 수준이었습니다.

나약하고 병든 구조에서는 병든 생각을 갖게 합니다. 파선하고 있는 곳에서 살면 언제나 무서움과 두려움에 쌓여 살게 됩니다. 거친 파도를 타고 오신 예수 그리스도께서 오라하십니다. 아직도 파도는 거칠게 일고 있고 바람은 세차게 불어도 바다 위를 걸어오신 주님은 이미 바람과 파도를 발아래 누르시고 복종시키고 계십니다.

인간에게는 바다에서 만나는 풍랑을 잠재울 능력이 없습니다. 공중에서 바다에서 일어나는 상황은 이미 우리의 능력 밖의 상황입니다. 어떻게 이길 수 있을까요? 모든 것의 주권이 하나님께 있다는 사실을 아는 자는 두렵지 않습니다. 성령이 오셔서 예수께서 행하신 일을 생각나게 하실 것이며 그 깊은 뜻을 가르치실 것입니다. 그때에야 너희들에게 나의 평안을 누릴 수 있는 힘과 지혜가 생기게 될 것이라는 것입니다.

27절, "평안을 너희에게 끼치노니 곧 나의 평안을 너희에게 주노라 내가 너희에게 주는 것은 세상이 주는 것 같지 아니하니라 너희는 마음에 근심도 말고 두려워하지도 말라."

주님께서 나의 평안을 주노라고 하셨습니다. 우리가 만들어 낼 수 있는 평안이 아닙니다. 주님이 주실 때 갖는 평안입니다. 다른 보혜사 성령이 임하실 때입니다. 영의 눈이 활짝 열릴 때입니다. 하나님의 뜻을 통달하는 계시의 영이 충만하게 거하실 때입니다. 성령께서 오실 때에 우리에게 드디어 세상이 어떤 곳이며 하나님의 나라는 어디이며 그 나라는 어떻게 생겼으며 하나님은 지금 무엇을 행하시며 사탄은 무엇을 하고 있는가를 훤하게 알게 됩니다. 그제야 우리에게 평안이 이루어집니다. 겁과 두려움에서부터 자유하게 됩니다.

28절, "내가 갔다가 너희에게로 온다 하는 말을 너희가 들었나니 나를 사랑하였더면 나의 아버지께로 감을 기뻐하였으리라 아버지는 나보다 크심이라."

예수님은 이 땅에 오셔서 제자들이 보는 가운데 이루신 일은 죄와 사망의 권세를 이기시고 사탄을 그 권좌에서 내려오게 하신 후 이를 증명하는 표로서 친히 부활하신 것입니다. 이 모든 구속사역은 아버지께서 요구하셔서 아들은 순종하였을 뿐 실상은 아버지께서 성취하신 역사인 것입니다. 이 모든 구속의 역사를 마치시고 아들은 아버지가 계시는 영광의 나라로 올라가실 것입니다. 그리고 자신보다 더 크신 아버지와 아들의 이름으로 보혜사 성령을 보내실 것입니다. 제자들의 입장에서는 사실상 성령께서 오시는 것이 예수님 자신이 제자들 곁에 있을 때보다 훨씬 더 풍성하고 영광스럽습니다.

그러나 아직은 십자가를 지시기 전이니까 제자들은 주님이 가시는 곳에 대하여 이해가 안가는 상태였고 근심과 불안에 떨 수밖에 없었습니다. 만일 제자들이 아버지에 대하여 알았더라면 더 이상 세상근심으로 낙망하거나 슬퍼하지는 않았을 것입니다. 주님의 안타까운 심정을 엿볼 수 있는 대목입니다.

28절, "내가 갔다가 너희에게로 온다하는 말을 너희가 들었나니 나를 사랑하였더면 나의 아버지께로 감을 기뻐하였으리라."

보혜사 성령이 임하시면 제자들의 심령은 주님께서 가지셨던 평안으로 굳게 자리하게 될 것입니다. 주님의 평안이 제자들의 것으로 능력을 발산한다면 제자들이 세상의 임금들로부터 받는 핍박의 환난에도 불구하고 더 이상 좌절하거나 낙망하지 않을 것입니다. 영원한 평안이 우리를 지킬 때 세상이 두렵지 않습니다.

주님께서 세상의 임금들이 갖는 평안에 대하여 언급하신 말씀, 30절, "이후에는 내가 너희와 말을 많이 하지 아니하리니 이 세상 임금이 오겠음이라 그러나 저는 내게 관계할 것이 없으니" 라 하였습니다.

주님이 떠나시면 제자들은 핍박 아래서 고생하게 될 것입니다. 그러나 성령이 오시면 주님의 평안으로 힘을 얻어 세상 임금이 오히려 두려워할 것이라는 것입니다.

세상 임금은 내게 관계할 것이 없다는 말은 주님에게 있어서 세상 임금이 갖고 있는 권력이나 부귀나 자랑이나 간에 그것들은 아무런 가치도 없다는 것입니다. 주님이 끼치시는 평안에 비하면 무용지물과 같다는 것입니다.

물질이 지켜주어야 안정할 수 있는 자는 곧 불안과 걱정에 휩싸이게 됩니다. 무장 군인이 겹겹이 지켜야 되는 사람은 그 시간만큼 두렵고 불안한 세월을 살아야 합니다. 아무리 돈이 많아도 부족함을 느끼면서 살 수밖에 없는 것은 돈의 힘으로 우리의 생명을 지킬 수가 없기 때문입니다.

여호와 하나님이 목자 되시는 사람은 모든 것에 부족함이 없습니다. 더 이상 바랄 것이 없는 만족한 삶을 누리게 될 것입니다. 그렇게 만족한 자가 펼치는 사업이 흥왕할 것이며 가정이 화평할 것이며 자녀들이 자랑과 소망을 가지고 자랄 것입니다. 이 땅의 복도 백배나 받으리라 약속하셨습니다.

● ● ● ● ● ● ● ● ● ●

주님께서 십자가에서 아버지의 뜻을 완성하심으로 누리셨던 평안이 성령 안에서 동일하게 우리에게도 약속되어 있음을 기억하는 순간, 지금 삶의 온갖 형태의 불안과 근심을 벗고 하늘의 위로와 평강을 기다리는 기도가 마땅히 일어나야 할 것입니다.

제 15장
참 포도나무 예수 그리스도

참 포도나무

(요 15:1)

"내가 참 포도나무요 내 아버지는 그 농부라"

"내가 참 포도나무다." "나는 …. 이다" 의 용법은 하나님의 자기 계시의 표현입니다. 하나님의 자화상이라고도 할 수 있습니다. 대표적으로 구약에서 "I am who I am." "나는 스스로 있는 자이다." 이는 하나님의 존재양식이 어떠한가를 설명하는 내용입니다.

나는 빛, 생명, 양의 문, 광야의 떡, 선한 목자 등의 묘사들이 많습니다. 예수 그리스도의 자기 계시적 표현들입니다. 본문에서 특별히 사용한 "참"이란 단어는 그리스도를 설명하는 가장 핵심이 되는 뜻을 가지고 있습니다. 이와 같은 표현은 이미 10장에서도 묘사한 적이 있습니다. "나는 선한 목자이다." 단순히 일반적으로 이해하는 목자가 아닙니다. 선한 목자라고 강조하고 있습니다. "선한"이라는 형용사를 도입한 것은 강도, 도둑, 삯군과 구별시키는 표현입니다.

"참"이란 거짓과 구별하여 진실 혹은 본질, 실상이라는 뜻입니다. 예수는 본질이며 실제이며 다른 것은 그림자요 허상이라는 것입니다. 구약에서 앞으로 오실 메시아를 상징하는 단어들이 많습니다. 인물들은 거의가 그리스도를 예표하거나 상징하고 있으며, 인물에 못지않게 장막, 새벽별, 백합화, 수선화, 목자, 신랑, 모퉁이 돌, 종 등 헤아릴 수 없는 단어가 다 메시아를 그림자로 설명하는 명칭들입니다.

같은 의미에서 구약은 이스라엘을 포도나무로 자주 표현합니다.

> "주께서 한 포도나무를 애굽에서 가져다가 열방을 쫓아 내시고 이를 심으셨나이다"(시 80:8).

이스라엘을 한 포도나무로 비유하고 있습니다. 원래 있었던 곳은 애굽입니다. 이스라엘은 구원받은 민족이 아닙니다. 그들도 구원을 받아야 할 백성으로서 우리와 입장이 같습니다. 다만 이스라엘은 하나님의 구원을 설명하기 위하여 온 인류들 앞에 불려 나온 견본입니다. 이스라엘이 애굽에 있었다는 것은 우리가 죄와 사망의 권세 아래 있었다는 것을 설명하는 내용입니다. 여기서 한 포도나무는 인류 전체를 가리킵니다.

이스라엘을 꾸짖으시는 대목에서도 이런 표현을 씁니다.

> "내가 너를 순전한 참종자 곧 귀한 포도나무로 심었거늘 내게 대하여 이방 포도나무의 악한 가지가 됨은 어찜이뇨"(렘 2:21).

이스라엘을 포도나무로 비유하면서 처음에는 참 종자로 심었는데 나중에 보니까 악한 가지가 되어 다른 종자를 맺고 있더란 말입니다. 하나님의 형상으로 만드신 인간이 타락하여 더럽고 냄새나는 존재가 되어

버렸음을 한탄하시는 말씀입니다.

또 다른 곳에는 이런 표현을 하고 있습니다.

"이스라엘은 열매 맺는 무성한 포도나무라 그 열매가 많을수록 제단을
많게 하며 그 땅이 아름다울수록 주상을 아름답게 하도다"(호 10 : 1).

이스라엘에 관한 얘기가 아닙니다. 전 인류에 대한 이야기입니다. 열
매를 많이 맺을수록 제단을 많이 만듭니다. 땅을 아름답게 할수록 주상
을 아름답게 꾸밉니다. 하나님이 복을 내리시고 번창 하게 하면 할수록
인류는 더욱 우상을 만들어 섬깁니다. 하나님이 은혜와 사랑을 베푸실수
록 인간은 하나님을 감사치도 아니하고 영화롭게도 아니하고 도리어 그
공덕을 우상에게 돌리는 배역을 일삼습니다. 이를 꾸짖는 말씀입니다.

이사야서에서는 더욱 분명하게 포도원을 가지고 인간의 타락을 설명
합니다.

"내가 나의 사랑하는 자를 위하여 노래하되 나의 사랑하는 자의 포도원
을 노래하리라 나의 사랑하는 자에게 포도원이 있음이어 심히 기름신 산
에로다 땅을 파서 돌을 제하고 극상품 포도나무를 심었었도다 그 중에 망
대를 세웠고 그 안에 술틀을 팠었도다 좋은 포도 맺기를 바랐더니 들포도
를 맺었도다"(사 5 : 1, 2).

하나님은 자신의 영광을 위하여 천지만물을 만드셨습니다. 그리고
이 세계와 피조물을 인간에게 맡기셨습니다. 정복하라, 다스리라, 번성
하라, 문명과 문화를 창달할 지혜와 능력과 아름다운 의지를 부여하시
면서 이 땅을 삶의 기업으로 주셨습니다. 선물로 주신 기업입니다.

주인은 역시 하나님이십니다. 인간은 맡아 관리하는 자로서 모든 것
을 누리고 즐기기만 하면 됩니다. 인간이 섬겨야 할 대상은 오직 위로

하나님일 뿐 다른 피조물에 대해서는 다스리고 통치하는 권세와 능력을 가지고 있었습니다. 참으로 하나님은 기름지고 아름다운 땅에 극상품 포도나무를 심었습니다.

그런데 왜 이토록 최고의 가치와 권위를 가진 인간의 상태가 비참하게도 피조물에게 굴복하는 종의 상태로 떨어졌습니까? 인간은 거짓되고 가증스러운 우상숭배의 자리로 내려앉고 말았습니다.

마땅히 다스려야 할 피조물을 조물주 보다 더 두려운 대상으로 섬기는 타락의 길을 가고 말았습니다. 금수와 버러지 형상을 만들어 하나님이라고 섬기고 있습니다. 온갖 저주와 형벌의식에 잡혀 종교적으로 스스로 비천하고 비참한 지경에 빠지고 말았습니다. '좋은 포도 맺기를 바랐더니 들 포도를 맺혔도다.' 한탄하시는 하나님의 음성이 지금도 들리는 것 같습니다.

종교적으로 타락한 인간이 그 다음으로 만들어 가는 사회상은 어떻습니까? 가장 뚜렷하게 나타난 현상이 권위가 사라지고 질서가 깨어지는 사회로 발전해 가고 있습니다. 말세의 현상 중에 성경이 예언하고 있는 것은 자녀들이 부모를 거역하는 풍조입니다. 부모거역으로부터 시작하여 스승의 권위, 법의 권위, 도덕의 권위가 사라지게 됩니다. 모두들 다 자기가 신이 된 것입니다.

이러한 환경에서 인간은 생존경쟁의 속박에서 벗어날 수 없게 되었습니다. 환경오염, 가공할 살상무기의 무차별생산, 도덕의 붕괴, 상상할 수 없는 질병과의 전쟁, 빈곤과 부강의 괴리와 반목, 예고 없이 일어나는 사회격동과 천재지변의 재난들, 빈번한 화산폭발과 지진 등 헤아릴 수 없는 무서움에 시달리고 있습니다. 인간은 그 원인을 죄에서 찾지 않습니다. 생존경쟁을 죄로 인식하는 자가 없습니다. 오직 성경은 죄, 죄 때문이라고 인간을 고발하고 있습니다.

죄는 하나님으로부터 독립, 분리하여 사는 것 자체입니다. 최초로 사탄이 인간을 하나님의 품에서부터 꾀어낼 때에 사용한 말, "너도 하나님과 같이 될 수 있다"는 것이었습니다. 무한한 자유를 상급으로 걸었습니다. 인간이 하나님의 품을 떠나서 자유로웠습니까? 빠져 나왔더니 다른 주인이 기다리고 있더란 얘기입니다. 사탄이 준비시켜 놓은 것, 죄와 사망과 저주와 형벌의 운명이 기다리고 있었습니다.

하나님을 떠난 인간의 속성은 관계를 깨뜨리는 것입니다. 자신의 유익과 관련이 있을 때에만 손을 잡습니다. 권위를 싫어하는 속성을 가지고 삽니다. 부모의 권위 선생의 권위, 법의 권위, 정부의 권위 등 우리는 사실상 수많은 권위에 포위되어 있습니다. 그토록 있는 그대로 방치할 수 없을 만큼 분쟁, 싸움의 속성을 가지고 있습니다. 공동의 유익을 생산하기 위해서는 통제가 필요합니다. 달리 말하면 우리 스스로가 남의 유익을 위하여 살만큼 착하지 않다는 것입니다.

이러한 분리의 속성을 가진 인간이 만들어낸 것은 진리일 수 없습니다. 인간 자신이 고안한 규범이나 도덕률이나 법률이나 그것들은 다 상대적 가치일 뿐, 절대적인 기준일 수 없습니다. 어제의 것이 오늘에서 변합니다. 모두가 자기 유익을 중심으로 해석하기 때문입니다.

'나는 참 포도나무다' 지금 무엇을 지적하고 있습니까? 인간의 죄의 양상들에 비해 예수님은 자신의 것을 가리켜 참이라고 하신 것입니다. 나 이외에는 영원한 진리일 수 없고 생명일 수 없다는 것입니다.

> "하나님을 알되 하나님으로 영화롭게도 아니하며 감사치도 아니하고
> 오히려 그 생각이 허망하여지며 미련한 마음이 어두워졌나니 스스로 지혜
> 있다 하나 우준하게 되어 썩어지지 아니하는 하나님의 영광을 썩어질 사
> 람과 금수와 버러지 형상의 우상으로 바꾸었느니라"(롬 1 : 21 - 23).

왜 이런 현상이 일어났을까요? 종자가 다르기 때문입니다. 날 때부터 죄인으로 나서 죄인이 만들어 놓은 문화와 그 교육을 받고 자라났습

니다. 날 때부터 하나님에 대하여 장님으로 태어났기 때문입니다. 눈이
어두우면 어디가 진흙탕인지 언덕인지 낭떠러지인지 계곡인지 모릅니
다. 온몸에 상처를 안고 살 수 밖에 없습니다.

"내가 참 포도나무다" 이 말씀은 우리 스스로가 의와 거룩을 만들어
낼 수 없다는 것, 우리 스스로가 진리와 생명일 수 없다는 것을 선포하
시는 말씀입니다. 우리는 피조물이며 누구에게든지 지배를 받는 입장
이지 자존할 수 없습니다. 이제 누구의 손안에서 살아야 할 것인가? 어
디에 속해야 할 것인가를 확인시키시는 말씀입니다.

1, 2절, "내가 참 포도나무요 내 아버지는 그 농부라 무릇 내게 있어 과
실을 맺지 아니하는 가지는 아버지께서 이를 제해 버리시고 무릇 과실을
맺는 가지는 더 과실을 맺게 하려 하여 이를 깨끗케 하시느니라."

기독교의 특성은 무엇을 얼마나 많이 맺느냐? 내가 이대로 무엇을
많이 이루느냐의 질문을 하지 않습니다. 네가 어떤 존재로 있느냐? 무
엇으로 바뀌어 있느냐 하는 종의 변화를 요구합니다. 존재론적으로 자
연에서 초자연으로 넘어 온 자여야 합니다. 하나님의 편으로 들어온 자
를 요구합니다.

성경은 우리는 예수 그리스도 안에 있는 새로운 피조물(고후 5:17)임
을 선포하고 있습니다. 우리는 십자가를 지나온 자들입니다. 이미 부활
의 영광에 초대된 자들입니다. 우리가 살고 있는 곳은 이미 하늘나라입
니다. 하늘나라를 향하여 출발해 놓은 상태입니다. 조만간에 그 나라에
도착하게 될 것입니다.

하나님, 하나님의 나라, 영생, 구원을 우리가 선택하여 가질 수 없습
니다. 하나님의 일방적인 선물입니다. 아무 기대도 대가도 없이 어느 날
내게 하나님이 찾아오신 것입니다. 참 포도나무에 우리를 접붙여서 참
포도열매를 맺게 하신 것입니다. 누가 하셨습니까? "아버지는 그 농부

라” 바로 하나님이십니다.

그렇다면 우리의 입장에서 대두되어 있는 궁극적인 문제는 무엇입니까? 이제는 어떻게 구원을 받았느냐를 확인할 것이 아니라 어떻게 그 날을 영광으로 준비시킬 것인가를 심각하게 생각지 않으면 안 됩니다. 중생파를 따르지 마십시오. 난 날을 확인해서 무슨 유익이 있습니까? 태어났기 때문에 살고 있는 것 아닙니까? 여기 나와 있다는 것의 기적성을 아십시오. 이미 자연스럽지를 않습니다. 초자연 속에서 살고 있습니다. 그렇다고 세상을 무시하지 않습니다. 누구보다도 더 적극적으로 세상을 사랑합니다. 아직도 세상을 무대로 나의 영광을 준비시킬 유일한 기회들이 열려 있기 때문입니다.

우리 자신의 축복과 형통함과 기적성을 유지하려면 포도나무이신 예수 그리스도에게 열심히 붙어 있기로 결심하는 길 이외에는 방법이 없습니다. 그가 나무이며 우리는 그의 가지로 존재하는 한 우리의 살 길은 나무둥치에 붙어 있는 수밖에 없습니다. 잘 붙어 있는 방법이 무엇일까요? 믿음을 분발시키는 것입니다.

믿음은 나의 것을 근거로 사는 것이 아닙니다. 제 삼자의 것을 나의 것인 양 우기는 입장입니다. 떳떳해질 수 없는 관계입니다. 뻔뻔스럽기 한이 없습니다. 예수 믿는 것이 자연의 이치로는 불가능합니다. 겸양지덕謙讓之德이나 결벽이 있는 자는 어려운 일입니다. 오늘 우리가 아주 이성적인 사고와 인격을 가진 사람들인데 하나님을 믿고 있다는 것은 보통 기적이 아닙니다.

이미 성령으로 거듭난 자이지만 믿음으로 생각하고 믿음으로 행동하는 자로 자라나야 합니다. 하나님이 말씀하신 것은 진리이고 사실이며 분명하다는 것을 나의 잠재의식에까지 집어넣어야 합니다. 하나님을 우리 방식대로 생각하고 우리의 편견대로 믿으면 하나님은 우리의 상식 안에 갇히고 맙니다. 그렇다면 믿음을 요구할 필요도 없습니다. 거기에는 우리의 삶을 힘 있게 하거나 장래를 약속할 내용도 없게 됩니다.

예수님의 십자가는 하나님의 뜻을 이루시는 의의 한 행동으로서 오늘 우리를 의롭다하실 근거가 되어 주셨습니다(롬 5:18). 주님이 의의 머리가 되신 것입니다. 그 순종의 기초 위에 하나님은 그리스도를 자기의 오른편에 앉히셨습니다(엡 1:20).

하나님은 모든 통치권을 예수님의 주권 아래 두셨습니다. 그 영광의 신분과 지위가 무엇을 배경으로 주어졌는가 하면 순종을 이루셨기 때문입니다. 십자가의 죽으심을 순종의 머리로 삼으시고 이를 근거로 하여 성령을 보내시고 이윽고 성령 공동체로서 교회를 출발시키셨습니다. 하나님의 지극히 크신 능력과 영광을 오늘 예수 믿는 우리에게 어떻게 나타내십니까? 그 표로서 교회를 주셨습니다. 예수 그리스도를 교회의 머리로 주셨습니다(엡 1:21,22).

놀라운 대목입니다.

교회는 하나님의 백성으로서 가져야 할 자질과 품성으로서 순종을 배우는 훈련기관입니다. 예수를 주인으로 모시는 훈련이 끊임없이 요구되는 자리입니다. 그 최고의 자질이 순종입니다. 무엇을 이루기 위한 초석입니까? 하나님의 나라를 이루기 위한 기초 작업입니다.

신앙은 우리의 진심과 열심을 모아 하나님의 일을 하는 것을 목적으로 하지 않습니다. 가장 우선되는 목적은 우리 자신이 하나님의 백성인 것과 그 백성으로서 갖는 인격과 품성을 완성하는 것입니다. 다시 말하면 예수 그리스도와 같은 수준으로 자라나는 것입니다.

우리가 교회 일을 하다가 자존심이 상하는 경우도 있을 것이고 시간과 물질에 손해를 보는 경우도 있을 것입니다. 그러나 반드시 기억해야 할 것은 이러한 교회의 경험들을 가지고 나 자신이 얼마나 순종의 사람으로 성장하느냐하는 도전만은 중단하지 말아야 할 것입니다. 가지로서 둥치에 붙어 있는 유일한 방법은 순종입니다.

• • • • • • • • • •

우리가 주님을 위해 사는 것 보다 더 크고 존귀한 일이 없습니다. 그렇게 순종의 길을 가다가 당하는 고난 보다 더 값진 것도 없습니다. 하나님 아버지의 일을 하다가 쏟아 놓은 나의 아픔과 피땀 흘린 흔적만큼 영광스러움이 없습니다. 예수 안에서 우리의 자랑이 세상과 물질의 힘으로 반짝이는 것이 아니라 하나님의 일에 뛰어들다가 나의 자존심과 삶에 피투성이 된 자국이 있을 때 하나님께서 친히 약속하신 대로 하늘나라에서 뿐 아니라 이 땅에서도 백 배의 복을 내리실 것입니다.

이 모두가 농부이신 아버지께서 씨를 뿌리시고 가꾸시고 열매 맺게 하신 결과 오늘 우리가 참 포도나무에 달린 가지로 존재하기 때문에 가능한 일들입니다. 우리의 할 일은 참 포도나무이신 그리스도의 흔적을 가지고 살 것을 굳게 결심하는 것입니다.

가지가 열매를 맺는가?

(요 15:1-7)

> "내가 참 포도나무요 내 아버지는 그 농부라 무릇 내게 있어 과실을 맺지 아니하는
> 가지는 아버지께서 이를 제해 버리시고 무릇 과실을 맺는 가지는 더 과실을 맺게
> 하려 하여 이를 깨끗케 하시느니라 너희는 내가 일러 준 말로 이미 깨끗하였으니
> 내 안에 거하라 나도 너희 안에 거하리라 가지가 포도나무에 붙어 있지 아니하면 절로
> 과실을 맺을 수 없음같이 너희도 내 안에 있지 아니하면 그러하리라 나는 포도나무요
> 너희는 가지니 저가 내 안에, 내가 저 안에 있으면 이 사람은 과실을 많이 맺나니 나를
> 떠나서는 너희가 아무 것도 할 수 없음이라 사람이 내 안에 거하지 아니하면 가지처럼 밖에
> 버리워 말라지나니 사람들이 이것을 모아다가 불에 던져 사르느니라 너희가 내 안에 거하고
> 내 말이 너희 안에 거하면 무엇이든지 원하는 대로 구하라 그리하면 이루리라"

본문의 주제는 참 포도나무입니다. 요한은 그리스도를 참 포도나무로 비유하면서 거짓 포도나무와 구별하였습니다. 포도나무는 종종 이스라엘을 가리킵니다. 하나님께서 극상품 포도나무를 심으셨는데 추수할 때 보니 열매가 모두 들포도를 맺고 있었습니다. 극상품 포도나무의 가지마다 어찌된 일인지 몹쓸 들포도가 달려 있었습니다.

일찍이 이사야를 통하여 하나님께서 이스라엘의 불순종을 안타까워하시면서 한탄하시는 내용을 비유로 설명한 장면입니다. 이스라엘이 그렇다는 것이 아니라 전 인류가 하나님 앞에서 다 불순종의 길을 갔었다는 것을 탄식하는 장면입니다. 들포도를 맺고 있는 한 하나님은 더 이상 방

치하실 수가 없으십니다. 불순종에 대하여 심판을 내리심이 마땅합니다.

하나님의 심판이 임박한 때에 예수 그리스도는 참 포도나무로 오실 수밖에 없으십니다.

1절, "내가 참 포도나무요 내 아버지는 그 농부라" 고 하신 것처럼 주님은 아버지께서 돌보시고 기르시는 유일한 포도나무로서 자신을 가리켜 참 포도나무라고 선포하셨습니다. 예수님 이외에는 누구든지 들 포도인 죄의 열매를 맺고 있었습니다. 예수님이 참 포도나무로 오신 것은 이 땅에 새로운 종자를 심기 위해서입니다. 그러기 위해서 주님 자신이 참 포도나무가 되신 것입니다. 이제 누구든지 참 포도나무에 접붙임을 받은 대로 붙어있기만 하면 새 생명의 풍성함과 거룩과 의의 열매를 맺도록 하셨습니다.

그렇다면 참 포도나무이신 예수님에게 어떻게 그 가지에 붙어 있게 되었는가 하는 것은 신비로운 일이 아닐 수 없습니다.

5절, "나는 포도나무요 너희는 가지니" 예수님과 우리와의 관계는 나무 등치와 가지와 같습니다. 나무 등치와 가지는 생명적인 관계입니다. 떨어질 수 없습니다. 가지가 등치에서 떨어지면 그 길로 시들어 죽습니다. 학병에 꽂힌 꽃은 가지로부터 꺾여 지는 순간 생명에서 떠나 있습니다. 곧 말라서 죽게 될 것입니다.

참 포도나무이신 그리스도와 성도와의 관계를 설명하고 있는 내용으로서 고린도전서 12장은 전체를 할애하여 성도를 그리스도의 몸에 붙어 있는 지체로 설명하고 있습니다. 지체가 몸에 붙어 있지 아니하면 아무 가치 없는 존재일 수밖에 없습니다. 에베소서 5장 30절에서도 교회를 가리켜 그리스도의 몸에 붙은 지체로 묘사하고 있습니다.

"우리는 그 몸의 지체임이라 이러므로 사람이 부모를 떠나 그 아내와 합하여 그 둘이 한 육체가 될지니 이 비밀이 크도다 내가 그리스도와 교회에 대하여 말하노라" (엡 5 : 30 - 32).

교회는 그 몸의 지체라 할 때 지체는 다른 사본 사마리아에는 살과 뼈로 번역되어 있습니다. 이는 아담이 하와를 보고 처음으로 사랑을 고백할 때 사용한 표현과 같습니다. 당신은 나의 살과 나의 뼈란 말은 당신은 나와 같은 본질이라는 것입니다. 서로가 한 몸이요 하나의 인격체란 것입니다. 서로 떨어져서는 존재할 수 없는 관계입니다. 만일 서로 한 개체로 있으면 아직은 불완전한 존재라는 것입니다. 교회는 예수 그리스도의 몸에서 빚어진 그의 살과 뼈와 같은 가치로 존재합니다. 한 남자와 한 여자가 결혼하여 한 몸을 이루듯이 그리스도와 교회는 한 몸이라고 설명하고 있습니다.

우리가 가지로 존재할 수 있는 것은 아버지께서 우리를 깨끗하게 하셨기 때문에 가능하게 된 것입니다.

3, 4절 상반절, 이렇게 분명히 증명하고 있습니다. "너희는 내가 일러준 말로 이미 깨끗하였으니 내 안에 거하라."

깨끗해진 것과 내 안에 거하라는 것 중 선행조건은 깨끗해진 것입니다. 깨끗해진 것이 기초가 되어서 요구되는 것이 내 안에 거하라는 것입니다.

그렇다면 가지가 열매를 맺느냐 안 맺느냐 하는 것은 모두가 다 이미 깨끗해진 이후에 일어나는 경우들입니다. 다시 말하면 열매를 맺느냐, 안 맺느냐 하는 사실이 깨끗해지는 것을 결정할 수 없는 것입니다. 이미 참 포도나무에 붙어 있는 가지는 그 열매가 열리던 안 열리던 상관없이 이미 예수 그리스도 안에서 존재하는 가지의 신분을 지울 수 없습니다.

2절, "무릇 내게 있어 과실을 맺지 아니하는 가지는 아버지께서 이를 제해 버리시고 무릇 과실을 맺는 가지는 더 과실을 맺게 하려 하여 이를 깨끗케 하시느니라."

여기서 주의를 기울여야 할 점은 가지가 열매를 맺는 경우가 있고 열매를 맺지 못하는 경우가 있습니다. 열매를 많이 맺는 가지는 아버지께서 더욱 많이 맺게 하시고자 깨끗하게 하셨다고 합니다. 그러나 열매를 맺지 아니하는 가지는 아버지께서 이를 제하여 버리신다고 경고하셨습니다.

본문은 주제가 참 포도나무라는 것을 놓치면 오해의 소지가 있는 대목입니다. 이미 우리는 참 포도나무이신 예수 그리스도에게 붙어 있는 가지라고 설명하고 있습니다. 예수님이 참 포도나무이시면 우리도 참 가지일 수밖에 없습니다. 이제 가지가 열매를 많이 맺느냐, 안 맺느냐 하는 것은 더 이상 구원의 문제가 아닙니다. 열매를 맺는 문제는 성화에 관계된 문제임을 알 수 있습니다.

열매를 맺지 않는 가지는 아버지께서 제하여 버리신다는 것은 영원한 심판에 던지신다는 뜻은 아닙니다. 열매를 맺지 아니하는 가지가 있다는 것은 한 번도 열매를 맺어 본 적이 없이 자랐다는 뜻은 아닙니다. '과실을 맺지 아니한다' 의 동사는 시제가 현재완료진행형 부정사입니다. 지금 과실을 맺고 있지 아니하는 가지를 말합니다. 더 이상 열매를 맺지 않고 있는 가지입니다. 가지가 열매 맺기를 중단하고 있는 상태를 말합니다.

일반적으로 열매를 맺지 못하고 있는 경우는 잎이 마르고 병들고 쇠약할 때입니다. 잎이 언제 마릅니까? 줄기에서부터 영양소를 공급받지 못할 때입니다. 줄기는 참 포도나무이니까 아무 이상이 없습니다. 문제는 언제나 가지에게 있습니다. 가지가 줄기에 힘차게 붙어 있어야 할 터인데 줄기와 가지 사이가 벌어지거나 찢어져 있는 경우에는 줄기에서 올라오는 영양분을 충분하게 흡수하지 못하니까 잎이 마릅니다. 가지가 병충해로 인하여 잎이 마르는 경우도 있습니다. 또한 가지 자체가 나이가 많아서 더 이상 기능이 정지되면 잎이 마르고 열매 맺지 못하는 경우도 있습니다.

기독교 신앙에 있어서 열매란 성령의 열매입니다. 예수 그리스도의 인격과 품성입니다.

"이러므로 너희가 더욱 힘써 너희 믿음에 덕을, 덕에 지식을, 지식에 절제를, 절제에 인내를, 인내에 경건을, 경건에 형제 우애를, 형제 우애에 사랑을 공급하라 이런 것이 너희에게 있어 흡족한즉 너희로 우리 주 예수 그리스도를 알기에 게으르지 아니하고 열매없는 자가 되지 않게 하려니와 이런 것이 없는 자는 소경이라 원시치 못하고 그의 옛 죄를 깨끗케 하심을 잊었느니라"(벧후 1:5-9).

"이런 것이 너희에게 있어 흡족한 즉"- 이런 것은 모두 성령의 열매들입니다. 모두 그리스도의 인격으로서 사랑, 희락, 화평, 오래참음, 자비 양성, 온유, 충성과 절제와 같은 품성들입니다(갈 5:22). 이러한 품성이 우리에게 충만하게 거하지 아니하면 게으르고 나태하여 열매를 맺지 못하는 병든 가지가 되어 버립니다. 병든 가지와 같은 성도는 소경과 같아서 앞으로 받을 영광의 상급을 보지 못할 뿐 아니라 이미 깨끗하게 하신 십자가의 은혜마저도 잊어버리게 됩니다. 이처럼 병든 가지는 사람들이 보기에도 땔감으로 취급당하는 조롱과 괄시의 대상이 되고 맙니다.

왜 이런 현상이 일어납니까? 그 힌트가 4절에 있습니다.

"내 안에 거하라 나도 너희 안에 거하리라 가지가 포도나무에 붙어 있지 아니하면 절로 과실을 맺을 수 없음같이 너희도 내 안에 거하지 아니하면 그러하리라."

"내 안에 거하라" 이는 나와 함께 살자는 것입니다. 기독교 신앙은 하나님과 함께 사는 운동입니다. 나의 뜻을 접고 하나님의 뜻을 따라 살겠다는 고백을 가지고 사는 것입니다. 하나님께서는 약속하신 성령을 우리에게 강림케 하심으로 우리가 홀로가 아니라 하나님이 함께 하신다는 증거로 우리를 성령의 전이라고 설명하고 있습니다.

교회마다 성경 공부가 홍수를 이룹니다. 이제는 평신도 신학교까지 운영합니다. 제자훈련은 가장 도입하고 싶은 신앙훈련 프로그램입니다. 뿐만 아니라 신비주의로 가는 교회도 있습니다. 기도가 만사형통의 방법으로 소개되고 있습니다. 예언이나 방언은 신앙수준을 재는 척도가 되어버렸습니다. 이러한 신앙훈련을 왜 합니까? 정작 목표가 무엇입니까? 이 모든 것들은 결국 하나님과 함께 사는데 필요한 방법이며 수단들에 불과합니다.

성경공부, 기도, 은사와 섬김은 수단들이지 목표는 아닙니다. 최종 목표는 하나님과 함께 사는 것을 더욱 힘 있게 하고 풍성케 하고 승리케 하는 것입니다. 그러기 위해서 동원되는 수단이 교회의 활동입니다. 교회 자체가 하늘나라가 아닙니다. 교회는 하나님의 뜻을 이루어 가는 길이요 방법이지 종착점은 아닙니다. 우리의 종착지는 하나님의 나라입니다.

성경은 하나님과 함께 사는 것 자체가 영생이며 천국으로 묘사하고 있습니다. 우리의 목표는 열심히 믿어서 천국을 가는 것이지 열심을 내면서 천국 길을 가지 않으면 열매 없는 가지가 됩니다. 기독교 신앙은 하나님을 어떻게 만나느냐, 그와 함께 어떻게 사느냐에 대한 씨움입니다. 우리는 너무나도 익숙하게 나의 문제를 안고 하나님을 요구하고 있습니다. 교회생활에서 봉사, 섬기는 활동도 나의 문제를 해결하는 방법으로 하나님께 잘 보이고 싶은 마음이 우선합니다.

예배가 하나님을 만나는 감동과 기쁨 그리고 하나님에 대한 기대와 호기심 이전에 나의 인생문제를 풀기 위한 수단으로 드려집니다. 마치 예배가 출근표에 도장을 찍는 일과로 자리하고 있습니다. 기도는 그 자체로 하나님과의 대화요 교제로서 나의 삶의 문제 이전에 내가 누리는 행복이요 기쁨의 시간입니다. 나를 가장 풍요와 영광의 자리로 가게 하는 순간입니다.

말씀은 구원을 위하여 성취하신 하나님의 계획과 이를 간섭하신 경륜에 관한 지식을 배우고 지금도 나를 위하여 행하시는 하나님의 은혜의 손길을 보다 깊고 풍성하게 경험하는 감동의 시간입니다. 나의 기호에 따라 말씀을 요구하면 이미 병든 가지일 수밖에 없습니다. 말씀을 가지고 하나님과 교제하고 만나지 않으면 교회생활이 메마르고 짜증스러워집니다. 알고만 있고 정보만 가지고 있어서는 나의 삶을 풍성하게 살지 못합니다. 성경에 등장된 인물들은 이미 나를 위하여 이루신 구원의 역사를 설명하는 말씀의 방편들입니다. 동시에 장래에 이루어질 약속의 목록들입니다.

성경상의 인물들이 그렇듯이 나의 삶도 더 이상 자연인 나의 이야기가 아니라 하나님의 사랑과 은혜를 전달하는 이야기로 등용된 가치라는 것을 각성하는 것입니다. 이토록 풍성한 약속에 대하여 귀를 막고 있다는 것은 신앙의 약점이요 병든 증세입니다. 가지와 나무둥치 사이에 균열이 생긴 것입니다.

열매를 맺고 있지 않는 가지는 아버지께서 이를 제하여 버린다고 경고하고 있습니다. 참 포도나무에 붙어 있는 가지가 참 포도나무의 열매를 맺지 아니하는 경우 열매를 맺지 않는 것이 아니라 다른 열매를 맺고 있다는 데에 심각성이 있습니다.

6절, "사람이 내 안에 거하지 아니하면… 사람들이 이것을 모아다가 불에 던져 사르느니라" 라고 말씀하신 것처럼 병든 가지에 달린 열매들이 사람들의 눈에 조롱과 비방거리가 됩니다. 이것을 모아다가 사른다는 것은 가지를 사른다는 것이 아닙니다. 가지에 달린 나쁜 열매를 사릅니다. 이로써 다른 열매를 맺고 있는 가지는 사람들로부터 괄시를 받고 하나님께로부터 채찍을 맞아 상처투성이가 됩니다.

성경은 구원을 받되 불 가운데 받는 구원이 있다고 경고합니다. 롯의 경우입니다. 롯은 성안에서 재판관쯤 되는 지위를 가진 사람입니다. 하나님이 보내신 경고를 늑장부리다가 가까스로 구원을 받습니다. 소돔이 불 탈 때 아무 것도 가지고 나오지 못했습니다. 사위들은 나오지 못한 채 죽고 말았습니다. 불 가운데서 받은 구원의 대표입니다. 롯은 하나님을 믿기는 하였지만 하나님과 함께 살지는 못하였습니다. 하나님의 영광을 위하여 한 일이 전무한 인생을 살았습니다. 그의 공력이 소돔과 함께 불타고 말았습니다.

> "만일 누구든지 금이나 은이나 보석이나 나무나 풀이나 짚으로 이 터 위에 세우면 각각 공력이 나타날 터인데 그날이 공력을 밝히리니 이는 불로 나타내고 그 불이 각 사람의 공력이 어떠한 것을 시험할 것임이라 만일 누구든지 그 위에 세운 공력이 그대로 있으면 상을 받고 누구든지 공력이 불타면 해를 받으리니 그러나 자기는 구원을 얻되 불 가운데서 얻은 것 같으리라"(고전 3 : 12 - 15).

포도나무에 붙어 있는 가지들은 모두 열매를 맺게 될 것입니다. 그러나 예수 그리스도 안에 거하지 않는 자는 하나님의 심판의 날에 그 공력이 모두 불에 타 버릴 것입니다. 믿는 자가 가장 억울한 것은 열심을 내어 믿었는데 마지막 하나님께로부터 인정을 받지 못하고 불타버릴 때입니다.

우리는 지혜로운 건축자가 되어야 합니다. 그리스도의 기초 이외 다른 터를 닦아 두지 말아야 할 것입니다. 집을 지을 때 원리는 기초와 동일한 재질로 집을 지어야 합니다. 기초가 반석인데 나무나 짚으로 지으면 공력이 불탈 때에 함께 타버립니다.

참 포도나무에 붙은 가지로서 우리는 어떻게 나의 공력을 인정받을 수 있을까요? 가지는 열매를 맺는 곳이 아닙니다. 열매가 달리는 장소입니다. 가지가 많은 열매를 맺기 위해서는 줄기에 붙어 있는 길 이외 다른 길이 없습니다. 주님의 몸인 교회와 그 질서와 법 아래에 착실히 있기로 결심해야 합니다.

줄기에서 올라오는 영양분을 풍족하게 공급받을 때 가지는 줄기에서 맺게 하는 열매를 한 아름 소유할 수 있습니다. 가지의 할 일은 나무 둥치에 붙어 있기로 굳세게 결심하는 것입니다. 그러기 위해서는 말씀에 보다 깊어지고 하나님에 대한 지식을 풍성하게 저장해야 합니다. 말씀의 지식을 기초로 기도를 쉬지 않고 범사에 감사하며 전도자의 길을 걸으며 천국을 향하여 당당히 걸어가는 것입니다.

• • • • • • • • • •

삶의 든든한 배경으로, 여러분을 확신케 하는 근거로 성경의 내용을 가슴에 품으십시오. 예수와 함께 살아가는 신앙의 걸음에 소망과 기대와 함께 성경을 펼쳐들고 하나님의 사랑과 은혜와 그 나라의 영광에 관한 비밀을 알게 해달라고 무릎을 꿇고 기도하기를 바랍니다.

신앙의 기초를 어디에

(요 15:8-10)

> "너희가 과실을 많이 맺으면 내 아버지께서 영광을 받으실 것이요
> 너희가 내 제자가 되리라 아버지께서 나를 사랑하신 것 같이 나도 너희를 사랑하였으니
> 나의 사랑 안에 거하라 내가 아버지의 계명을 지켜 그의 사랑 안에 거하는 것 같이
> 너희도 내 계명을 지키면 내 사랑 안에 거하리라"

사람들은 하나님의 계시느냐 안 계시느냐의 문제를 놓고 철학적 사유를 통하여 입증하려 합니다. 먼저 신의 존재를 확인하려는 노력을 쏟습니다. 이러한 철학적 사유로 창세기를 기록하였다면 아마 그 첫 구절은 "신은 존재하셨다. 그는 생각하는 영이시고 우리와 같은 인격체이시다." 먼저 존재양식을 증명하는 학설을 열거할 것입니다.

그러나 히브리적인 사고 방식은 존재를 증명하려 하지 않습니다. 성경은 이렇게 시작하고 있습니다. "태초에 하나님이 천지를 창조하시니라"(창 1 : 1) 하나님의 존재를 확인하는 것이 아니라 그의 행동으로부터 시작하고 있습니다.

　기독교 신앙은 존재 유무를 따지지 않고 먼저 행동을 역사의 출발점으로 합니다. 성경의 내용은 여기 우리가 살고 있는 세상이 존재하는 것은 창조주 하나님이 계시기 때문이라는 것을 대전제로하여 역사 이야기를 시작합니다. 하나님이 없이 이스라엘이 존재할 수 없으며 하나님이 안 계신다면 지금 자신이 믿고 있는 신앙이 있을 수 없다는 것입니다.

　이는 마치 아버지가 없으면 자식이 있을 수 없는 것과 같습니다. 자식의 입장에서 나에게도 아버지가 있었을까? 하는 생각은 참으로 어리석습니다. 내가 여기 있는 것을 보니까 나의 아버지도 분명히 있었다는 것은 자명한 사실입니다. 내게 아버지가 있었는지 여부를 분석하고 따질 이유가 없습니다. 히브리적인 사고는 하나님의 존재를 대전제로 하여 하나님의 행하시는 일부터 시작합니다.

　신앙은 하나님의 존재를 믿는 것이 아니라 하나님의 행하시는 일을 믿습니다. 사유하고 사색하는 대상으로서 하나님이 아니라 살아계시는 하나님, 지금도 활동하시는 하나님을 믿습니다. 창조의 너무나 웅장하고 영광스러운 역사를 시작하신 하나님을 생각하면 하나님의 존재하심에 대한 경외심이 뒤따릅니다.

　신앙은 이토록 하나님의 행하시는 역사를 경탄한 나머지 드디어 그의 위엄하신 보좌 앞에 나 자신의 초라함을 알고 엎드려 그를 경배하는 것입니다. 그러니까 신앙은 하나님의 역사를 믿고 경배는 역사의 주권자 하나님의 존재에 대한 경외심을 드리는 것입니다. 신앙과 경배는 따로 떨어질 수 없는 개념입니다.

　히브리어로 신앙은 '아만' 이란 단어입니다. '자신이 증명하다, 경험하다, 확인하다' 의 뜻을 가지고 있습니다. 이 단어는 사역동사로서 '믿는다, believe' 보다는 '믿게 되다, believe in Him.' 의 의미를 지닙니다. 존재를 믿는 것이 아니라 하나님이 행하시는 능력과 지혜와 신성을 믿는 것입니다. 하나님을 믿는다는 표현은 우리가 믿는 것이 아니라 하나님이 믿도록 해 주셨다는 뜻이 강한 단어가 '아만' 입니다. 하나님이 우리로 하여금 믿도록 환경을 만들어 주신 결과 우리가 믿는다고 하는 것입니다.

하나님께서 행하신 일 중에 우리로 믿도록 감동케 하는 일은 창조와 구속사역입니다. 구약은 창조요 신약은 십자가의 구속이 성경의 핵심이 되는 역사입니다. 우리가 반드시 염두에 두어야 할 것은 하나님께서 행하시는 일의 원동력은 사랑이라는 것입니다. 하나님이 행하시는 일 속에는 언제나 사랑이 그 내용임을 잊어서는 안 됩니다. 하나님의 활동 속에 사랑이 있습니다. 창조의 활동 안에 사랑이 있습니다. 십자가의 구속에서도 사랑이 있습니다. 성령의 은사에도 사랑이 있습니다.

사랑은 '야다' 입니다. "아담이 그의 아내 하와와 동침하매 가인을 낳았다"(창 4:1)고 합니다. 바로 동침이란 단어가 '야다' 입니다. 이는 원래 '안다' 는 뜻입니다. 안다는 것은 추상적으로 아는 것이 아닙니다. 상상으로가 아닙니다. 속속들이 안다, 구석구석 모르는 곳이 없다는 뜻을 가지고 있습니다. 마치 부부와 같습니다. 혼자 있는 상태에서는 사랑을 성립시킬 수가 없습니다. 사랑은 언제나 둘 이상의 관계로부터 시작됩니다.

생각 속에 있는 사랑은 아직 사랑이 아닙니다. 그것은 꿈에 불과합니다. 성경에서 사랑은 아주 구체적으로 서로를 아는 사이가 될 때에 사용하는 단어입니다. 함께 살면서 당하는 온갖 색깔의 고통의 현실을 나누면서 서로를 아는 관계입니다. 함께 기뻐하고 함께 슬퍼하고 이리저리 부딪쳐 깨어지고 부수어지면서 열매 맺는 결정체가 사랑입니다. 내가 없어지고 우리만 남는 상태가 사랑입니다. 마음도 뜻도 생각도 행동도 하나인 상태를 이룰 때 성경은 사랑이라 합니다.

머리가 둘 달린 아이를 낳은 어머니가 랍비에게 와서 이름을 어떻게 지을 것인가를 묻습니다. 둘인가, 하나인가? 하는 문제에 부딪친 것입니다. 현명한 랍비가 한 아이의 머리를 세차게 내려 쳤습니다. 그랬더니 맞은 아이만 울고 다른 아이는 울지 않는 것이었습니다. 이는 분명 하나가 아니고 둘이란 결론을 내릴 수밖에 없었습니다. 하나란 생각과 느낌이 하나일 때입니다. 생각과 감각이 서로 다르다면 아무리 함께 있더라도 하나일 수 없습니다.

본문은 하나님의 사랑을 이야기하면서 우리의 신앙에 있어 기본이 되는 법을 가르치고 있습니다.

8절, "너희가 과실을 많이 맺으면 내 아버지께서 영광을 받으실 것이요 너희가 내 제자가 되리라."

우리는 신앙생활에서 갖는 목적이 어떻게 하면 열매를 많이 맺을 것인가에 관심을 갖습니다. 되도록 많은 일을 하고자 합니다. 봉사와 구제와 사회활동과 전도와 선교 등 사업적으로 신앙을 열매 맺으려고 합니다. 그러나 정작 보다 깊은 관심을 기울여야 할 대목은 어떤 것입니까?

9절, "아버지께서 나를 사랑하신 것 같이 나도 너희를 사랑하였으니 나의 사랑 안에 거하라."

과실을 많이 맺을 것을 거론하시면서 어디로 연결하시느냐 하면 사랑입니다. "아버지께서 나를 사랑하신 것 같이 나도 너희를 사랑하였으니 나의 사랑 안에 거하라."고 하였습니다.

사랑 안에 거한다는 뜻이 무엇입니까?

10절, "내가 아버지의 계명을 지켜 그의 사랑 안에 거하는 것 같이 너희도 내 계명을 지키면 내 사랑 안에 거하리라."

예수님의 행동원리는 하나님의 사랑 안에 거하는 것이었습니다. 성부 하나님이 갖고 계시는 계획과 생각과 뜻을 함께 가지고 사셨다는 것입니다. 아버지의 뜻을 이루시는 실천요강이 아버지의 계명을 지키는 것이었습니다. 아버지의 계명을 지킴으로써 아버지의 사랑을 경험하며 누렸다는 것입니다. 주님은 자신의 뜻이 없었습니다. 오직 아버지의 뜻을 품고 이를 실천하며 사셨습니다.

먼저 사랑해서 그의 계명을 지킨 것이 아니라 그의 계명을 지킴으로 그의 사랑을 알았다는 것입니다. 사랑을 상상으로만, 가슴으로만 품고 있었다는 이야기가 아닙니다. 아버지의 뜻을 받들어 죄인의 몸을 입고 사망의 골짜기로 뛰어드신 것입니다. 아버지의 뜻을 따라 살다 보니 십자가에까지 가더라는 이야기입니다. 십자가에서 아버지의 사랑을 경험하셨습니다. 아버지의 사랑을 확인하신 후 기꺼이 고개를 숙이시고 죽음을 허락하신 것입니다.

신앙은 하나님의 사랑을 확인하는 싸움입니다. 어떤 경우라도 하나님이 나를 향하여 갖고 계시는 뜻이 언제나 사랑이란 사실을 확인할 수만 있다면 그 것으로 만족합니다. 우리가 하나님의 사랑과 은혜를 체험하고 싶지 않는 사람은 한 사람도 없습니다. 하나님을 나의 삶에서 경험하며 산다는 것은 우리로서는 생득적으로 불가능한 일입니다. 그런데 이러한 불가능한 일이 우리에게는 가능하도록 약속되어 있다는 것은 참으로 놀라운 영광이 아닐 수 없습니다. 이방인들에게는 엄두도 못 낼 일입니다.

"천국의 비밀을 아는 것이 너희에게는 허락되었으나 저희에게는 아니 되었나니 무릇 있는 자는 받아 넉넉하게 되되 무릇 없는 자는 그 있는 것 까지도 빼앗기리라"(마 13 : 11, 12).

우리에게 하나님의 나라에 대한 비밀을 아는 것이 허락되어 있습니다. 계시의 영으로 보는 세계입니다. 세상 사람에게는 감추어진바 되었고 성령으로 거듭난 자, 우리에게는 더 이상 비밀이 아닙니다. 다 공개되었습니다.

이제는 그 비밀 속으로 들어가면 갈수록 더 깊고 신비롭고 풍성한 삶의 축복이 준비되어 있습니다. 하나님의 나라는 말로만, 상상으로만은 도저히 들어갈 수 없는 곳입니다. 예수 그리스도와 동일한 경험 속으로 들어갈 때 누리는 풍요와 안식의 장소입니다. 하나님의 나라가 갖는 특성인 지극한 화평과 희락과 평강은 직접 들어가 보아야 누릴 수 있는 것들입니다. 하나님의 계명을 지켜서 하나님의 사랑이 무엇인지, 하나님의 은혜가 어떤 것인지, 하나님이 주시는 희락이, 기쁨이 무엇인지를 알게 됩니다. 이론으로는 설명할 수 없습니다.

하나님의 명령대로 한번 살아보고 난 후에 하나님의 은혜를, 십자가의 사랑을 이야기할 수 있는 것입니다. 하나님의 사랑이 어떤 것인가를 알고 싶으시면 한번 주의 이름으로 이웃을 향하여 사랑을 하고 난 후에야 이야기가 됩니다.

하나님의 계명을 따라 주일성수부터 지키고 난 후에 안식일의 복됨을 이야기합시다. 하나님의 뜻이기 때문에 이웃을 사랑하십시오. 하나님의 원하시는 뜻이기에 용서를, 관용을, 선교를, 전도를 실천하십시오. 나의 선량한 뜻으로가 아닙니다. 사회 도덕의 요구 이전에 하나님의 명령이기에 행동하는 자가 되어 보십시오. 그제야 하나님의 사랑을 경험하게 될 것입니다. 하나님이 베푸시는 은혜가 얼마나 감동적인가를 알게 됩니다.

성경이 줄기차게 믿는 자, 우리에게 최고의 자질로서 요구하는 것은 순종입니다. 순종을 요구하시는 것은 우리를 하나님의 일에 쓰임 받는 도구로서 희생을 강요하는 것이 아니라 순종하는 삶을 통하여 사랑이 무엇인지, 은혜가 어떠한지, 하나님이 약속하신 장래가 무엇으로 예비되어 있는지를 알게 하고자 하는 사랑의 간섭입니다. 하나님은 우리를 교회에 부르셔서 일을 맡기신 것은 우리의 것이 필요해서가 아니라 그 일을 놓고 애쓰며 기도하며 응답을 기다리는 자에게 하나님의 능력과 지혜의 기이한 역사를 나타내 보이고 싶으신 것입니다.

교회에는 있는 사람, 없는 사람이 한곳에서 하나님의 일을 하고 있습니다. 있는 쪽과 없는 쪽 중 어느 쪽이 더욱 충성할 수 있을까요? 돈이 있는 쪽이 더 나을까요? 아닙니다. 돈 때문에 충성이 더 어려울 수도 있습니다. 돈의 위력이 더 크기 때문에 하나님의 요구에 선뜻 나서지 못하는 경우도 생깁니다.

그렇다고 없는 것이 더 유리할까요? 아닙니다. '하나님이 돈을 안 주셨어, 이 모양으로 어떻게 할까?' 좌절하여 넘어질 수 있습니다. 돈이 없으면 힘이 없는 경우인데 충성을 요구하면 하나님을 원망할 가능성이 높습니다.

하나님이 원하시는 것은 돈이 아닙니다. 오직 순종입니다. 그런데 우리는 열매만을 많이 맺으려고 합니다. 물질을 요구합니다. 이 물질로 하나님의 일을 더욱 크게, 근사하게 하려고 합니다. 돈을 버는 일을 앞세워 신앙생활을 뒤로 미룹니다. 우선 합격하고 난 후 나중에 더 근사하게 헌신하자, 우선 사업을 일으켜서 기반을 닦아 놓고 보자, 우선 돈을 많이 보장해주는 곳을 선택하자, 나중에 더 크고 근사하게 봉사할 준비를 하자, 직장이나 결혼이나 학교를 선택할 때에도 하나님의 요구를 뒤로 하고 우리의 유익을 따라 결정해버립니다.

"거짓 선지자들을 삼가라 양의 옷을 입고 너희에게 나아오나 속에는 노략질하는 이리라 그의 열매로 그들을 알지니 가시나무에서 포도를, 또는 엉겅퀴에서 무화과를 따겠느냐… 아름다운 열매를 맺지 아니하는 나무마다 찍어 불에 던지우느니라 이러므로 그의 열매로 그들을 알리라"(마 7 : 15-20).

아름다운 열매를 맺지 아니하면 찍혀 버려집니다. 그래서 아름다운 열매를 맺자는 말입니까? 아무 나무나에서 아름다운 열매가 달립니까?

나무가 이 열매 저 열매를 선택할 수 없는 법입니다. 아름답지 않는 나무가 따로 있습니다. 그 열매로 그들을 알리라고 했습니다. 열매를 보면 나무를 알아 볼 수 있습니다. 선지자 노릇하고 귀신을 쫓아내고 권능의 기사를 행하고 것 등의 열매에 관한 것이 아닙니다. 나무가 어떤 나무인가 하는 것입니다. 이는 반석 위에 지은 집인가? 모래 위에 지은 집인가? 와 같은 이치입니다. 해답이 무엇입니까?

> "그러므로 누구든지 나의 이 말을 듣고 행하는 자는 그 집을 반석 위에 지은 지혜로운 사람 같으리니 비가 내리고 창수가 나고 바람이 불어 그 집에 부딪히되 무너지지 아니하나니 이는 주초를 반석 위에 놓은 연고요 나의 이 말을 듣고 행치 아니하는 자는 그 집을 모래 위에 지은 어리석은 사람 같으리니 비가 내리고 창수가 나고 바람이 불어 그 집에 부딪히매 무너져 그 무너짐이 심하니라" (마 7 : 24 - 27).

지금 열매를 가지고 싸우는 것이 아닙니다. 즉, 집을 짓느냐 안 짓느냐의 문제가 아닙니다. 그 기초가 어딘가라는 것을 강조하는 것입니다. 신앙의 기초가 하나님의 말씀을 듣고 행하느냐 하는 것입니다. 말씀대로 산다는 것은 거의 불가능한 일입니다. 그러나 그 방향으로 살겠다는 결심만은 해야 합니다. 하나님의 말씀을 듣고 그렇게 살아야지 하는 결심이라도 하고 돌아가는 은혜의 날들이 되어야 합니다. 문제는 하나님의 요구대로 나의 결심을 드리는 것이 아니라 하나님의 말씀을 자기 자신의 편견과 편리한 방법대로 뜯어고쳐서 살고 싶은 정욕이 문제입니다. 편견과 정욕으로 왜곡된 사람은 아름다운 열매를 맺을 수 없습니다. 모래 위에 집을 세우는 자와 같습니다.

> "나를 보내신 이가 나와 함께 하시도다 내가 항상 그의 기뻐하시는 일을 행하므로 나를 혼자 두지 아니하셨느니라" (요 8 : 29).

아버지의 기쁘심이라면 성자는 무엇이든지 그대로 행동하셨습니다. 그랬더니 성부 하나님께서 그를 버리지 아니하시고 항상 함께 계셨습니다. 주님은 아버지의 사랑을 경험하시면서 사셨습니다.

교회란 하나님이 사랑하시는 자들을 위하여 허락하신 구원공동체입니다. 교회가 하나님의 사업을 위하여만 존재하지 않습니다. 자선과 구제 사업은 마땅히 해야 할 봉사의 일입니다. 전도와 선교는 교회의 사명임으로 게을리 할 수 없는 사업입니다. 그러나 교회에서 행하는 모든 일은 그 일을 통하여 우리에게 하나님을 경험하는 기회가 되며 하나님의 사랑과 은혜를 배우며 우리의 삶 자체를 힘 있게 하며 만족케 하며 자랑스럽게 하는 기회들임을 놓쳐서는 안 됩니다. 건축이 목적이기 전에 이 일에 참여하고 헌신하는 자가 하나님의 살아계심과 사랑과 은혜를 배우며 체험하는 유일한 기회가 되어야 할 것입니다.

● ● ● ● ● ● ● ● ● ●

오늘 우리가 하나님의 계명을 지킨다는 것은 우리를 얽매고 부자유케 하는 것이 아니라 하나님의 사랑을 경험하게 하고 하나님의 은혜를 배우며 하나님의 전능하심을 깨치는 축복의 기회입니다. 나중에 근사하게 일할 생각을 버리십시오. 지금 당장 축복의 기회를 잡으십시오.

우리가 하나님의 계명아래 있음으로써 우리가 누리는 행복과 풍성함을 보는 자들이 우리를 따르고 싶은 갈망을 일으키고 우리로 인하여 상대적으로 영혼의 목마름과 배고픔을 호소하도록 하는 풍족한 자리에 있게 되는 것입니다. 이것이 우리의 존재와 삶의 보람이요 가치인 것입니다.

"내가 아버지의 계명을 지켜 그의 사랑 안에 거하는 것 같이 너희도 내 계명을 지키면 내 사랑 안에 거하리라."

(요 15:11-15)

"내가 이것을 너희에게 이름은 내 기쁨이 너희 안에 있어 너희 기쁨을 충만하게 하려
함이니라 내 계명은 곧 내가 너희를 사랑한 것 같이 너희도 서로 사랑하라 하는 이것이니라
사람이 친구를 위하여 자기 목숨을 버리면 이에서 더 큰 사랑이 없나니
너희가 나의 명하는 대로 행하면 곧 나의 친구라
이제부터는 너희를 종이라 하지 아니하리니 종은 주인의 하는 것을 알지 못함이라
너희를 친구라 하였노니 내가 내 아버지께 들은 것을 다 너희에게 알게 하였음이니라"

14절, "너희가 나의 명하는 대로 행하면 곧 나의 친구라", 15절, "너희를 친구라 하였노니 내가 내 아버지께 들은 것을 다 너희에게 알게 하였음이라."

너희가 나의 친구라 하는 것은 내가 갖고 있는 비밀을 너희와 함께 나누겠다는 약속입니다. 주님이 갖고 계시는 비밀은 아버지에 관한 지식입니다. 나와 아버지 사이에서 알고 있는 모든 것을 가장 친밀하게 아낌없이 함께 나누는 관계로 발전하겠다는 것입니다.

우리가 예수님의 친구라는 것보다 더 큰 영광이 없고 동시에 이것 보다 더 오해되는 것도 없습니다. 주님이 제자들에게 나의 친구라 하기 전

에 먼저 계명을 강조하셨습니다.

10절, "내가 아버지의 계명을 지켜 그의 사랑 안에 거하는 것과 같이 너희도 내 계명을 지키면 내 사랑 안에 거하리라." 계명과 사랑의 관계를 말씀하셨습니다.

14절, "너희가 나의 명하는 대로 행하면 곧 나의 친구라."

계명을 강조하시면서 사랑할 것을 권하신 후 친구의 신분을 약속하셨습니다. 그 목적이 11절입니다. "내가 이것을 너희에게 이름은 내 기쁨이 너희 안에 있어 너희 기쁨을 충만하게 하려 함이니라."

주님은 제자들에게 주님 자신이 가지고 있는 기쁨을 충만하게 주심으로써 세상을 능히 감당하도록 위로하고 계십니다. 제자들은 주님이 떠나시면 의지할 것 없는 고아와 같은 처지가 됩니다. 이러한 절망의 상황에서 주님의 의도는 이것입니다. "내가 떠나가더라도 나의 계명을 지켜라, 나의 명하는 대로 행하라, 그리하면 나의 사랑 안에 거하리라. 그리고 내가 사랑하는 한, 너희를 친구와 같이 대하리라"는 것입니다. 이 모든 것은 결과적으로 제자들로 하여금 주님께서 가지셨던 기쁨을 충만하게 누리도록 하는 목적이었다는 것입니다. 이와 비슷한 말씀은 이미 14장에서도 하셨습니다.

27절, "평안을 너희에게 끼치노니 곧 나의 평안을 너희에게 주노라 내가 너희에게 주는 것은 세상이 주는 것 같지 아니하니라 너희는 마음에 근심도 말고 두려워하지도 말라."

앞으로 주님이 떠나시면 제자들은 세상으로부터 핍박의 환난에 처하게 될 것입니다. 떠나시는 것만 해도 근심과 불안을 금할 수 없는데 환난마저 닥친다하니 제자들에게는 의지할 대상이 없는 셈이 됩니다. 주님께서 너희를 나의 친구로 삼겠다는 것은 주님이 친히 그렇게 이기셨듯이 제자들에게도 세상을 이길 힘으로 부귀나 권력이 아니라 아버지께로부터 내려오는 평안과 기쁨이외에는 다른 방법이 없다는 것을 강조하시는 내용입니다.

오늘 우리는 제자들과 같이 마땅히 주님이 약속하신 평안과 기쁨을 누리며 살아야 할 장본인들임을 놓쳐서는 안 됩니다. 세상 사람들은 그들의 삶의 근거와 장래를 세상에 있는 것으로 밖에는 달리 가질 것이 없습니다. 세상의 형편과 함께 일어나고 함께 무너집니다. 세상은 하루아침에 어떤 일이 일어날지 알 수 없는 참으로 불확실한 삶의 무대입니다. 전혀 통제 불가능한 다른 세력들에 의하여 우리의 계획을 바꾸고 다시 적응해야 하는 숨 가쁜 현실입니다.

각종 천재지변에 의한 재앙이 순식간에 우리의 삶을 침몰시켜 버립니다. 전쟁과 사회격동, 정치적 혼란과 경제공황, 갑작스런 교통사고와 알 수 없는 질병들과 같은 재난은 예측할 수 없을 뿐 아니라 우리의 통제 밖의 상황들입니다. 세상은 우리가 맘대로 조작할 수 없는 전혀 다른 통제에 의하여 진행되는 삶의 국면들로 짜여 있습니다.

이렇게 피할 수 없는 긴장과 불안의 삶의 국면들일 지라도 창조주 하나님께서 허락지 아니하시면 일어나지 않는다는 것은 성경의 굵직한 진리입니다. 재난을 당하면 세상은 온통 슬픔과 원망의 곡성으로 절망에 떨어질 것이지만 이에 비하여 우리는 하나님의 깊고 오묘한 사랑의 간섭으로 이 재난을 통하여 더 풍성한 장래를 굳게 붙드는 감동과 기쁨의 기회로 삼습니다.

우리의 삶의 근거와 배경은 창조주 하나님이십니다. 변화무쌍한 세상의 것들에 의하여 흔들리지 않습니다. 뿐만 아니라 나를 죄와 사망의 비참한 심판으로부터 구출해주신 구속주 하나님의 은혜와 사랑을 힘입어 삽니다. 세상 사람들은 상상에도 없는 평안과 기쁨을 전지전능하신 하나님을 배경으로 하여 누리고 있는 것입니다. 이것이 우리의 힘의 근원이요 삶의 원동력입니다.

이러한 은혜의 축복을 무엇으로 보증합니까? 14절, "너희가 나의 명하는 대로 행하면 곧 나의 친구라” 는 대목이 답입니다.

우리가 깊이 생각해야 할 것은 예수님이 우리의 친구가 되시려 하지 아니하시고 우리를 주님의 친구로 부르셨다는 것입니다. 주님 자신이 갖고 계시는 평안과 기쁨을 우리에게 주시는 방법은 우리를 주님의 친구로 삼는 것입니다. 친구는 대등한 위치에서 서로를 공유하는 관계이기 때문입니다. 주님이 나를 친구라 하시면 나를 주님의 수준만큼 대우하시는 격이 됩니다. 나는 주님의 친구가 될 자격이 없을지라도 주님이 친구로 인정하시면 나는 주님만큼 평안과 기쁨을 누릴 수가 있게 됩니다.

예수님이 우리의 친구가 아닙니다. 우리가 잘못 알고 있는 중대한 호칭으로서 노래 가사에서 종종 예수를 나의 친구로 부르고 있다는 것입니다. 만일 주님이 나의 친구가 되시면 그는 언제나 나의 편이 되셔야 하고 나의 것을 옹호하고 나에게 신의를 지켜주어야 하는 인물이 되는 것입니다. 그러나 예수 그리스도는 우리가 생각하듯이 우리의 편을 들어 주고 우리에게 힘이 되어주고 신의를 지켜주는 친구일 수가 없습니다. 주님은 우리의 주인이십니다. 주님은 우리로부터 예배와 경배를 받으실 거룩함과 존귀를 한 몸에 취하신 창조주시요 구속주이십니다.

그러면서도 우리를 친구라 하신 것은 주님이 갖고 계시는 생각이나 뜻을 우리에게만은 다 공개하시고 털어놓으시겠다는 뜻에서입니다. 친구사이에서는 못할 말이 없습니다. 가족들에게도 못할 말을 친구에게는 할 수가 있습니다. 그렇게 가까이서 지내고 싶으시다는 것입니다.

우리가 예수 그리스도 우리 주님의 친구로 부름 받았다는 것은 황공한 자리가 아닐 수가 없습니다. 제자들은 내일 아침이면 주님을 배신하고 다 떠날 사람들입니다. 자신의 유익을 좇아 언제든지 배신할 연약한 제자들입니다. 먹고사는 문제에 걸리면 신의도 약속도 버리고 떠날 어리석고 미련한 자들입니다. 바로 앞에 놓인 먹이를 따라 가는 벌레와 같은 자들입니다. 그들을 나의 친구라고 부르셨습니다.

제자들의 입장에서는 감히 주님을 친구라고 부를 수 없습니다. 그것은 마치 우리가 대통령을 내 친구라고 하는 것과 같은 경거망동입니다. 대통령은 나를 나의 사랑하는 친구라고 부르실 수가 있습니다. 사랑과 애정의 지극한 표현으로 부를 수 있습니다. 그렇다고 내가 감히 대통령을 나의 친구라고 자랑할 수가 없습니다.

주님이 제자들을 친구라 하신 것은 주님 스스로 어리석은 제자들의 자리로 내려 오셨다는 뜻입니다. 주님이 죄인의 자리로 내려 오셔서 죄인의 친구가 되신 것은 죄인을 구원하시고자 하시는 사랑의 열정입니다. 이제는 제자들에게 사명을 주시면서 세상을 떠나시려 합니다. 제자들을 힘 있게 붙들어 주시는 위로의 관계로서 나의 명하는 대로 행하면 곧 나의 친구라고 하셨습니다.

주님의 제자들을 향하신 사랑의 강도가 얼마나 크냐를 표현하는 대목입니다.

13절, "사람이 친구를 위하여 자기 목숨을 버리면 이에서 더 큰 사랑이 없나니"

제자들을 나의 친구라 하면서 앞으로 십자가를 지시고 죽으실 것을 말씀하고 있습니다. 친구들을 죄의 형벌에서부터 구출하기 위한 희생입니다. 주님은 친구로서 제자들에게 하나님께서 행하시는 일의 비밀을 털어놓고 이야기하고 싶으신 것입니다. 제자들을 향한 주님의 사랑을 전하는 대상으로서 오늘 우리를 친구로 부르셨음을 한시라도 잊지 말아야 할 것입니다.

사랑이란 무엇입니까? 사랑하는 대상의 입장에 나란히 서는 것입니다. 그가 아프면 함께 아파하는 사이, 그가 기쁘면 함께 기뻐하는 마음, 그가 좋아하는 음식이라면 함께 좋아하는 마음이 사랑입니다. 상대방의 자리로 내려가서 나란히 자리를 펴는 것입니다. 자기를 주장하지 않습니다. 상대를 존귀하게 여깁니다. 오직 책임을 지는 관계입니다. 상대를 향하여 자신을 요구하지 않습니다.

교회에서는 다양한 종류의 사람들이 모이는 곳으로서 다 우리에게 필요하여 불러다 주신 하나님의 백성들입니다. 각자 자기 역할이 있고 자기 가치가 따로 있습니다. 우리가 바라고 원하는 사람들이 있을 것이라는 생각은 버려야 할 곳입니다. 우리가 이상적으로 바라는 목회자도 없고 장로도 없고 집사도 없습니다. 나에게 맞는 사람들이 오지 않습니다. 하나님이 필요하셔서 불러주신 자들입니다. 그럼으로 상대를 향하여 나에게 맞춰주기를 요구할 것이 아니라 오히려 내가 그들에게 맞추는 훈련이 있어야 할 곳입니다. 내가 그들과 어떻게 어울리며 함께 나란히 사랑을 나눌까하는 씨름을 하는 곳입니다.

교회는 주님의 사랑을 배우며 훈련하는 곳입니다. 자신이 어리석은 제자들에게 내려오셔서 너희가 나의 친구라 하시고 서로 사랑할 것을 격려하셨습니다. 주님은 상대가 안 되는 우리에게 맞추어 친구사이로 대해주셨습니다. 우리의 수준에서 사랑을 실행하셨습니다.

우리를 왜 친구라 하셨습니까? "내가 아버지께 들은 것을 너희에게 알게 하였음이니라" 하셨습니다. 주님은 제자들과의 사이에서 더 이상 비밀을 지킬 것이 없습니다. 하나님의 계획과 뜻을 다 알게 하려하십니다. 그렇게 가까이 계시기를 원하셨습니다. 대등한 위치에서 사귐이 있기를 바라셨습니다. 인격 대 인격으로 사귀기를 바라셨습니다. 주님은 우리 하나하나를 불러 친구라 하시면서 그분이 갖고 계시는 수준의 인격과 품성과 삶의 능력과 신성에로 초대하신 것입니다.

거룩함과 신성과 지혜와 능력에 있어서 완전하신 분이 나를 가장 가깝게 사귀는 친구로 부르심은 어리석고 못난 나를 주님의 수준으로 이끌어 가시겠다는 간섭인 것입니다.

하나님은 아브라함을 나의 벗이라 하시면서 말씀하셨습니다. "나의 하려하는 것을 아브라함에게 숨기겠느냐?" 하시면서 소돔과 고모라 성을 불로 심판할 계획을 알려 주셨습니다. 아브라함은 하나님의 계획을 아는 자로서 이제는 하나님의 벗으로서 갖는 수준으로 결심할 수밖에 없는 입장에 서게 된 것입니다. 이로써 조카 롯을 구해내야 할 사명을 갖게 된 것입니다.

제자들은 그리스도의 친구로서 자라나지 않으면 안 되는 입장에서 주께서 맡기고 떠나신 교회의 사명을 놓고 가슴에 불을 태우면서 살았습니다. 주님은 못난 우리들마저도 주님의 사랑하는 친구라 하셨습니다. 그렇게 우리를 주님 자신의 수준으로 대우하시면서 나를 친구로 삼으신 배려에 대하여 이제는 친구답게 사는 일에 대한 각성이 마땅히 일어나야 할 것입니다.

사랑을 하는 데는 여러 가지 사랑의 종류와 방법이 있습니다. 불쌍한 사람을 돈 몇 푼으로 도와줌으로 사랑했다고 하는 사람도 있고 나 보다 낮은 위치에서 사는 사람을 동정함으로 사랑하는 사람도 있고 또 어떤 경우는 그 사람의 행동이 너무나 감동적이어서 도와주는 사람도 있고 너무 사랑스러워서, 너무 귀여워서 사랑하는 사람도 있을 것입니다.

그러나 나보다 낮은 위치에서 사는 사람을 돕는 경우에, 그것이 경제적이던, 문화적이던, 사회적이던 상관없이 그들을 사랑함에 있어서 도덕적인 기쁨이나 윤리적인 자기 희열과 같은 사치일 수 있다는 것을 염두에 두어야 합니다.

그래서 원수를 사랑하는 것은 오히려 쉬울 수가 있습니다. 거기에 자기 희열이 있기 때문입니다. 불쌍한 사람을 구제하는 것은 쉬울 수가 있습니다. 자기를 기쁘게 하는 도덕적 자랑이 있기 때문입니다.

그러나 친구를 사랑한다는 것은 차원이 다릅니다. 대등한 위치에서 자기를 버려야 사랑할 수 있습니다. 어떤 경우에는 경쟁하는 사이일 수도 있는 관계가 친구입니다. 친구는 상대를 짓누르지 않으면 내가 밟힐 수도 있는 상대일 수도 있습니다. 팽팽히 맞서서 싸워야 할 대상들이 서로 친구를 합니다.

주님은 어떻게 말씀하십니까? "친구를 위하여 자기 목숨을 버리면 이에 더 큰 사랑이 없느니라"고 하셨습니다. 우리가 보기에는 원수를 사랑하는 것이 사랑일 것 같습니다. 가난한 자를 위하여 도움을 주는 것이 사랑인 것 같습니다. 그러나 친구의 유익을 위하여 내가 희생을 하고 친구의 생명을 구원하기 위하여 내가 목숨을 버리고 친구의 명예를 위하여 내가 굴욕을 당하고 친구를 의롭게 하기 위하여 내가 죄인이 되는 희생일 때 이것 보다 더 큰 사랑이 없다는 것입니다.

● ● ● ● ● ● ● ● ● ●

주님은 친구들을 위하여 기꺼이 자기 목숨을 십자가에 던지셨습니다. 친구를 위하여 온갖 고초를 당하셨습니다. 조롱과 멸시천대를 한 몸에 지니시며 사셨습니다. 죄인의 친구가 되시기 위하여 그리고 죄인을 구원하시기 위하여 여기 죄인이 받을 심판의 자리까지 내려 오셨습니다.

"너희는 나의 친구라"는 이 말을 들을 때마다 나의 자존심을 벗어던지고 주님의 친구답게 살아야 하겠다는 결심이 일어나야 할 것입니다. 동시에 니도 주님이 가지셨던 평안과 기쁨을 근거로 세상을 승리로 외치며 살아야 함을 각성해야 할 것입니다.

사랑의 능력을 구하라

(요 15:17-21)

> "내가 이것을 너희에게 명함은 너희로 서로 사랑하게 하려 함이로라
> 세상이 너희를 미워하면 너희보다 먼저 나를 미워한 줄을 알라 너희가 세상에 속하였으면
> 세상이 자기의 것을 사랑할 터이나 너희는 세상에 속한 자가 아니요 도리어 세상에서
> 나의 택함을 입은 자인 고로 세상이 너희를 미워하느니라 내가 너희더러 종이 주인보다
> 더 크지 못하다 한 말을 기억하라 사람들이 나를 핍박하였은즉 너희도 핍박할 터이요
> 내 말을 지켰은즉 너희 말도 지킬 터이라 그러나 사람들이 내 이름을 인하여
> 이 모든 일을 너희에게 하리니 이는 나 보내신 이를 알지 못함이니라"

기독교를 특징짓는 단어들은 기쁨, 희락, 평강, 능력과 같은 아름다움일 것입니다. 우리가 믿는 자로서 마땅히 이웃들에게 나타내어야 할 삶의 내용이며 부담입니다. 그러나 뜻밖에도 오늘은 신자들의 모습을 세상으로부터 반대에 부딪치는 핍박으로 표현하고 있습니다.

18, 19절, "세상이 너희를 미워하면 너희보다 먼저 나를 미워한 줄을 알라 너희가 세상에 속하였으면 세상이 자기의 것을 사랑할 터이나 너희는 세상에 속한 자가 아니요 도리어 세상에서 나의 택함을 입은 자인 고로 세상이 너희를 미워하느니라."

우리가 서로 남 달리 사랑하여야 할 것을 권면하면서 그 이유를 너희가 세상에 속하지 아니하고 도리어 세상에서 나의 택함을 입었기 때문이라고 합니다. 우리가 서로 사랑하는 것과 세상이 우리를 미워하는 것과는 공통 분모가 있는데 그것이 소속입니다. 소속이 다르기 때문에 세상에서는 나 때문에 핍박을 받고 소속이 다르기 때문에 너희는 서로 사랑하라는 것입니다.

우리가 서로 사랑해야 될 이유가 도덕적 차원에서의 요구가 아니라 요한복음에서는 전혀 다른 이유로 요구하고 있습니다. 우리가 각성해야 될 중요한 삶의 양식입니다. 예수님이 제자들에게 최초로 사랑을 권면하실 때가 언제인가 하면 요한복음 13장 34절에서입니다.

"새 계명을 너희에게 주노니 서로 사랑하라" (요 13 : 34 상반절).

유월절 만찬이 진행되고 있을 때, 가룟 유다의 마음에 사탄의 미혹으로 주님을 팔려는 마음을 굳히고 문을 박차고 나가고 난 후, "인자가 영광을 얻었고 하나님도 인자를 인하여 영광을 얻으셨도다" (요 13 : 31)고 선포하시고 이어서 주신 계명이 서로 사랑하라는 것입니다.

원수가 나가고 이제는 사랑하는 자들만 남아 있습니다. 예수 그리스도 안에 있는 자들만 있는 때에 명하신 계명, "새 계명을 너희에게 주노니 서로 사랑하라"는 것입니다. 그 이유가 무엇입니까? 소속에 관한 것이기 때문입니다. 요약하면 이것입니다. 아버지께서 나를 사랑하심 같이 나도 너희를 사랑하노라, 내가 너희를 사랑한 것 같이 너희도 서로 사랑하라 내가 너희를 사랑하여 친구라 하였으니 너희는 서로 사랑하는 것이 마땅하다는 것입니다. "너희가 서로 사랑하면 이로써 너희가 내 제자인 줄 알리라" 이것이 결론입니다.

우리는 예수 그리스도 안에서 이미 하나님의 나라에 속한 백성이요 하나님의 영광을 위하여 사는 사람들입니다. 세상에서 사는 기간은 영원을 준비하며 나의 모든 활동은 도착할 하나님의 나라의 상급을 위한 과정입니다. 그 나라의 상을 위한 수단이며 방법으로서 물질이며 명예이며 건강입니다. 교회가 영원을 준비시키며 나의 면류관을 받아쓰는 일에 없어서는 안 될 가장 필요한 관계라는 것을 안다면 우리의 만남은 사랑이 내용일 수밖에 없습니다.

우리가 여기 교회생활을 하면서 그 목적을 안다면 우리는 마땅히 서로 격려하고 힘이 되어 주고 우리가 이 세상에 사는 날 동안 한 가족, 한 편임을 확신하며 서로를 사랑하며 의지하고 살아야 할 것입니다. 이로써 하나님의 일을 왕성하게 일으키고 이 땅에서 하늘나라가 갖는 축복을 받아 누리는 것입니다.

그러나 우리의 교회생활이 무미건조하고 활력을 잃고 있는 현상임을 호소하고 있음을 부정할 수 없습니다. 단 하나의 이유 때문입니다. 여기 와서 요구하는 내용들이 세상에서 필요한 것들이기 때문입니다. 교회에서 서로가 세상의 것을 견주어 서로를 비교하고 사회적인 가치로 서로가 만나고 그 지명도와 실력으로 서로를 비교하니까 교회가 재미가 없고 흥미를 잃게 됩니다. 세상 앞에서 교회를 나의 방식에 맞추어 요구하니까 언제나 비판적이 되고 불만족하고 불평의 소지를 품고 오게 되는 것입니다.

우리의 교회생활을 힘 있게 할 수 있는 길은 적어도 여기 와서 알고 싶은 것은 하나님에 관한 지식이며 하나님의 나라에 대한 비밀을 나누는 것을 내용으로 만나는 것입니다. 우리의 관심사를 신령한 것에 두고 서로를 이해하고 격려한다면 영적 삶이 풍요로워질 것입니다. "하나님의 나라가 어떤 곳이기에 저 장로님은 저토록 충성하시는 걸까?" "저 집사님의 기도가 어쩌면 저렇게도 우렁차고 힘이 있을까? 어떻게 하면 기도하는 모습이 저렇게 아름다운가? 저것이 방언인가? 듣기에 황홀하구나. 외운 건가? 연습한 건가? 성령께서 직접 오신 걸까? 신비롭구나.

나도 한 번 해 보았으면 좋겠다", "그토록 어려운 상황에서도 저 권사님 어쩌면 그렇게 기쁨과 감사로 사는지 참으로 놀랍다."

이렇게 교회에 오면 평소에 궁금하게 여기던 하나님에 관하여 하나 둘 풀어가는 기쁨 속에 살아갈 때 신령한 것에 대하여 눈을 뜨게 되는 것입니다. 세상 일 접어두고 구원의 도리와 은혜의 말씀아래서 만날 때 기쁘고 즐겁습니다. 세상에서 다 듣던 얘기들을 되풀이 하면 흥미를 잃게 됩니다.

18절, "세상이 너희를 미워하면 너희보다 먼저 나를 미워한 줄을 알라"고 하셨는데 이는 왜그렇습니까? 너희가 도리어 세상에서 나의 택함을 입었기 때문이라는 것입니다. 이와 동일한 구절들입니다.

"그런즉 누구든지 세상과 벗이 되고자 하는 자는 스스로 하나님과 원수가 되게 하는 것이니라"(약4:4 하반절).

"이 세상이나 세상에 있는 것들을 사랑치 말라 누구든지 세상을 사랑하면 아버지의 사랑이 그 속에 있지 아니하니"(요일2:15).

예수 믿는 것 때문에 세상으로부터 핍박을 받거나 가정의 일로, 직장의 일로, 사업관계로 손해를 보거나 오해를 받은 적이 있다면 성경은 당연한 현상이라고 합니다.

예수님은 세상으로부터 미움을 받아 십자가의 길을 가셨습니다. 사람들의 각색 병을 고치시고 비뚤어지고 꺾이어진 삶 자체를 치료하시고 위로하시며 소망을 주셨지만 그들로부터 환영을 받지 아니하시고 오히려 오해와 경멸을 받으시면서 고난의 길을 걸으셨습니다. 왜 십자가의 길을 걸어야만 하셨을까요? 이는 세상의 요구를 들어주지 않고 하나님의 뜻을 따른다는 이유 때문이었습니다. 그렇게 미움을 받아 십자가를 지셨습니다.

19절, "너희가 세상에 속하였으면 세상이 자기의 것을 사랑할 터이나 너희는 세상에 속한 자가 아니요 도리어 세상에서 나의 택함을 입은 자인고로 세상이 너희를 미워하느니라."

세상이 주님을 미워하였다면 마땅히 우리도 미워하도록 되어있다고 합니다. 그런데 오늘 우리의 현실은 이상하게도 세상이 우리를 좋아하고 우리도 세상을 좋아하고 사랑합니다. 그때의 세상은 교회를 싫어하고 핍박하였는데 이상하게도 오늘의 세상은 우리를 좋아하고 있습니다. 오늘 우리가 각성해야 할 대목입니다.

우리는 종종 예배가 감격이 없고 기쁨이 없다고 불평합니다. 그래서 예배의 감격에 빠지자 하고 구호를 걸어놓고 노력하는 모습을 보고 있습니다. 예배를 감격과 기쁨으로 봐야 한다는 구실로 예배환경과 프로그램과 절차를 중심으로 개발하고 있습니다. 그러나 예배의 감동을 일으키고자 마련된 예배의 절차나 양식들이 있다면 그것은 대개의 경우 우리의 감정을 자극하거나 영성을 호소하는 분위기를 연출하는 것일 것입니다. 예배의 형식과 절차가 우리가 고안한 것들에 의하여 감격과 기쁨을 유도하는 것이라면 진정한 예배가 될 수가 없습니다.

예배는 분위기의 문제로 평가되어서는 안 될 것입니다. 신앙고백적인 믿음의 문제입니다.

적어도 세상에서 사는 동안에 하나님의 영광을 위하여 내가 당하는 오해나 조롱이나 손해보는 거나 어느 상황에서든지 십자가의 고난을 가지고 온 입장에서는 예배가 근원적으로 감격과 환희와 기쁨에 젖을 수밖에 없습니다. 예배가 무미건조한 이유는 세상에서의 삶이 믿음으로가 아니라 세상과 함께 어울려 살았기 때문입니다. 하나님 때문에 당한 손해가 없고 세상에서 하나님의 계명대로 살다가 받는 오해와 서러움이 없었기 때문입니다.

세상이 우리를 미워하고 오해하는 이유는 우리가 흔히 이야기하듯이 이웃 사랑이 없어서도 아니고 섬김이나 헌신이 없어서가 아닙니다. 사실상 기독교에서의 섬김의 모습이 없다면 고아와 노인들은 누가 돌보며 소외된 계층을 누가 이웃이 되어 위로합니까? 사회봉사나 육영사업, 구제 사업이나 정의 구현같은 삶의 보람이나 의미나 사명 같은 뜻을 실현하는 기관은 거의 대부분 교회들입니다. 그러면서도 교회는 세상으로부터 갈채를 받을 수 없는 곳입니다.

예수께서 사회적으로 도덕적으로 무엇을 잘못했기에 그토록 십자가에서 강도보다 못한 죄인 취급을 받아야만 하셨을까요? 단 하나의 이유, 하나님의 뜻을 놓고 싸우고 있더란 것입니다. 자기들 세상 편을 들어주지 않고 사나 죽으나 하나님 편에서 충성하고 있더란 것입니다. 하나님의 요구에 순종하는 모습은 어린아이와 같이 단순하고 어리석어 보입니다. 모든 것을 은혜로 여기면서 감사로 삽니다. 세상은 이런 것이 못마땅한 것입니다.

이렇게 믿음으로 사는 사람들이 세상에서 당하는 오해와 멸시와 고통을 누가 이해할 수 있겠습니까? 세상은 우리에게 빛의 모습을 요구하는데 그렇지 못한 입장에서 우리는 언제나 이중적인 자아를 놓고 부끄러워하며 고민합니다. 세상의 지적 앞에서 떳떳하게 나설 자 아무도 없는 부끄러운 자들입니다. 그러나 우리는 우리 자신들을 압니다. 그래도 하나님은 여전히 우리를 사랑하시고 우리에게는 비밀이 없으시며 우리를 통하여 영광을 받으신다는 것을 우리는 압니다. 이것이 우리가 서로 사랑해야 할 이유가 있는 대목입니다. 여기 교회에서 서로가 신앙을 격려하지 않으면 우리는 세상 어디에서도 힘을 얻을 근거가 없는 사람들입니다.

우리의 약점은 아군과 적군을 구별하지 못하는 것입니다. 세상에서 빛이 되라, 소금이 되라는 명령을 들을 때마다 부끄럽지 않는 자 어디에 있습니까? 다들 면목이 없는 자들일 텐데 여기 와서 서로를 향하여 사랑한다는 인사를 나누어야 함이 마땅할 것입니다.

"사랑 안에 두려움이 없고 온전한 사랑이 두려움을 내어 쫓나니 두려움
에는 형벌이 있음이라 두려워하는 자는 사랑 안에서 온전히 이루지 못하
였느니라"(요일 4 : 18).

사랑은 모든 은사들 중에 으뜸가는 선물입니다. 우리의 불타는 섬김
이나 봉사나 방언이나 믿음이나 능력이나 사랑이 없으면 아무 것도 아
닙니다.

"사랑을 따라 구하라 신령한 것을 사모하되 특별히 예언을 하려고 하
라"(고전 14 : 1).

사랑은 모든 행동의 동기이며 근원입니다. 성경은 사랑으로 설교하
고 사랑으로 기도하고 사랑으로 봉사하고 사랑으로 전도하고 사랑으로
선교하라고 권합니다. 교회의 활동은 사랑이 행동원리임을 절대로 잊
어서는 안 될 것입니다.

사랑의 은사를 불붙이는데 실패하면 곧장 두려움이 우리의 삶을 지
배하게 됩니다. 사랑의 은사에 불을 붙일 수 있다면 심판에 대하여 형벌
에 대하여 세상에 대하여 두려움을 내어 쫓을 수 있습니다.

두려움은 어떤 감정이나 태도가 아닙니다. 두려움이 단순히 감정의
문제라면 심리학자나 정신과 의사나 상담자에게 가면 치료될 수 있습
니다. 그러나 인생의 근원적인 두려움과 무서움은 영의 문제입니다. 지
금 하나님과의 관계가 어떤가 하는 것입니다. 두려움의 근거는 죄이며
그 원흉은 사탄입니다.

"근신하라 깨어라 너희 대적 마귀가 우는 사자 같이 삼킬 자를 찾나니

너희는 믿음에 굳게 하여 저를 대적하라"(벧전 5:8,9 상반절).

하나님은 마귀를 우는 사자로 비유하셨습니다. 우리를 삼키려고 우리 주변을 호시탐탐 기회를 노리고 있는 원수는 우는 사자처럼 어슬렁거립니다. 우는 사자는 먹이를 보면 으르렁거리면서 겁을 주어 쓰러뜨리고 난 다음에 덮칩니다. 이 세상은 모든 것이 우는 사자처럼 우리를 무섭게 하고 불안하게 하는 환경들로 둘러 싸여 있습니다. 사탄은 형벌을 두려워하는 자에게 달려듭니다. 그 모습이 이방 종교들의 형태입니다.

하나님의 사랑을 의심하는 자에게 마귀는 달려듭니다. 기도하기를 두려워하는 자에게 마귀는 달려들어 쓰러뜨립니다. 두려움이 우리로 교회 일을 쉬고 싶어 하게 합니다. 사람의 비방하는 소리가 두려워서 하나님의 부르심마저도 거부하고 뒷전으로 숨으려고 합니다. 우리는 사람들의 비판하는 한마디 듣게 되면 좌절하게 됩니다. 연말에 고민하는 목사의 심정은 어쩌면 이렇게 하나님의 일을 놓고 두려워하는 자들만 있는가하는 걱정입니다. 입학시험에 떨어질까 봐 아예 교회부터 안 나오는 것이 당연한 것이 되어버렸습니다. 가족으로부터 소외당할까 봐 예배드리는 것 보다 조카 결혼식을 더 중하게 여기는 연약한 신앙생활이 안타깝습니다. 혹 신비에 빠질까 봐 아예 기도하는 것을 거부하는 신앙이 불쌍합니다. 모임에 불참하는 구역원들이나 전도회원들이 가련하고 안타깝습니다.

몇 가지 결심을 다짐하는 고백을 권면합니다.

첫째, 중간상태에서 정주定住하지 맙시다. 사탄에게 붙들리지 않는 방법은 약속을 향해 돌진하는 길 이외에 다른 대안이 없습니다.

둘째, 승리를 배가시키십시오. 한번 승리는 다른 승리를 가져옵니다. 기도로 사탄을 물리치거나 찬양으로 은혜를 기뻐하고 감격하는 희열을 경험해봅시다. 십자가의 길을 나도 뛰어 들어가서 주님께서 가셨던 동일한 경험으로 부활의 영광을 바라보며 이를 간증하고 증거해봅시다.

셋째, 뱀이 다니지 못하는 곳에 머물러 봅시다. 높은 곳에는 파충류가 살지 못합니다. 영적으로 높이 솟아오르십시오. 그곳에서 진리와 사랑을 맛보십시오. 세상을 뛰어 오르면 하늘나라에 도달하게 됩니다. 하늘나라에 들어온 자로서 아래로 세상을 다스리고 돌보는 입장에서 살아갈 때 삶이 주는 두려움에서 해방을 경험하게 될 것입니다.

넷째, 헐리우드식 행사에서 벗어나십시오. 빛난다고 다 금이 아닙니다. 종교적인 유희는 우리를 속입니다. 심리적인 쇼맨십은 적을 물리칠 힘이 없습니다. 감정을 위주로 뜨겁게 달구면 결국 우리는 진리 안에서 누리는 자유를 잃습니다.

계시록에서 에베소 교회를 향하여 책망하시던 하나님의 음성이 오늘의 교회들에게 따갑게 들려짐을 각성하는 계기가 되기를 바랍니다.

> "그러나 너를 책망할 것이 있나니 너의 처음 사랑을 버렸느니라" (계 2:4).

그들은 강한 교리를 가지고 이단과 싸워 이겼고 교회를 진리 위에 세우기 위하여 권징勸懲하는 일을 철저히 이루었습니다. 그러나 그들은 하나님을 사랑하는 일을 저버리고 말았습니다. 하나님을 사랑하는 진심을 가지고 계명을 지킨 것이 아니라 자신들의 권위와 자랑을 지키기 위하여 교리를 이용하였던 것입니다.

> "예수께서 가라사대 네 마음을 다하고 목숨을 다하고 뜻을 다하여 주너
> 희 하나님을 사랑하라 하셨으니 이것이 크고 첫째 되는 계명이요" (마 22:
> 37, 38).

하나님을 제 일순위로 사랑하지 않을 때 우리는 마귀의 시험에 넘어지고 만다는 사실을 염두에 두어야 합니다. 하나님을 사랑하기 때문에

그의 계명을 수행하는 것입니다. 하나님을 사랑하는 것이 모든 사랑에 우선하는 첫사랑입니다. 하나님 사랑을 잃어버린 교회의 치유책으로 사랑을 붙일 듯하게 하라고 한 것입니다. 사랑은 모든 은사들의 바탕이요 뿌리입니다. 첫사랑, 하나님을 사랑하지 않고는 성령의 은사들도 일어나지 않습니다.

한번 상상해보십시오. 교회의 온 성도들이 은혜를 받은 대로 소생한다고 생각해 보십시오. 우리는 죽지 않았습니다. 우리는 단지 소생하지 않았을 뿐이지 죽지 않았습니다. 우리가 스스로 죽은 것처럼 여기고 행동하지만 우리는 소생할 가치를 지니고 있는 하나님의 백성임을 잊어서는 안 됩니다. 우리가 하나님의 원하시는 대로 성령의 소생케 하심 따라 우리의 지혜나 능력이 아닌 전혀 다른 힘과 권세로 무장한다면 우리가 드리는 예배는 어떻게 변하겠습니까? 교회는 어떤 모습으로 성숙하며 부흥할까요? 교회 안에서 이루어지는 교제나 동역회의 사역은 어떻게 될까요? 개인의 삶의 패턴이나 스타일과 자녀의 모습은 어떻게 달라질까요?

에스겔의 환상에서 아골 골짜기에 무수히 흩어져 있는 마른 뼈들을 보았습니다. 죽은 뼈들이 아닙니다. 단지 바짝 말라붙은 뼈들이 온 사방으로 흩어져 있었습니다. 하나님이 물으시는 음성을 듣습니다. "이 뼈들이 능히 살겠느냐?" 하였는데 이 뼈들은 이스라엘 백성입니다. 우리는 지금 말라 있으나 죽지는 않았습니다. 죽은 교회라고 비판하는 자들은 자숙해야 할 것입니다.

죽은 예배라고 비판하는 자들은 하나님의 은혜의 깊고 풍성한 약속에 대하여 오히려 숙연히 고개 숙일 순간임을 각성해야 할 것입니다. 우리의 모습이 다만 앙상하게 말라 있어서 보기에 안타까울 뿐이지 그래도 하나님의 백성들입니다. 다시 살아나서 살이 오르고 힘이 붙으면 엄청난 일을 일으킬 것입니다.

● ● ● ● ● ● ● ● ●

우리는 자신들을 향하여 외쳐야 할 것입니다.

"주 여호와의 말씀에 생기야 사방에서부터 와서 이 사망을 당한 자에게
불어서 살게 하라 하셨느니라" (겔 37:9 하반절).

교회는 종교단체가 아닙니다. 예수 그리스도의 몸입니다. 교회는 자
선단체가 아닙니다. 영적인 유기체입니다. 우리는 교회의 구성원이 아
니라 그리스도의 몸을 이루는 지체들입니다. 세상을 유익하게 하는 곳
이 아니라 하나님의 영광을 위하여 싸우는 하늘나라의 기관입니다.

하나님의 역사를 이루는 데 있어 필요한 은사들을 개발하고 훈련하
는 곳입니다. 돈을 모아 하나님의 일을 도모하는 곳이 아닙니다. 우리에
게 잠재되어 있는 성령의 은사, 무엇보다 사랑의 은사를 극대화하여 영
광의 교회를 부흥하게 하는 역사를 이루어가야 할 것입니다.

주인인가, 객인가?

> "그러나 사람들이 내 이름을 인하여 이 모든 일을 너희에게 하리니
> 이는 나 보내신 이를 알지 못함이니라 내가 와서 저희에게 말하지 아니하였더면
> 죄가 없었으려니와 지금은 그 죄를 핑계할 수 없느니라 나를 미워하는 자는
> 또 내 아버지를 미워하느니라 내가 아무도 못 한 일을 저희 중에서 하지 아니하였더면
> 저희가 죄 없었으려니와 지금은 저희가 나와 및 내 아버지를 보았고 또 미워하였도다
> 그러나 이는 저희 율법에 기록된바 저희가 연고 없이 나를 미워하였다 한 말을 응하게
> 하려 함이니라 내가 아버지께로서 너희에게 보낼 보혜사 곧 아버지께로서 나오시는
> 진리의 성령이 오실 때에 그가 나를 증거하실 것이요 너희도 처음부터
> 나와 함께 있었으므로 증거하느니라"

예수님이 가시는 곳마다 베풀어지는 권능의 기사와 이적들을 사람들은 감당할 길이 없었습니다. 예수님은 당시 이스라엘 백성들의 가슴에 충격과 감동을 안겨다 주는 웅장하고도 황홀하신 분이었습니다. 로마의 식민지로서 압제와 가난 속에 허덕이던 때에 예수님은 당시 이스라엘 백성의 아픔과 절망을 치료하고 그들에게 자유와 부요를 가져다 줄 메시아로 기대하기에 충분하였습니다. 그럼에도 불구하고 왜 그들은 예수님을 미워하고 배척하였을까요? 오늘 우리의 신앙을 돌아보게 하는 대목이 아닐 수 없습니다.

예수님은 어디를 가나 또 기사와 이적을 행하실 때마다 내리신 결론

은 "나는 나의 임의로 행하는 것이 아니라 아버지께로부터 보고 들은 바를 행하는 것"이라는 것, 그리고 "나와 아버지는 하나다"는 것입니다. 이러한 주님의 발언이 당시 유대인들의 입장에서는 참람죄에 속하는 중죄인이 되고도 남는 소위 신성모독죄가 되는 것입니다.

예수님에게 신성모독죄를 적용한다는 것은 반대로 유대의 지도자들은 율법에 대하여 완전하였다는 뜻입니다. 그런데 유대인들이 보기에도 예수님에게는 하나님만이 하실 수 있는 신성이 충만하게 흘러넘치고 있었습니다. 당시 율법학자들도 그의 메시아 되심을 적극적으로 부인하는 자가 없었습니다. 그럼에도 불구하고 예수님을 미워하였습니다. 뿐만 아니라 주님은 자신이 떠나시면 제자들에게 마저도 핍박이 닥쳐 올 것을 경고하셨습니다. 그 이유를 이렇게 말씀하십니다.

21절, "그러나 사람들이 내 이름을 인하여 이 모든 일을 너희에게 하리니 이는 나 보내신 이를 알지 못함이라."

사람들이 왜 연고 없이 예수님을 미워합니까? "나를 보내신 이를 알지 못하기 때문이다"고 합니다. 예수님을 보내신 자는 곧 하나님이십니다. 예수님의 사역의 핵심은 그가 바로 하나님께로부터 보내심을 받은 하나님의 아들이란 것입니다.

그 증거로 기적을 일으키시고 표적을 보여 주셨습니다. 아무도 거역할 수 없을 만큼 주님에게는 하나님의 아들로서 갖는 권위와 위엄이 있었습니다. 유대인들은 이를 알고 있으면서도 주님을 하나님의 아들로 환영하지 않았습니다.

그들에게 있어서 하나님께서 아들을 보내신다는 것은 청천벽력과도 같은 충격적인 사건이 아닐 수 없었습니다. 그들은 예수님을 아들로서는 받아들일 수가 없었습니다. 하나님께서 천사를 보내시는 것은 얼마든지 환영할 일입니다. 소식을 전하는 것을 목적으로 하기 때문입니다. 그러나 아들을 보내는 것은 아버지의 주권을 행사하러 오는 것과 같습니다. 만일 그리스도를 하나님의 아들로 인정한다면 이스라엘의 소유권은 아들에게로 돌아가야 됩니다. 이는 적어도 법적인 요구입니다. 자신들의 권력과 치부와 명예를 한꺼번에 내어놓아야 합니다. 자신들의 것을 빼앗기는 정도로 끝나지 않습니다. 그 동안 누리고 즐겼던 만큼 자신들의 허물과 잘못에 대하여 심판을 각오해야 되는 처지가 됩니다.

유대인들의 기대는 메시아가 오시면 그들은 회개할 것이 없는 의인으로서 곧바로 다른 민족들과 구별되어 천국을 누릴 것이라는 기대에 꽉 차있었습니다. 하나님이 이스라엘의 주권을 회복해주시면 하나님을 왕으로 섬기려는 뜻은 전혀 없고 자기들이 세상을 다스리고 주권을 행사할 것이라는 기대를 가지고 있었습니다. 하나님은 기껏 자기들을 돕는 수호신 정도입니다. 하나님은 자신들의 이기심과 정욕을 채우기 위한 방편에 불과한 우상에 지나지 않습니다. 우상의 특징은 무엇입니까? 섬기는 대상이 있는 것이 아니라 섬기는 자, 나를 채우고 만족케 하는 정욕의 도구입니다.

이스라엘의 실수는 하나님을 자기방식대로 섬겼다는 데 있습니다. 하나님을 섬기지 않고 하나님을 자신들의 탐욕의 수단으로 사용하였습니다. 하나님은 이러한 자기 백성들의 방종을 방치하신 적이 없으셨습니다. 채찍을 드시는 한이 있더라도 하나님 자신의 영광만은 지키시는 분이십니다. 그렇게 하나님으로부터 채찍에 맞아 아파하는 슬픈 이야기가 이스라엘의 역사입니다.

주님이 오셔서 자신의 아들 됨의 신분에 대하여 말씀하셨는데도 듣지 아니하고 거역한 백성을 정죄하셨습니다.

22절, "내가 와서 저희에게 말하지 아니 하였더면 죄가 없었으려니와 지금은 그 죄를 핑계할 수 없느니라.", 23절, "나를 미워하는 자는 내 아버지를 미워하느니라."

그리고 24, 25절, "내가 아무도 못 한 일을 저희 중에서 하지 아니하였더면 저희가 죄 없었으려니와 지금은 저희가 나와 및 내 아버지를 보았고 또 미워하였도다 그러나 이는 저희 율법에 기록된바 저희가 연고 없이 나를 미워하였다 한 말을 응하게 하려 함이라."

유대인들은 그들이 예수님을 환영하지 않았던 죄를 더 이상 핑계할 수 없습니다. 예수께서 자신을 하나님의 아들로 증거 하였고 하나님의 주권을 충분히 설명하셨기 때문입니다. 어떻게 증명하셨습니까?

주님은 마귀의 시험을 받을 때 돌로 떡이 되게 하라는 유혹을 어떻게 물리치셨습니까? 선비가 사흘을 굶으면 남의 집 담을 뛰어넘습니다. 주님은 사십일을 굶으시고도 사람이 떡으로 사는 것이 아님을 증명하셨습니다. 하나님을 사랑하는 일을 완성시키셨습니다. 하나님을 사랑하되 마음과 뜻과 목숨을 다하여 사랑하셨습니다.

주님이 하신 일이 우리를 감동케 하지 않은 대목이 없습니다. 모든 오해와 조롱과 멸시 천대를 감내하셨습니다. 우리가 고난을 당해도 주님에 비교할 수 없습니다. 우리가 억울해도 주님만큼 억울하지 않습니다. 고통을 당해도 십자가에 비교할 수 없습니다. 주님은 우리를 구원하시기 위해 하실 수 있는 일을 더 이상 할 수 없을 때까지 하셨습니다.

예수님에 비해 유대인들의 입장은 어떻습니까? 이토록 율법에 완전하신 분이 없었습니다. 이제 예수가 있으면 반대로 자신들은 죄인이 될 수밖에 없습니다. 자신들은 스스로 의인이었고 율법에 대하여 선생이요 훈도訓導였는데 예수님이 오심으로서 이제는 도리어 죄인이 되었다는 이야기입니다. 더 이상 핑계를 댈 수 없게 되었습니다.

세상이 다 죄인이면 부끄러울 이유가 없습니다. 다 똑같으면 자신의 행위를 정당화할 수 있습니다. 그러나 의인 하나가 나타나면 더 이상 죄를 정당화할 수 없습니다.

학생이 시험을 보는데 다 같이 문제를 못 풀면 출제를 잘못했다든지 안 배웠다든지 잘못을 정당화할 수 있습니다. 그러나 한 학생이 문제를 푸는 경우에는 더 이상 핑계할 수가 없습니다. 실력이 없다는 것을 정당화 할 수 없습니다.

신앙은 하나님의 주권 아래서 사는 싸움입니다. 우리가 왜 갈등하고 번민합니까? 나의 삶의 주권을 하나님께 맡기지 못하는 더디 믿는 성품 때문입니다. 하나님은 우리의 삶의 근원적인 문제를 다 풀어주셨습니다. 죄와 사망의 비참한 문제를 십자가의 방법으로 말끔히 해결하셨습니다. 주님은 하나님의 공의대로 인간의 죄의 값을 담당하셨습니다. 법대로 하셨습니다. 누구도 의의를 달 수가 없습니다. 이제 세상은 예수님을 보면 자신들의 죄인 됨을 더 이상 정당화 할 수가 없습니다. 자신을 옹호할 근거가 없게 되었습니다. 이제 세상이 할 수 있는 일은 예수님을 비롯하여 제자들을 미워하고 핍박하는 길 이외에는 살아남을 방도가 없습니다.

오늘 우리도 세상으로부터 이유 없는 오해와 경멸의 대상임을 알아야 합니다. 기독교가 다른 종교와 다른 점은 독특하게도 권위에 있습니다. 다른 이방종교는 나로부터 시작하기 때문에 절대자의 요구가 없습니다. 내가 만들어 가는 구도의 길입니다.

승려들은 도를 닦는 자들이지 누구를 섬기는 자들이 아닙니다. 자비를 베풀고 자선을 행하고 자신을 비우는 공허의 상태로 갑니다. 선을 행하는 것은 그들이 추구하는 공적입니다. 공을 많이 쌓아야 나중에 죽어서 보상을 받습니다. 그러나 선행은 인류들이 추구하는 공동의 선에 불과합니다. 무당들도 선을 행할 것을 강조합니다.

기독교가 다른 것들과 대별되는 특징은 선, 의, 화평이 아니라 하나님의 권위입니다. 우리가 권위를 싫어하는 이유는 권위를 독재나 속박으로 인식하고 있기 때문입니다. 권위란 강압하는 어떤 힘이 아닙니다. 우리를 억압하는 독재성을 가진다면 그것은 폭력이지 권위일 수 없습니다. 권위는 우리가 만들어서 가지는 것이 아닙니다. 이미 주어진 것입니다. 기존에 존재하는 것입니다. 권위는 창조이전에 있었고 창조와 함께 시작되었습니다. 하나님이 친히 정해 주신 것이기 때문에 인간은 그 권위 안에서 행복과 만족을 누릴 수 있습니다.

죄는 권위로부터 분리입니다. 하나님의 계명을 어기고 하나님의 간섭을 떠나는 것입니다. 하나님을 떠나면 인간은 그 다음으로 인간과 인간 사이를 이간하고 분리하는 속성을 가지고 살아갑니다.

"또한 저희가 마음에 하나님 두기를 싫어하매 하나님께서 저희를 그 상
실한 마음대로 내어 버려두사 합당치 못한 일을 하게 하셨으니"(롬 1: 28).

전 인류가 하나님을 마음에 두기를 싫어합니다. 왜 그렇습니까? 하나님이 권위자이기 때문입니다. 죄의 본성이 발동하고 있는 현상입니다. 아담과 하와가 하나님을 떠난 이유가 무엇입니까? 자기가 하나님이 되고 싶어서입니다. 하나님의 권위에 반항하고 도전하여 계명을 깨고 나왔더니 자신이 하나님의 자리를 차지한 것이 아니라 다른 권위, 즉 마귀와 죄의 권세 아래로 들어가 버렸습니다. 인간은 하나님의 심판 아래로 떨어지는 비참한 존재가 된 것입니다.

오늘 우리가 구원을 받았다는 것은 어떤 상태입니까? 하나님의 권위 아래로 들어와 있는 상태입니다. 하나님의 명령을 받들고 하나님의 뜻을 따라 사는 인격체가 된 것입니다. 교회에서 행하는 형식은 모두 나의 것을 부정하고 그리스도를 따라가는 것을 내용으로 합니다. 세례는 이제부터 나는 나의 것이 아니라는 것을 공회 앞에서 고백하는 형식입니다. 이제는 나의 삶은 하나님의 주권아래 두기로 한다는 것을 고백하는 자리입니다.

주일 성수는 이날을 다른 날과 구별하여 하나님을 생각하며 거룩하게 지키라고 명하신 하나님의 뜻을 최고의 권위로 받드는 생활 형식입니다.

십일조는 나의 물질이 하나님의 것임을 인정하는 적극적인 고백입니다. 나는 이 물질보다 하나님을 더욱 사랑한다는 표시입니다. 나의 힘의 근원은 하나님이지 돈에 있지 아니한다는 것을 아는 자리입니다. 이 물질에 나의 행복이 없습니다. '내게는 하나님의 은혜가 필요합니다. 나의 목자이시며 피난처이시며 나의 반석이십니다. 나를 떠나지 마옵시고 영원토록 함께 하옵소서, 나의 산업이 주의 것이오니 복을 내려 주소서.' 십일조를 바칠 때에 힘 있게 드리는 고백이 될 것입니다.

하나님의 권위는 순종과 충성으로 영광을 취하게 됩니다. 왜 그럴까요? 하나님의 권위가 영원한 진리요 사실이기 때문에 순종을 요구할 수밖에 없습니다. 타협할 수 없는 성질의 것이기에 독재성을 갖습니다. 우리의 의사로 결정할 수 있는 성질의 것이 아닙니다.

우리는 하나님이 존재하시냐, 존재하시지 않냐를 가지고 투표로 결정할 수 없습니다. 기독교가 진리를 두고 싸우는 한 옹고집일 수밖에 없습니다. 세상 사람들은 편협한 인간으로 비방합니다. 그러나 하나님의 말씀이 진리이며 사실이며 생명의 길임을 아는 이상 협상하거나 타협할 수 있는 것이 아닙니다.

유대인들은 그들이 지은 죄를 어떤 경우라도 핑계할 수 없게 되었습니다. 예수께서 오셔서 하나님의 주권을 설명하셨고 자신이 하나님의 아들로 요구하셨고 증거 해 주셨기 때문입니다.

세상은 연고 없이 예수 그리스도를 미워하였습니다. 우리도 하나님의 권위 아래 살면 세상은 우리를 미워할 것입니다. 타협이 없는 옹고집쟁이들, 협상이 안 되는 의인된 자들, 하나님의 영광을 위하여 기꺼이 자신을 주의 종으로 또한, 신하로 바치며 사는 자들, 교회와 복음을 위해서는 남을 유익하게 하는 일에 자신을 십자가에 못 박고 모든 조롱과 오해와 멸시도 참으면서 살아가는 신령한 사람들, 이러한 백성을 향하여 하나님은 나의 거룩한 백성이라, 왕 같은 제사장이라고 부르셨습니다.

인간문제는 사회나 도덕이나 질서의 문제가 아닙니다. 하나님이 내가 사는 이 곳을 보실 때 복을 주실 것인가, 아니면 형벌을 내리실 것인가에 달려 있습니다. 시험을 칠 때 아무리 좋은 만년필로 썼다 해도 출제자의 마음에 맞는 답을 쓰지 않으면 합격할 수 없습니다. 합격여부는 내가 나를 치장하는 것으로는 결정될 수 없습니다. 우리가 어떻게 살아야 할까요? 대답은 하나, 하나님의 마음에 드는 사람이 되는 것입니다.

● ● ● ● ● ● ● ● ●

누가 역사의 주인이며 객입니까? 우리가 하나님의 명령대로 살면 우리와 자손들이 복을 받을 뿐 아니라 역사 자체가 형통과 축복으로 흐르도록 약속하셨습니다. 우리가 복의 근원이며 하나님의 권위와 영광을 나타내는 유일한 존재들임을 잊지 마십시오. 우리가 역사에 파묻혀 그럭저럭 한 평생을 사는 입장이 아닙니다. 우리가 하나님의 뜻에 대하여 분발하면 하나님의 나라가 세워지고 확장됩니다. 우리에게는 창대케 되는 복이 따릅니다. 우리는 기도하면 병이 낫고 내가 형통해지는 정도로 사는 인생이 아닙니다.

우리가 하나님의 영광을 위해 주의 뜻을 좇으며 순종할 때 하나님은 약속대로 우리에게 복을 내리실 뿐 아니라 주변사회와 역사자체를 복과 형통으로 이끌어 가시겠다고 하셨습니다. 하나님은 일찍이 아브라함에게 복의 근원으로서 그 이름을 창대하게 하시겠다고 약속하시면서 불러내셨습니다. 우리는 삶의 시작이 복의 근원인 사람들입니다. 하나님은 역사의 주인공으로서 우리를 열방 중에 뛰어나도록 약속하셨습니다.

"내가 너로 큰 민족을 이루고 네게 복을 주어 네 이름을 창대케 하리니 너는 복의 근원이 될 지라 너를 축복하는 자에게는 내가 복을 내리고 너를 저주하는 자에게는 내가 저주하리니 땅의 모든 족속이 너를 인하여 복을 얻을 것이니라 하신지라"(창 12 : 2, 3).